全国高等教育自学考试指导委员会／中国市场学会

全国高等教育自学考试工商企业管理专业（品牌管理方向）指定教材
中国品牌管理岗位水平证书考试

品牌危机管理
Brand Crisis Management

（附考试大纲）

主　编◎孙文清
副主编◎贺　倩

全国高等教育自学考试工商企业管理专业（品牌管理方向）教材编写委员会

经济管理出版社
ECONOMY & MANAGEMENT PUBLISHING HOUSE

图书在版编目（CIP）数据

品牌危机管理/孙文清主编. —北京：经济管理出版社，2011.3
ISBN 978-7-5096-1312-2

Ⅰ.①品… Ⅱ.①孙… Ⅲ.①品牌—企业管理：风险管理—高等教育—自学考试—教材 Ⅳ.①F272.3

中国版本图书馆 CIP 数据核字（2011）第 034921 号

出版发行：经济管理出版社
北京市海淀区北蜂窝 8 号中雅大厦 11 层
电话：(010)51915602　　邮编：100038

印刷：三河市延风印装厂	经销：新华书店
组稿编辑：勇　生	责任编辑：勇　生　解淑青
责任印制：杨国强	责任校对：超　凡

720mm×1000mm/16　　14.75 印张　　267 千字
2012 年 5 月第 1 版　　2012 年 5 月第 1 次印刷
定价：30.00 元
书号：ISBN 978-7-5096-1312-2

·版权所有　翻印必究·

凡购本社图书，如有印装错误，由本社读者服务部
负责调换。联系地址：北京阜外月坛北小街 2 号
电话：(010)68022974　邮编：100836

总 顾 问：成思危　俞晓松　陈佳贵

顾　　问：戴家干　刘军谊　徐二明　高德步　高　闯

总 主 编：高铁生

总副主编：郭冬乐　王　莉　沈志渔

编委会

主　任：张世贤

副主任：赵宏大　杨世伟　郑祖辉　勇　生

编委会委员（按姓氏笔画排序）：

丁俊杰　丁桂兰　卫军英　王淑翠　刘光明　孙文清
张世贤　张树庭　李易洲　李桂华　杨世伟　沈志渔
勇　生　赵宏大　徐莉莉　郭海涛　高　闯　焦树民
魏中龙

专家指导委员会

主　任：郭冬乐

副主任：赵宏大

委　员（按姓氏笔画排序）：
丁俊杰　中国传媒大学学术委员会副主任、国家广告研究院院长、教授、博士生导师
丁桂兰　中南财经政法大学工商管理学院教授
万后芬　中南财经政法大学工商管理学院教授
卫军英　浙江理工大学文化传播学院教授
王方华　上海交通大学安泰管理学院院长、教授、博士生导师
王永贵　对外经济贸易大学国际商学院副院长、教授、博士生导师
王淑翠　杭州师范大学副教授
王稼琼　北京物资学院院长、教授、博士生导师
甘碧群　武汉大学商学院教授
白长虹　南开大学国际商学院教授
乔　均　南京财经大学营销与物流管理学院院长、教授
任兴洲　国务院发展研究中心市场经济研究所所长、研究员
刘光明　中国社会科学院研究生院教授
吕　巍　上海交通大学教授、博士生导师
孙文清　浙江农林大学人文学院教授
庄　耀　广东物资集团公司董事长、党委书记
纪宝成　中国人民大学校长、教授、博士生导师
许敬文　香港中文大学工商管理学院教授
吴波成　浙江中国小商品城集团股份有限公司总裁
宋　华　中国人民大学商学院教授、博士生导师
宋乃娴　中房集团城市房地产投资有限公司董事长
张士传　中国国际企业合作公司副总经理

品牌危机管理

专家指导委员会

张云起	中央财经大学商学院教授
张世贤	中国社会科学院研究生院教授、博士生导师
张永平	中国铁通集团有限公司总经理
张昭珩	威海蓝星玻璃股份有限公司董事长
张树庭	中国传媒大学MBA学院院长，BBI商务品牌战略研究所所长、教授
张梦霞	首都经济贸易大学工商管理学院副院长、教授、博士生导师
李　飞	清华大学中国零售研究中心副主任、教授
李　蔚	四川大学工商管理学院教授
李天飞	云南红塔集团常务副总裁
李先国	中国人民大学商学院教授、管理学博士
李易洲	广东商学院教授
李桂华	南开大学商学院教授
杨世伟	中国社会科学院工业经济研究所编审、经济学博士
杨学成	北京邮电大学经济管理学院副教授、管理学博士
汪　涛	武汉大学经济与管理学院教授、博士生导师
沈志渔	中国社会科学院研究生院教授、博士生导师
周　赤	上海航空股份有限公司董事长、党委书记
周　南	香港城市大学商学院教授
周勇江	中国第一汽车集团公司副总工程师
周济谱	北京城乡建设集团有限责任公司董事长
洪　涛	北京工商大学经济学院贸易系主任、教授、经济学博士
荆林波	中国社会科学院财经战略研究院副院长、研究员、博士生导师
赵　晶	中国人民大学商学院副教授、管理学博士后
徐　源	江苏小天鹅集团有限公司原副总经理
徐二明	国务院学位委员会工商管理学科评议组成员，中国人民大学研究生院副院长、教授、博士生导师
徐从才	南京财经大学校长、教授、博士生导师
徐莉莉	中国计量学院人文社会科学学院副教授
晁钢令	上海财经大学现代市场营销研究中心教授
涂　平	北京大学光华管理学院教授
贾宝军	武汉钢铁（集团）公司总经理助理
郭国庆	中国人民大学商学院教授、博士生导师
高　闯	国务院学位委员会工商管理学科评议组成员，首都经济贸易大学校长助理、教授、博士生导师

高德康　波司登股份有限公司董事长
黄升民　中国传媒大学广告学院教授
彭星闾　中南财经政法大学教授、博士生导师
焦树民　中国计量学院人文社会科学学院副教授
董大海　大连理工大学管理学院副院长、教授、博士生导师
蒋青云　复旦大学管理学院市场营销系主任、教授、博士生导师
谢贵枝　香港大学商学院教授
裴长洪　中国社会科学院经济研究所所长、研究员、博士生导师
薛　旭　北京大学经济学院教授
魏中龙　北京工商大学商学院教授

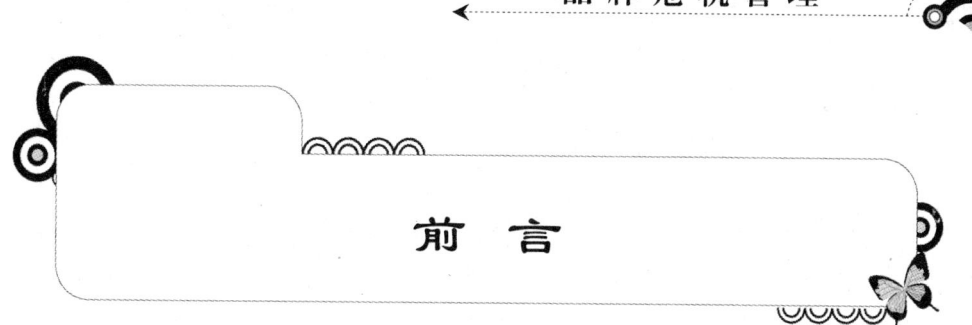

前 言

面对日益激烈的竞争格局，中国企业发现，是否拥有"品牌"已关系到企业的生存与发展，参与市场竞争就必须打造"品牌"，形成自己的核心竞争力。但是，中国企业目前仍面临着对品牌管理专业人员的巨大需求与品牌管理专业人员严重短缺的突出矛盾。为了解决这一矛盾，多渠道、多层次、多方面加快复合型实用人才的培养，促进企业持续、健康的发展，教育部考试中心与中国市场学会决定，在全国共同实施中国品牌管理岗位水平证书考试（Brand Management Accreditation Test，BMAT）。

中国品牌管理岗位水平证书考试分为初级、中级、高级三个级别。初级证书包括品牌管理学、品牌公共关系与法律实务、品牌质量管理、品牌营销管理、服务品牌管理、品牌传播管理6门课程（含实践环节），取得以上6门课程单科合格证者，可获得"中国品牌管理岗位（初级）水平证书"。中级证书包括品牌形象与设计、品牌价值管理、品牌案例实务3门课程（含实践环节），取得以上3门课程单科合格证并通过企业品牌管理案例研究报告评审者，可获得"中国品牌管理岗位（中级）水平证书"。高级证书包括品牌战略管理、品牌危机管理、品牌国际化管理3门课程（含实践环节），取得以上3门课程单科合格证、具备3年以上工作经验并通过企业品牌管理案例研究报告评审及答辩者，可获得"中国品牌管理岗位（高级）水平证书"。

中国品牌管理岗位水平证书单科考核合格，可以在全国高等教育自学考试工商企业管理专业（品牌管理方向）（专科、独立本科段）中获得相应课程的学分。

凡在市场营销、广告策划、产品管理、公关策划、品牌管理等领域工作或希望从事相关工作的人员，均可自愿选择不同级别证书的考试。中国品牌管理岗位水平证书考试报名资格没有学历、专业等方面的限制，也不需要逐级报考。

本课程既是中国品牌管理岗位水平证书考试的课程，又是高等教育自学考试工商企业管理专业（品牌管理方向）的课程，详见网站 www.chinanb.org.cn 和 www.bmat.org.cn。

由于这套教材的编写时间仓促，难免有不妥之处，敬请读者批评指正！

教育部考试中心
中国市场学会品牌管理专业委员会

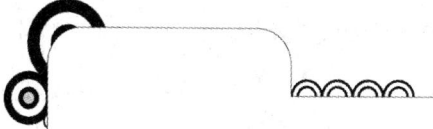

目录

第一章 品牌危机管理概说 ……………………………………… 1
第一节 品牌危机的定义与诱因 ………………………………… 2
第二节 品牌危机管理的定义与职能 …………………………… 10
第三节 品牌危机管理的程序 …………………………………… 13

第二章 品牌危机利益相关者 …………………………………… 21
第一节 利益相关者 ……………………………………………… 22
第二节 品牌与利益相关者关系 ………………………………… 30
第三节 品牌危机利益相关者的细分 …………………………… 37

第三章 品牌危机管理小组的建立 ……………………………… 47
第一节 品牌危机管理小组的职能与构成 ……………………… 48
第二节 品牌危机管理小组成员的甄选 ………………………… 53
第三节 品牌危机管理小组的权力配置 ………………………… 60

第四章 品牌危机的预警 ………………………………………… 69
第一节 品牌风险评估 …………………………………………… 70
第二节 品牌危机的预警系统 …………………………………… 75
第三节 品牌危机的预控 ………………………………………… 81

第五章 品牌危机的处理 ………………………………………… 93
第一节 品牌危机处理的原则 …………………………………… 94
第二节 品牌危机处理的模式 …………………………………… 99
第三节 品牌危机处理的策略 …………………………………… 104

第六章 品牌危机的议题管理 ········· 121

第一节 议题与议题管理 ········· 122
第二节 媒体与议题管理 ········· 127
第三节 意见领袖与议题管理 ········· 138

第七章 品牌危机的沟通管理 ········· 149

第一节 沟通原则 ········· 150
第二节 内部沟通 ········· 156
第三节 外部沟通 ········· 160

第八章 品牌危机的恢复管理 ········· 171

第一节 品牌危机恢复管理的框架 ········· 172
第二节 品牌形象的恢复和改善 ········· 179
第三节 品牌危机的利用 ········· 184

第九章 品牌危机管理计划与实施 ········· 195

第一节 品牌危机管理计划的制定 ········· 196
第二节 品牌危机管理计划的实施 ········· 203
第三节 品牌危机管理效果评估 ········· 205

参考文献 ········· 217

后　记 ········· 219

附：中国品牌管理岗位水平证书考试《品牌危机管理》考试大纲 ········· 221

第一章 品牌危机管理概说

学习目标

知识要求 通过本章的学习，掌握：

- 品牌危机的定义
- 品牌危机管理的定义
- 品牌危机的诱因
- 品牌危机管理的程序

技能要求 通过本章的学习，能够：

- 分析品牌危机产生的原因
- 明确品牌危机管理的基本程序

学习指导

1. 本章内容包括：品牌危机的定义、品牌危机管理的定义、品牌危机的诱因、品牌危机管理的程序。

2. 学习方法：独立思考，抓住重点，理解记忆，结合实际模拟练习，能全面准确分析品牌危机的诱因。

3. 建议学时：4学时。

本章知识逻辑结构图（见图1-1）

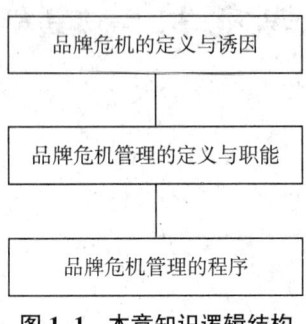

图1-1 本章知识逻辑结构

第一节 品牌危机的定义与诱因

引导案例

雀巢奶粉碘超标危机

2005年4月下旬，浙江省工商局抽检发现批次为2004.09.21的雀巢金牌成长3+奶粉碘含量达到191.6微克，超过其产品标签上标明的上限量41.6微克。浙江省有关部门与雀巢联系，要求15天内予以答复。5月9日，雀巢表示承认检测站检测结果。

5月25日，浙江省工商局依据法律程序对外公布："成长"为不合格产品，碘含量超过国家标准上限40微克。食品安全专家介绍，碘如果摄入过量会发生甲状腺病变，而且儿童比成人更容易因碘过量导致甲状腺肿大。消息一出，举国震惊。随之，雀巢选择了回避并抵赖的态度。26日，雀巢明确表示不接受任何媒体采访；27日，雀巢中国公司在给各大媒体发布的声明中宣称：雀巢碘检测结果完全符合《国际幼儿奶粉食品标准》，雀巢金牌成长3+奶粉是安全的。雀巢的声明并没有给市场带来信心。5月27日，在上海，联华、欧尚等大超市纷纷将雀巢问题产品予以撤柜，而家乐福已向全国发布撤柜通知。

5月29日,中央电视台经济半小时播出《雀巢早知奶粉有问题》,对雀巢早知金牌成长3+奶粉存在问题却任由其在市场上继续销售提出批评。节目中,雀巢发言人承认按照国家标准,雀巢金牌成长3+奶粉是不合格的,但她认为这批产品是安全的,雀巢无须回收这些产品。雀巢的声明,引起公众的不满。6月1日,中国消费者协会公开指责雀巢公司不能自圆其说,公众和媒体也对雀巢公司的姿态进行质疑。雀巢遭遇空前的信任危机。

资料来源:朱瑞博:《危机管理案例》,人民出版社,2010年。

 思考题:

1. 雀巢公司的品牌危机是如何产生和扩大的?
2. 雀巢事后的举措是否得当?

一、品牌的定义

品牌作为巨大的无形资产和最佳经济效益的载体,不仅是一个企业创新能力、市场竞争力和发展后劲的重要标志,也是一个地区经济实力的重要标志和宝贵财富,它体现了一个地区的市场能量。市场是一个包含无数未知因素的巨大魔方,品牌随着所提供产品或服务的时间和空间跨度呈几何级数增长,时空中的参变量必将越来越多,潜在风险也必将越来越大。

问题1:品牌是什么?

品牌的定义有多种,美国市场营销专家菲利普·科特勒(Philip Kotler)借用了美国营销协会(American Marketing Association)对品牌的定义,认为:"品牌是一种名称、术语、标记、符号或设计,或是它们的组合运用,其目的是借以辨认某个销售者或某群销售者的产品或服务,并使之同竞争对手的产品和服务区别开来。"[①] 广告大师大卫·奥格威(D.Ogilvy)认为:"品牌是一种错综复杂的象征,它是品牌属性、名称、包装、历史声誉、广告方式的无形的总和。品牌同时也因消费者对其使用的印象,以及自身的经验而有所界定。"[②] 美国哈佛大学大卫·阿诺(David Arnold)认为:"品牌就是一种类似成见的偏见……成功的品牌是长期、持续地建立产品定位及个性的成果,消费者对它有

[①] 菲利普·科特勒、凯文·莱恩·凯勒著:《营销管理》(第12版),梅清豪译,上海人民出版社,2006年,第304页。

[②] 王海涛等:《品牌竞争时代——开放市场下政府与企业的品牌运营》,中国言实出版社,1999年,第36页。

较高认同,一旦成为成功的品牌,市场领导地位及高利润自然会随之而来。"[①]

尽管品牌的定义不尽相同,但从以上定义可以发现学者们对"品牌"内涵的共同认识:

其一,品牌是企业利用一种名称、名词、标记、符号和设计或它们的组合,以将自己的产品和劳务与竞争对手的产品和劳务区别开来。

其二,品牌是以消费者为中心的概念,品牌的价值体现在消费者对品牌的情感认知中,体现在品牌能为消费者带来新的价值和利益上。

其三,品牌具有独特的个性,附加和象征着特定的文化,便于消费者识别,能给消费者带来特定的属性,并通过属性和文化传递给消费者某种利益和价值,从而使消费者的个性在品牌个性中得到认同。

二、品牌价值的内涵

从以上定义可以看出,随着品牌的发展,企业对品牌价值内涵的认知也越来越客观、全面。

问题2:怎样理解品牌价值的内涵?

(一)品牌是产品的代名词,反映产品的属性

这是品牌基本的特征和对其最基础的认识,也是大多数消费者的认识和理解。品牌最初的定义已表明了这一点,而且在所有关于品牌的定义中都包含了这一含义。识别上的差异性是品牌的核心内容之一,也是品牌所有者长期建设的重点和目的之一。品牌通过某些词汇、图案、标记、符号、设计或它们的组合,将自己的产品和劳务与竞争者的区别开来,其归属性主要体现在以下几个方面:

1. 通过独特的命名来体现归属

为了更好地表现品牌的归属性,对于产品的命名往往尽量突出其自身的个性。有时候企业在给产品命名时更强调产品与企业的联系。如格力空调(格力集团)、TCL电器(TCL集团)、海尔电器(海尔集团)等。

2. 通过独特的图案、标记、符号组合来强化归属

品牌的名称、图案、标记、符号组合所形成的独特的造型,配之以独特的色彩,形成品牌的个性形象,显示其独特的个性。如百事可乐的蓝色、可口可乐的红色,它们都形成了独特的视觉特征,强化了品牌的归属和彼此之间

[①] 大卫·阿诺、林碧翠:《品牌保姆手册——13个品牌产品推广、重建范本》,李桂芬译,时报文化出版企业有限公司,1995年,第11~13页。

的区别。

3. 通过商标注册，以保证品牌的归属

通过政府部门（工商行政管理局）的注册，取得商标的专用权，品牌的归属就有了法律上的保护。

（二）品牌是企业的代名词，反映企业的形象

随着消费者对品牌独特性、唯一性和认知性不断加强，以及企业品牌定位战略的成功实施，品牌在人们头脑中的印象进一步深化，由此，品牌所代表的已不仅仅是单一的产品，而是企业的独特性的反映。因此，企业的品牌建设也着力于品牌形象的塑造和提升。

（三）品牌是企业的无形资产，反映企业的价值

随着品牌形象的提升，品牌已成为企业重要的无形资产，具有超越生产、商品以及所有有形资产之外的价值。品牌资产价值源于品牌产品所带来的消费者在功能和心理上的满足，以及由此带来的消费者价值的实现，从而形成的消费者对品牌产品的信任度、满意度和忠诚度。

三、品牌危机

环境充斥着众多不确定的因素，使得品牌在成长过程中危机四伏，品牌的塑造变得越来越难，维护一个知名品牌更是举步维艰。

问题3：品牌危机是什么？有哪些特征？

品牌危机是品牌生命历程中不可回避的一个现象，国内外知名品牌在其成长过程中也大都经历过各式各样的品牌危机。从国内的研究资料来看，品牌危机的概念并不是引自国外理论界，而是中国学者在融合品牌与危机两个概念的基础上形成的。学者吴狄亚、卢冰在2002年首次提出了品牌危机的定义："品牌危机指的是由于企业外部环境的突变和品牌运营或营销管理的失常，而对品牌整体形象造成不良影响并在很短时间内波及到社会公众，使企业品牌乃至企业本身信誉大为减损，甚至危及企业生存的窘困状态。"钟唯希（2003）则把这个概念进一步明晰化，把诱发品牌危机的因素细化，并指出品牌危机的实质是信任危机。"品牌危机是指由于企业自身、竞争对手、顾客或其他外部环境因素的突变以及品牌运营或营销管理的失常，而对品牌整体形象造成不良影响并造成社会公众对品牌产生信任危机，从而使品牌乃至企业本身信誉大为减损，进而危及品牌甚至企业生存的危机状态。"郭益盈（2006）首次从媒介与信息传播角度给出定义，"品牌危机是指品牌所代表的产品（服务）及其组织的自身缺失或外部不利因素以信息传播于公众，从而引发公众对该品牌的怀

疑，降低好感甚至拒绝与敌视并付诸相应的行动，使得该品牌面临严重损失威胁的突发性状态"。

尽管以上定义是从不同的角度阐释品牌危机，但它们都涉及了品牌危机的一个实质性内容：品牌危机是一种信任危机，是公众对品牌信心与忠诚的改变。品牌危机有以下四个方面的特征：

1. 渐进性与突发性

渐进性与突发性是品牌危机的首要特征。品牌危机从生成到消除，是一个累积渐进的过程，各种危机要素于此过程中进行从量变到质变的转换。潜藏的危机一旦浮出水面，便会在瞬间形成翻江倒海的大潮袭击企业。很多危机事件事出突然，事件急，影响大，往往使企业陷入仓促应战的尴尬境地。

2. 蔓延性

现代社会高度发达的信息传播技术为人们的信息交流提供了多种多样的途径。与此同时，负面消息也成为众多媒体为争夺"眼球经济"而乐意传播的对象，"好事不出门，坏事传千里"，这一切使得危机的信息以极快的速度蔓延开来。

3. 危害性与建设性

品牌危机往往给企业带来极大的伤害。"三鹿"三聚氰胺事件使得一个中国乳制品行业的巨头轰然倒塌；75个受污染的"泰诺"胶囊，使强生公司付出了1亿多美元的惨重代价。伤害主要表现在两个方面：一是有形损害；二是无形损害。有形损害是指给企业造成的直接经济损失，企业的正常生产、经营秩序遭到破坏；无形损害是指危机给品牌带来致命性的伤害甚至导致品牌的死亡，也就是品牌彻底被消费者所决绝。危机的建设性也体现在两个方面：一是危机具有"警钟"和"疫苗"效应，能让企业看到自身在生产经营过程中存在的硬伤，从而能够对症下药；二是危机具有转危为机的特殊效果，如果企业处理得当，以其积极主动的姿态赢得消费者的信任和支持，不仅会重塑品牌的知名度和美誉度，甚至会让品牌效应更上一层楼。

4. 被动性与紧迫性

由于品牌危机事件的突发性、蔓延性，企业往往会仓促应战，显得很被动。紧迫性实际上是对危机演化过程中一系列表现特征的概括：一是时间紧迫，必须在最短的时间做出积极的反应和决策；二是资源匮乏，必须在人力、物力短缺和信息不畅的情况下进行资源的有效整合；三是必须形成一整套策略以防止危机的扩散和蔓延。

四、品牌危机的诱因

从表面看，品牌危机起源于某个突发事件。实质上，品牌危机的发生绝不是偶然的，其根源一方面在于企业管理上的漏洞，另一方面也可能来源于企业外部的恶性竞争行为。企业要正确地进行品牌危机管理，就势必要对危机产生的原因有深刻的认识。我们可以从企业的外部和内部两个方面来探讨危机产生的原因。

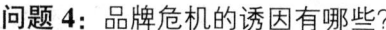

问题 4：品牌危机的诱因有哪些？

（一）企业外部的原因

企业外部的原因包括竞争对手的陷害、媒体不负责任的报道以及其他来自组织外部与组织直接或间接相关的组织和个人的恶意与非恶意的伤害。

1. 竞争对手的恶意陷害

2010 年 7 月，某报刊登了一篇所谓"深海鱼油造假严重"的新闻，随即网上相继出现大量宣传"深海鱼油不如地沟油"的攻击性文章。之后，网络攻击深海鱼油的行动有组织地向深层次发展，攻击添加深海鱼油的产品不能食用，最后矛头直指伊利实业集团股份有限公司所生产的"QQ 星儿童奶"，煽动消费者抵制加入深海鱼油的伊利"QQ 星儿童奶"。随后相关文章纷纷出现在我国大型门户网站论坛、个人博客和百度等主流网站的问答栏目。伊利集团公司迅速向呼和浩特市公安局经济技术开发区分局报案，呼和浩特市警方立即立案侦查。警方经过为期两个月的缜密侦查发现，这起看似商战的事件，确系"一网络公关公司受人雇佣，有组织、有预谋、有目的、有计划，以牟利为目的实施的"损害企业商业信誉案。警方证实：2010 年 7 月 14 日，蒙牛"未来星"品牌经理安勇与北京博思智奇公关顾问有限公司共同商讨炒作打击竞争对手——伊利"QQ 星儿童奶"的相关事宜，并制定网络攻击方案。这一案件说明，现代企业在纷繁复杂、竞争日益激烈的市场中，极有可能遭受来自竞争对手的恶意中伤。

2. 媒体的不负责任报道

在媒体竞争日益激烈的今天，为了争夺眼球资源，媒体往往利用骇人听闻的报道吸引读者，带动销量。在利益的驱使下，媒体对很多事件的报道往往以求奇而不是以求真为原则。2000 年 2 月 27 日，英国《星期日泰晤士报》刊登了一篇题为《秘密报告指控甜味剂》的报道，指出包括可口可乐在内的许多饮料使用一种叫做阿巴斯甜的甜味剂，这种甜味剂能分解出有毒物质，从而影响大脑的正常工作，同时它还会诱使消费者喝更多的这类饮料。消息很快传遍全球，引起舆论哗然。但事实上，可口可乐系列产品并没有使用阿巴斯甜，并且经美国全国饮料协会证明阿巴斯甜并不存在上述问题，已被全球 90 多个国家批准使用。① 但是媒体不负责任的报道已经影响到品牌在人们心目中的地位。

3. 品牌代言人言行的失误

很多品牌为了增加知名度和增强影响力都会使用名人代言，但名人代言也有很大的风险。名人的一举一动都在媒体的监视中，稍有不慎就会给品牌带来伤害。例如1999年可口可乐公司选择张惠妹作为雪碧的形象代言人，张惠妹的旺盛人气一度使雪碧销量大增，但不久由于张惠妹某些不当举措使得其所代言的电视广告被全面封杀，而接替张惠妹担任代言的伏明霞则因在新闻发布会上穿了一条标有不雅文字的裤子而遭到媒体指责，可口可乐代言人的不当行为给可口可乐的品牌形象带来了严重的损害。这种连带风险就要求品牌在选择代言人时必须签订具有约束性的条约，以保证代言人的言行不对品牌产生连带风险。

4. 由于宏观原因所引起的组织外部伤害

该种伤害源自于社会上突发的不可抗力，例如国家方针政策的变化、新的法律条文的颁布实施、新的科学研究成果的公布等。这些突发情况的产生并非针对某一特定的品牌，但确实会对品牌带来意想不到的冲击。2000年，美国一项研究表明，PPA即苯丙醇胺会增加患出血性中风的危险。2000年11月6日，美国食品与药物监督管理局（FDA）发出公共健康公告，要求美国生产厂商主动停止销售含PPA的产品。与美国FDA所发健康公告仅隔10天，中国国家医药监督管理局（SDA）于2000年11月16日发布了《关于暂停使用和销售含苯丙醇胺药品制剂的通知》，并且以红头文件的形式发至中国各大媒体。在15种被暂停使用和销售的含PPA的药品当中，包含了中美天津史克制药有限公司生产的康泰克和康必得两种产品。其中，中美史克的销售额在一夜之间由6亿元降至零。

（二）企业内部原因

品牌危机的根源主要在于企业内部出现问题。

1. 品牌盲目延伸

品牌延伸是指企业将某一知名品牌或具有一定市场影响力的成功品牌扩展到与成名产品或原产品不尽相同的产品上，以凭借现有成功品牌推出新产品的过程。品牌延伸最大的优点就是可以使新产品借助成功品牌的信誉节省进入市场的成本。但是品牌延伸有一些规律，一些企业为了尽可能发掘品牌的市场潜力，不遵循品牌延伸的规律，任意进行品牌延伸，哪里有机会就将品牌延伸至哪个行业，譬如家电品牌延伸至药品领域，这样的延伸没有考虑产品之间的关

---

① 戴亦一：《品牌营销》，朝华出版社，2004年，第16~22页。

联度，不仅对新产品的入市没有多大帮助，反而使得消费者对于品牌原有的专业形象产生不信任感。

2. 产品销售对象扩大

品牌在成长的过程中，企业过分追求市场份额和销售数量，盲目将消费群体扩大化。本来其产品只适用于某一消费群体或满足消费者的某一特定需求，当产品的销售对象扩大到原有群体范围之外后，往往使原有的消费者失去对该品牌的信任，导致其品牌的消费群体越来越小。譬如，派卡德曾是全球最尊贵的名车，是罗斯福总统的坐驾。然而，派卡德为了争取更多的消费者，在20世纪30年代中期推出中等价位的车型，尽管销路不错，但派卡德的王者之风渐渐消失，并从此一蹶不振。通用汽车公司旗下的凯迪拉克品牌在20世纪80年代也曾犯过类似的错误。

3. 生产监管松懈

生产监管松懈是指由于产品质量、数量、技术或服务等生产性原因造成的企业内部错误。比如以次充好，以假乱真，故意减少产品数量，不履行服务承诺等。由于品牌的实质是消费者对产品的价值信任，因此当产品本身出现严重问题时，会损害消费者对品牌的信任。比如，人们对国内众多乳制品品牌失去信任就源自于"三聚氰胺"事件中暴露出来的中国众多乳制品企业对于产品质量监管的失职。另外，售后服务的降低也会损害品牌。品牌成长初期，迫于市场和竞争的压力，企业往往非常重视提高产品的售后服务质量，而当品牌有了一定的知名度和美誉度、有了一定的市场规模后，一些企业开始放松对售后服务质量的要求。譬如奔驰公司曾对某一投诉处理不当，其消费者一怒之下砸车，使得这家世界知名的汽车品牌在中国消费者的心目中留下"傲慢自大"的不良印象。

4. 品牌传播方式的错误

品牌传播方式的错误最为典型的就是广告危机。广告是塑造品牌、营销品牌的有效手段，但广告使用不当则对品牌会有意想不到的灾难。2001年3月6日，中央电视台《新闻30分》披露修正药业的斯达舒广告与其他几家药品广告被吊销广审文号。这个消息对修正药业无异于五雷轰顶。原来，修正药业在一家地方电视台播出的广告带子与中央电视台播出的广告带子都放在这家地方电视台播出，而这家电视台在地方版的广告中，把当地药检局批准的广审文号打成了国家药检局的广审文号，国家药检局一看根本没有批准过，就把这个事情和其他几家药品企业一起报给了中央台。一些媒体对此事作了报道，市场出现各种猜测，甚至有经销商提出退货要求。不难想象修正药业如果不能尽快澄清事实，巨大的损失将不可避免。另外，广告的内容虚假或者夸大宣传也会对品牌产生不良影响。

5. 过度的价格战

过度的价格战，不但使企业利润大幅度下降，企业失去自我发展的能力，同时也会给品牌形象带来巨大的负面影响，增加消费者对产品价格的敏感程度，产生持续降价的期待，难以建立品牌忠诚。国内彩电市场，长虹、创维、TCL的价格战就是明证。其结果导致许多企业"杀人一千，自损八百"，行业利润受到严重影响。同时，由于高档机价位如此之低，也损害了各自的品牌形象。

第二节　品牌危机管理的定义与职能

引导案例

宜家家具"法格拉德儿童椅"事件

2004年10月15日，全球著名的家具巨头宜家公司对外宣布，从北京时间10月15日中午12时起，将在全球范围内召回售出的法格拉德儿童椅，货品编号是400.548.40。针对中国消费者，凡是购买了法格拉德儿童椅的消费者只需将该产品退回到宜家在中国的销售商店即可，无须携带任何购买凭证。宜家公司详细地解释了产品召回的原因，即产品的塑料脚垫可能会发生脱落，从而存在会被孩子吞食，进而导致发生梗塞窒息事故的危险。隐患是在宜家工作人员反复自查，并经权威检测确认该安全隐患足以致害后，向消费者如实公布的。宜家以消费者为本的危机管理策略为企业赢得了满堂彩。

资料来源：赵麟斌：《危机公关》，北京大学出版社，2010年。

思考题：

1. 宜家预见到产品的安全隐患所以主动召回产品，而实际上儿童吞食塑料脚垫的事情并未发生，宜家是否过于小心？

2. 宜家的这次危机管理成功的关键是什么？

一、品牌危机管理的定义

品牌，特别是成功的品牌都是经过长年累月，花费众多人力、物力精心培育出来的，是企业的核心竞争力和无形资产。在竞争日益激烈的市场环境中，企业面临着随时有可能出现的危机，如果处理不好，极有可能摧垮企业，所以企业必须高度重视品牌的危机管理。

问题5：什么是品牌危机管理？

危机管理一词是美国学者于20世纪60年代提出的。我国对于危机与危机管理的系统理论研究起步较晚，令人欣慰的是一些有识之士已经开始在企业中实行危机管理并取得了成效。美国学者罗伯特·希斯提出了危机管理的4R模式，包括缩减、预备、反应、恢复。我国学者也从不同的角度对品牌危机管理的概念进行了界定。从价值维护的角度，卢冰（2002）提出了品牌危机管理的定义：品牌危机管理是指在品牌的生命周期中，采取恰当的管理活动，以尽可能避免导致品牌价值损失事件的发生，以及在发生品牌危机后尽可能降低品牌价值的损失。另一些学者则是从品牌的管理过程角度进行表述。程劲芝（2004）认为："品牌危机管理是指企业在品牌经营过程中针对该品牌可能面临或正面临的危机，包括危机预防、危机处理及危机的利用等一系列管理活动的总称。"

二、品牌危机管理的职能

对于企业而言，成功的品牌危机管理可以在以下方面发挥重要职能：

（一）维护企业形象

品牌是企业的重要资产，它同时反映了一种归属权，品牌受到损害直接关系到企业的生死。因此，有效、及时的品牌危机管理对于有效维护企业形象是至关重要的。如果危机管理不当，很容易使多年来辛苦建立起来的品牌形象在短时间内葬送。雀巢公司就曾在这一问题上吃过亏。20世纪70年代，雀巢奶粉开始在众多亚非拉国家销售，可是不久就遭遇了质量风波，究其原因，一方面可能是这些国家消费者使用不当（由于贫困，减少奶粉的使用量）；另一方面可能是由于扩大规模在销售地设厂，质量监控不严。但问题出现后，雀巢公司未能及时采取措施，致使后来爆发了针对雀巢产品的全球抵制运动。

（二）维系企业员工的忠诚度

在危机中，企业员工不是旁观者，而是参与者。但如果危机中管理层的表现不尽如人意，往往会让员工失去信心。而管理层作为品牌危机管理团队的重要成员，其表现如何关系到危机管理成功与否，如果危机管理妥当，则能提高员工对企业管理层的信任程度，提高员工对企业的向心力。否则，企业员工会人心涣散，企业很可能在一次危机中分崩离析。

（三）确保企业战略的延续

战略任务的立足点是企业的长远发展，是一个连续的过程。品牌危机的爆发会打乱整个企业发展战略布局。因此企业的战略管理必须和危机管理有效融合在一起，从而保证整个战略的连贯性。

三、品牌危机管理的范畴

品牌危机管理的范畴，可以从静态和动态两个角度来考察。

从静态来看，品牌危机管理包括模式建立和能力培养两大范畴：一是在企业所处的政治、经济和文化等宏观环境背景中，结合组织内部的系统结构和系统环境，建立一套危机应对模式；二是在企业的整个品牌战略规划下，培养和拓展企业的品牌危机预控能力、管理和恢复能力。

从动态来看，品牌危机管理是一个连续的管理过程。关于这个管理过程，不同的研究者提出了不同的管理理念。

诺曼·奥古斯丁将危机管理划分为6个范畴：①危机的避免，即危机的预防；②危机管理的准备，即明确危机管理计划及人、财、物资的准备；③危机的确认，即明确危机的类型及产生的根源；④危机的控制，即根据危机的具体情况确定应对策略的优先次序，将危机损害控制在最低限度；⑤危机的解决，即实施针对性较强的解决对策，以成功化解危机；⑥从危机中获利，即总结经验教训，寻找新的机会。①

奥古斯丁的6阶段模型如图1-2所示。

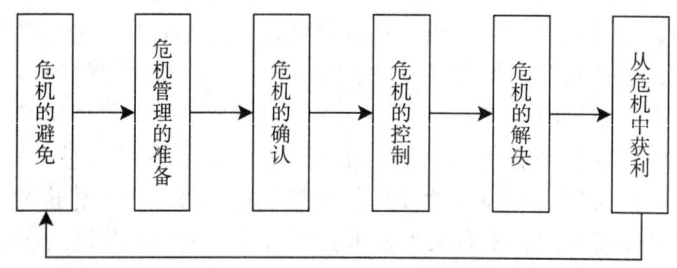

图1-2 奥古斯丁的6阶段模型

安·米特罗夫和克里斯汀·皮尔逊认为，危机管理的范畴由5个阶段的管理行为构成：①信号侦测阶段，即识别危机发生的预警信号；②准备及预防阶

---

① 诺曼·R.奥古斯丁等：《危机管理》，新华信商业风险管理有限责任公司译，中国人民大学出版社，2001年，第1~33页。

段，即对危机爆发做好准备并努力减少危机的潜在损害；③损失控制阶段，即在危机发生后，采取有效策略和行动，全力以赴控制损失；④恢复阶段，即尽快从危机伤害中恢复过来，实现正常运转；⑤学习阶段，即汲取经验教训，以规避危机或在新的危机中提升管理效率。

米特罗夫和皮尔逊的5阶段模型如图1-3所示。

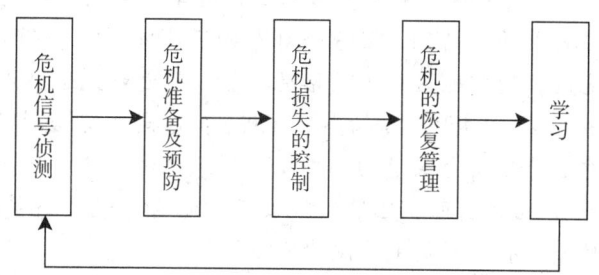

图1-3 米特罗夫和皮尔逊的5阶段模型

第三节 品牌危机管理的程序

三菱帕杰罗事件

帕杰罗事件发生在2000年9月15日，宁夏地矿厅司机黄国庆驾驶着三菱帕杰罗越野车，载着中国地质科学院副院长等3位专家前往固原。在一个下坡弯道处踩刹车时，突然发现刹车失灵，车速无法降低，而此时迎面开来一辆东风大货车。眼看就要发生撞车事故，黄师傅紧急采取拉手制动、换挡等措施，同时急忙打方向盘，将车开到公路右边的极限（右边是一个深沟），大货车擦身而过，一场重大交通事故总算避过。黄师傅有着20多年的驾驶经验，发生这种事他感到十分蹊跷，因为这辆三菱帕杰罗越野车使用还不到一年，行程也只有2万多公里，出现这样的事故很不正常。停下车后，经过黄师傅仔细查看，才发现在刚刚踩刹车的地方留有一大摊制动液（刹车油），显然是刹车制动管出了问题。回到银川后，黄师傅立刻将车辆送到宁夏出入境检验检疫局机电处检验，这一检验发现了三菱帕杰罗越野车存在安全隐患。这件事没过几天，宁夏又发生一起三菱帕杰罗刹车失灵事件，造成了车辆与迎面过来的马车相撞的恶性事故。宁夏出入境检验检疫局意识到问题的严重性，立刻又检查了几辆日本三菱帕杰罗V31、V33越野车的后轴制动管，检查结果令人震惊：这些车辆的制动管全部存在磨损现象，严重的已磨通，有的刹车油早已渗出。宁夏出入境检验检疫局立刻将情况上报，引起国家出入境检验检疫局的高度重视。三菱帕杰罗V31、V33越野车是日本三菱汽车厂专门为中国设计的。目前我国大量使用三菱帕杰罗V31、V33越野车的还有四川、贵州、西藏、甘肃、内蒙古等西部地区，这些地区的山区路况一般都不太好，这也正是这些地区大量使用越野车的原因。由于三菱帕杰罗V31、V33越野车设计存在严重问题，估计这些地区存在严重安全隐患的帕杰罗越野车也比较多。一位专家分析，在这之前的几年这些地区很可能已经出现由三菱越野车刹车失灵造成的交通事故，只不过当时并没有想到是由于设计不当导致的。

  帕杰罗事件发生后，国家检验检疫部门紧急约见了三菱汽车公司北京事务所代表，通告了有关情况，要求日方尽快采取措施解决问题。三菱汽车公司最初辩解说这种情况是由于中国的路况不好造成的，而且提出，只能为通过正常贸易渠道进入中国的这两种越野车更换制动油管。这种提法遭到国内人士的强烈反驳：所谓越野车就是为路况不好的地段设计的，如果都是走高速公路就没必要买越野车了，何况这样的车型还是专门为中国设计的，另外，三菱公司只要生产了有严重安全质量问题的产品，就有责任和义务进行维修和更换，否则由此造成的人身财产损失三菱汽车公司都负有不可推卸的责任。

  经过双方艰苦的谈判，日本三菱汽车公司北京事务所终于同意为中国境内的所有三菱帕杰罗V31、V33越野车免费提供检修和更换制动油管，并提供了44家特约维修站地址。2001年2月12日下午，三菱汽车公司北京事务所也在北京宣布，针对中国国家出入境检验检疫局提出的三菱帕杰罗V31、V33越野车存在安全质量问题，三菱公司就此决定召回检修三菱帕杰罗V31、V33越野车。而且不管这些越野车是通过什么途径进入中国的，都可以免费到公布的44家三菱汽车维修站检修和更换制动油管。中国消费者协会虽然对三菱公司的召回措施表示赞同，但认为这还远远不够，他们认为对帕杰罗V31、V33不仅仅要召回修理，还要赔偿消费者所受的损失，对设计失误造成消费者支出的检测费用、送修费用、误工费用、运输费用等，以及由于此车用不上而使用别的车辆所增加的费用等，都应给予补偿。对于三菱车安全隐患造成的人身伤害和死亡，三菱公司也应赔偿，如应负责支付死亡赔偿金、伤残医疗费、误工费、亲属抚恤费等，如造成消费者残疾的还应支付自助具（轮椅、拐杖）费等。对于赔偿，三菱公司并没有明确表态，这也说明了三菱公司在处理此次事件过程中态度不积极。

资料来源：张雪奎：《危机公关——百年老店生存秘诀》，http://www.520010.cn/article/article_3021.html，2010年。

 **思考题：**

三菱公司在这一次的危机处理事件中有哪些不当举措？

不同原因导致的品牌危机事件虽然具体的处理方法不尽相同，但基本程序是相同的。一般要经过以下几个步骤。

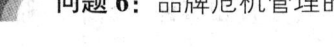

问题6：品牌危机管理的程序是什么？

一、成立危机处理小组

品牌的危机管理活动是一个系统工程，一般而言，危机处理对内涉及后勤、生产、财务、法律、人事等各个部门，对外不仅需要与政府部门、新闻媒体打交道，还要与消费者、供应商、销售商、银行、税务等部门沟通。所以组建一个专业、有效、训练有素的危机处理组织是非常必要的。当然，因为危机事件并不是每时每刻都存在，因此该组织可以不是常设的，部分人员如涉及后勤、生产、销售环节必须来自企业内部，至于媒体公关人员、法律人士也可以聘请，但是危机处理小组必须能够在危机发生后立即组建成型，进而有效地开展各项工作，如调查情况、对危机的影响做出评估、制定相应计划控制事态的发展。

二、调查情况，了解危机事件真相

所有的后续工作都必须建立在了解事实真相的基础上。企业遇到品牌危机事件后，绝不能听之任之，需立即调查情况；绝不能在事实被调查清楚前就仓促应对媒体的询问，以免媒体将不完整的信息诉诸报端，从而使事态一发不可收拾。

三、对危机进行确认和评估

危机处理是耗费成本的工程，危机发生后，需要对危机产生的后果进行确认和评估，以保证后续的行动是必要的，尤其在涉及补偿时，事前的确认和评估尤为重要，它保证了补偿的合理性。错误地估计危机事件将会给危机处理带来灾难性的后果，忽视危机的影响程度和影响范围，都会对企业造成致命的影响。三鹿集团早在2007年12月就陆续接到消费者投诉，反映有部分婴幼儿食用该集团生产的奶粉后，尿液中出现红色沉淀物等症状。2008年6月，天涯网曝光了首篇关于奶粉致使婴儿肾结石的帖子。但是这些预警信息并没有引起三鹿集团的重视。早期对危机事件的错误评估也是导致三鹿品牌最后沉沦的重要原因。

四、开通信息传播渠道

在维权意识日益深入人心的今天，任何关于企业品牌的危机事件都会在顷刻之间成为舆论焦点。对于企业来说，刻意隐瞒信息只会加重人们对事件的猜测和妄忖，所以企业必须采取诚恳、坦率的态度赢得媒体和公众的信任。在和媒体沟通的过程中不能被动，要掌握舆论的主动权，在危机发生而事件真相尚不明了时，通过召开新闻发布会，通过网络等形式向公众告知事件的初步信息，同时尽快调查事件的真相，尽快通过媒体向公众宣布事件的始末，避免信息真空时期造成的无端猜疑和恐惧放大。

五、实施有效的危机处理方案

危机处理方案因危机事件不同而有不同的侧重点，但总体而言有危机中止方案、危机隔离方案、危机消除方案、危机利用方案。最初危机可能在企业的某个环节产生，如果不及时处理很可能蔓延到整个企业的日常运作，因此应当迅速采取措施，切断危机对企业其他经营方面的联系。危机中止就是根据危机发展趋势，主动承担危机造成的损失，如回收问题产品、停止问题产品的生产等。危机消除就是企业根据既定的危机处理措施，迅速消除危机带来的负面影响。危机利用则是变危机为生机，如果企业在危机中处理得当，则昭示了企业的整体素质和综合实力，极有可能通过危机的处理促进品牌形象的提升。

 考试链接

一、名词解释

品牌　品牌危机　品牌危机管理

二、简答题

1. 品牌危机管理的程序有哪些？
2. 品牌危机的诱因有哪些？
3. 品牌危机管理的范畴是什么？

三、论述题

请找一个典型的品牌危机事件，分析其诱因、特征和类型。

四、案例分析

康师傅"水源门"事件

2008年7月下旬,一篇发表在天涯论坛的题为《康师傅:你的优质水源在哪里?》的网文,揭发了国内包装水行业龙头——康师傅"用自来水冒充优质水源"的内幕。随着事态的不断升级,深陷"水源门"的康师傅终于扛不住了,9月2日,康师傅在天津举行了面向华北地区知名媒体的"开放日"活动,活动上就其"优质水源"事件首次向消费者进行公开道歉。康师傅饮品事业部总经理黄国书在活动现场表示,康师傅矿物质水及大部分饮料行业和瓶装水行业所选用的水源皆为公共供水系统即自来水,完全符合国家GB5749卫生标准,加上采取了国际先进的处理技术,这是康师傅之前的广告称其为"优质水源"的原意,但是没有向媒体和消费者解释清楚,结果产生了误解。康师傅为此表示遗憾与抱歉,近日新上市的康师傅矿物质水的广告和新瓶标已去掉了"选取优质水源"的字样。并作出停播广告、更换产品外包装等行动。

然而,记者采访发现,尽管康师傅控股公司的公关部门透露"暂时没收到消费者和采购商可退货的通知",也不担心出现包装水产品的销售情况长期下滑的惨状,但涉及的水产品在广州市场的销量已经出现明显下滑,而网上调查显示,八成水民已明确表示"不敢再喝康师傅的水"。

康师傅反复强调,"水源门"之所以造成如此恶劣的影响,最关键的原因在于消费者与包装水厂家对于"优质水源"标准的看法有所偏差。而国家对于'优质水源'没有任何明确定义和标准规定。"

康师傅控股有限公司公关部张若楠告诉记者,康师傅的矿物质水是"完全符合国家标准、健康稳定的水源"。所以说,即便是自来水,仍可安全饮用。但消费者可能认为的"优质水源"则是水行业对天然矿物质水的概念界定,认为"优质水源"应是天然的无污染水源,而绝不应是普通自来水。"康师傅的声明,看不出任何向消费者道歉的意思。"上海市民何先生认为,康师傅曾经发出的声明通篇都未就整个事件的核心问题——涉嫌虚假宣传作出任何解释,而试图通过辩称自己的产品符合国家标准来转移视线。"既然康师傅矿物质水的水源是自来水,而我们平时烧水做饭用的也是自来水,那么何来'选用优质水源'的说法?"何先生质疑说,"难道康师傅使用的自来水比杭州市民喝的自来水更优质?"

资料来源:http://news.hexun.com/2008-09-04/108572764_1.html,2010年。

➔ 问题讨论:

康师傅深陷"水源门"的原因是什么?康师傅的危机处理有哪些问题?

本章小结

由于企业外部环境或企业品牌运营管理过程中的失误，企业的品牌形象会受到程度大小不同的影响和损害，进而影响产品销售，危及企业的生存。通过本章的学习要会从企业内部和外部两个不同的角度分析、研究造成品牌危机的各种诱因。了解品牌危机管理是现代企业制度建设的一个重要内容，品牌危机管理可以使企业在危机发生后尽量挽回对品牌形象的损害，维护企业的向心力，保持企业战略的连贯性。品牌危机管理是一个系统工程，从危机处理小组的组建、信息的收集、情况评估到危机处理方案的有效实施，都需要审慎对待。

深入学习与考试预备知识

罗伯特·希斯提出了危机管理4R模式。4R是指缩减（Reduction）、预备（Readiness）、反应（Response）、恢复（Recovery）。该模式涵盖了危机管理的全过程。

缩减指的是减少危机的成本和损失，这个工作是在危机发生之前进行，这是整个危机管理的初始阶段。如何减少危机带来的损失？一个重要的工作就是对组织内可能存在的风险进行评估，利用科学的方法，把组织中可能存在的风险列出来，按可能产生的危害大小进行分级，通过风险管理减少危机的发生。

预备是通过建立预警系统，对组织内可能产生的风险进行监视和控制，并组织员工进行培训和针对危机情景的演习，加强员工应对危机的能力，可以将损失控制在最小的范围之内。

反应指的是危机发生时的管理，对于危机的发生要迅速作出反应，及时分析危机的类型和影响程度，选择应对危机的方法，判断危机应对计划，评估计划是否可行，最后付诸实施。这一系列的工作要在极短的时间内完成，否则会错过处理危机的良机，使危机进一步扩大，造成更大的危害。

恢复是危机管理的最后一步，在危机消除后，要评估危机对组织的影响程度，企业在这一次危机当中损失多大，应该吸取的教训和在处理危机中值得借鉴的地方，做出恢复计划，尽快地恢复组织正常运转，稳定员工心态，使组织中的各个系统尽可能地恢复到危机发生之前的状态。

资料来源：韦晓菡：《浅析品牌危机的成因与类型》，《经济与社会发展》2007年第5期。

知识扩展

霸王危机：产品无毒，但品牌毒性仍在

2010年7月14日，中国香港媒体报道，霸王（01338.HK）旗下产品含有被美国列为致癌物质的二恶烷。消息一出，危机狂潮即刻掀起，各大主流媒体、各大网站开始进行疯狂的报道，各种批判性很强的网络专题也随之推出。霸王股价一天之内暴跌14%。强大的危机激流将霸王打了个措手不及，但事件很快又柳暗花明。7月16日，广东省质监局发布新的检测报告称，霸王的二恶烷含量是安全的。对于霸王产品的合法性来说，质监部门的检测报告代表了官方对这一事件的定调。但对于市场与消费者信心来说，质监部门的报告却非金疮良药，无法在短时间内迅速重振消费信心。霸王产品虽无毒，但品牌毒性仍在。在一个资讯发达的时代，即使是媒体的错误报道，在公众容易对媒体偏听偏信的心理作用下，在网络媒体的放大与推动下，任何对于企业或产品的负面报道都可能引发一场大的危机风波，这正是新市场环境下，每一家企业都可能面临的挑战。消费信心的崩溃如山倒，但消费信心的重建却如抽丝剥茧般需要漫长的过程。

资料来源：林景新：《霸王危机：产品无毒，但品牌毒性仍在》，《公司与产业》2010年第8期。

第二章 品牌危机利益相关者

学习目标

知识要求 通过本章的学习，掌握：

- 利益相关者的概念、特点、分类和影响
- 品牌与利益相关者关系的本质
- 危机状态下品牌与利益相关者关系的改变
- 细分品牌危机相关者的意义
- 品牌危机利益相关者利益/行为和利益/策略矩阵

技能要求 通过本章的学习，能够：

- 掌握品牌与利益相关者关系的本质
- 分析危机状态下品牌与利益相关者关系的变化
- 确认核心利益相关者

学习指导

1. 本章内容包括：利益相关者的概念、特点和分类，品牌与利益相关者关系、构建品牌危机利益相关者模型等。
2. 学习方法：熟读教材，抓住重点；分析案例，与同学讨论危机状态下品牌与利益相关者关系的变化。
3. 建议学时：4学时。

本章知识逻辑结构图（见图2-1）

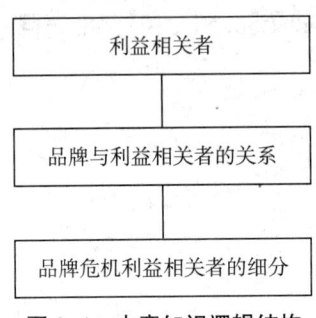

图2-1 本章知识逻辑结构

第一节 利益相关者

奥诗裳"泔脚衣"危机事件

《新民周刊》2005年第38期刊登题为《上海名牌店销售脏衣服真相：洋垃圾服装潜向我国》一文。报道称，奥诗裳把衣服赞助给一些节目组使用后，在上海淮海中路上的"巴黎春天"重新偷偷销售这种"泔脚衣"。这是国外时装品牌在中国首次因赞助产品收回后再次出售被曝光。

该事件的爆料者竟是奥诗裳（上海）国际贸易有限公司离职的行政助理苏珊小姐。苏珊之所以爆料，是因为对公司行为的不满和公司对自己的"虐待"，承担了多角色极为繁重的工作，不仅没有受到关爱，而且还遭受了非人道的虐待和威胁。因此，苏珊找到媒体爆料"造反"，抖出了奥诗裳公司的内幕。

苏珊声称："脏衣服运回公司后兵分两路，一部分经过熨烫后作为新品直接送到巴黎春天百货淮海店等名品店的奥诗裳专柜上市销售；另一部分则以新品的名义再次租借给各大媒体。"据苏珊计算，以每周七八十件计，一年至少有4000多件（次）时装在全国近百家奥诗裳（Oasis）专柜流转，亦叫"调货"。

品 牌 危 机 管 理

奥诗裳上海贸易公司 CEO 朱俊豪则表达该行为一是行业潜规则，同行也是这样做的；二是被穿的衣服不会超过 3 分钟，通过视觉可以识别，而且量很小；三是会考虑不再出售。这一缺乏技巧的言论使问题进一步加剧，欧洲著名女装品牌奥诗裳在中国市场经历着危机的煎熬。

专业危机公关公司提出了化解品牌危机的策略：

第一，企业应该以负责任的态度向用户还原一个真实，并快速启动"产品召回"制度，立即向消费者道歉，甚至考虑给予适当的补偿，并把整改的具体措施告知用户。

第二，与媒体和公众沟通。奥诗裳应该通过媒体发出企业应该发出的坦诚的、负责任的声音，只有这样才能避免更多的猜测和不信任。

第三，与员工的沟通。企业与员工比较，员工显然是弱者。作为企业方，应积极主动地与员工进行沟通和交流，并将沟通结果随时向媒体通报。

第四，与竞争者沟通。在与竞争对手的沟通上，奥诗裳已经先失一局。CEO 朱俊豪公开接受媒体采访时不仅没有从自身查找原因，还表达了对竞争对手不利的言论，显然是想把大家一起拉下水，"失道必然是寡助"。

第五，与政府主管部门及行业协会的沟通。在媒体曝光后，必然是有关部门的跟踪检查。那么，企业与其被动等待不如积极沟通，承认错误、补偿损失、立即整改方为上策。

资料来源：庞亚辉：《奥诗裳危机管理应专注"利益相关者沟通法则"》，《科技咨询导报》2005 年第 11 期。

思考题：
1. 找出关心和关注本次危机事件的相关者。
2. 你如何评价公关公司提出的品牌危机处理策略？

一、利益相关者概念

品牌危机管理无法回避利益相关者这个概念。无论危机发展到哪个阶段，利益相关者始终存在并决定着品牌危机管理能否成功。

问题 1：何谓利益相关者？

人是一切问题的关键。从本质上看，品牌危机管理研究和实践都是围绕人展开的，人既是引发品牌危机的主体，也是承受危机的客体。在 20 世纪 90 年代之前，学界对品牌危机中的人的研究，习惯使用公共关系学中"公众"的概念。所谓公众，即与特定的品牌相互联系及相互作用的个人、群体或组织总和，是品牌危机传播沟通对象的总称。

尽管公众概念被广泛运用，但仔细分辨便会发现，其蕴涵着的客体化、支配化的意识非常明显。如何用一个恰当的词汇来体现品牌与其公关对象之间的主体与客体、少数人与多数人的平等对话呢？利益相关者理论的出现，较好地解决了这个问题。

1984年，弗里曼出版了《战略管理：利益相关者管理的分析方法》一书，明确提出了利益相关者管理理论。利益相关者管理理论是指企业的经营管理活动应综合平衡各个利益相关者的利益要求而进行。

该理论认为，任何一个公司的发展都离不开各利益相关者的投入或参与，企业追求的是利益相关者的整体利益，而不仅仅是某些主体的利益。这些利益相关者不仅包括企业的股东、债权人、雇员、消费者、供应商等交易伙伴，也包括政府部门、居民、社区、媒体、环保主义等的压力集团。这些利益相关者与企业的生存和发展密切相关，他们有的分担了企业的经营风险，有的为企业的经营活动付出了代价，有的对企业进行监督和制约，企业的经营决策必须要考虑他们的利益或接受他们的约束。

利益相关者理论较好地诠释了主体与客体彼此参与和分享、协作和创造的关系。借用管理学"利益相关者"概念，品牌危机管理中的传播沟通对象由"公众"转变成"利益相关者"。这并非是一个简单的名词转换，而是要求危机管理者依照利益相关者的观点重新理解公众。

在品牌危机管理框架内，利益相关者指与品牌有特定利益关系，结成特定的利益互动机制的人或人的集合。特定利益关系既包括投资关系、纳税关系、消费关系、合作关系等明确可见的利益关系，也包括信用关系、道德关系、情感关系等实际存在却难以量化的无形利益关系。

二、利益相关者的特点

从品牌利益相关者的定义出发，不难发现，利益相关者是极其广泛的，平时分散在不同的领域，有不同的规模与结构，遵循着各自的规则，但在危机时候，他们的态度与反应直接影响品牌的生存。因此，寻找利益相关者的共性、把握利益相关者的特点显得尤为重要。

问题2：利益相关者的特点有哪些？

利益相关者的特点主要体现在以下三个方面：

（一）权益的合理性

承认利益相关者对共同权益的占有、支配和影响是正当、合理的，是承认品牌利益相关者存在的前提。虽然不同的利益相关者需求各异、立场不同，但品牌都有维护和保障他们权益的义务。

2010年4月6日,肯德基中国公司在网上推出"超值星期二"三轮秒杀活动,64元的外带全家桶只要32元,于是在全国引爆热潮。但当消费者拿着从网上辛苦秒杀回来的半价优惠券(优惠券上标明复印有效),突然被肯德基单方面宣布无效。而中国肯德基发表声明称,由于部分优惠券是假的,所以取消优惠兑现,并向顾客致歉。但各门店给出的拒绝理由并不一致。

姑且不论电子优惠券的真假,肯德基各门店单方面以不同的理由取消活动已经侵犯了消费者的权益。当肯德基在"秒杀门"事件上表现诚信缺失之后,许多愤怒的网民在互联网上集结成群惩罚肯德基——许多城市网民互相约定在就餐的高峰期一起涌进肯德基,并在肯德基餐厅中叫麦当劳的外卖,这种带有行为艺术性质的恶意维权行为得到许多年轻网友的响应。面对汹涌的舆论压力,肯德基最终不得不承认错误。①

(二)影响的直接性

利益相关者与品牌有着较为明确和相对正式的互动关系,与非利益相关者相比,对品牌的决策和行为有更直接、更有力的影响。比如,消费者会影响品牌销售和生存,媒体引导舆论,影响品牌的形象。三株口服液的品牌危机,就是来自利益相关者——消费者和媒体的发难,最终导致品牌的陨落。

(三)利益的关注性

关注性是指利益相关者需要品牌对他们的需求给予高度关注和有效回应。由于特定的利益关系的存在,利益相关者要求品牌了解、关注和解决他们提出的问题。譬如,消费者总是高度关注品牌的质量,股东则关注品牌的利润等,如果品牌置利益相关者的关注不顾,必然引发危机。

2010年7月16日,一名曾在"真功夫"内做过主管的前员工公开提供了"真功夫"内部会议的资料。会议资料显示,"真功夫"的进口排骨质量问题频发:在排骨中发现胶线、胶粒、脓包、石头、异味。更为严重的是发现供应商虹信提供的入境货物检验检疫证明存在作假现象。

报道一出,"真功夫"进口排骨的质量问题就引发了全国媒体的关注。真功夫"香汁排骨饭"的质量问题成为了各方讨论的焦点。"真功夫"进口排骨安全与否,最终演变成了一场"排骨门"。②

---

① 林景新、刘琼:《2010年上半年十大企业危机事件盘点及分析》,博锐管理在线,2010年6月25日。
②《真功夫进口排骨质量遭质疑》,《广州日报》2010年7月14日。

三、利益相关者的分类

问题3：品牌利益相关者包括哪些？

由于利益相关者的规模与结构不同，可以从不同的角度对品牌中的利益相关者进行不同的划分，常见的划分方法有以下两种。

（一）按照利益相关者的来源划分

从利益相关者与品牌的关联关系来看，可以将品牌利益相关者分为两个层次：内部利益相关者和外部利益相关者。

内部利益相关者主要包括内部成员和股东。

外部利益相关者主要包括消费者、媒体、竞争对手、政府、社会团体与民间组织、广告公司等咨询服务机构、债权人、债务人以及供应商、零售商、渠道商等合作伙伴。

（二）按照利益相关者的重要性划分

根据利益相关者的特点，从利益相关者对品牌影响程度来看，可以将品牌利益相关者划分为三个层次：核心的利益相关者、次核心的利益相关者和一般的利益相关者。[①] 如图2-2所示。

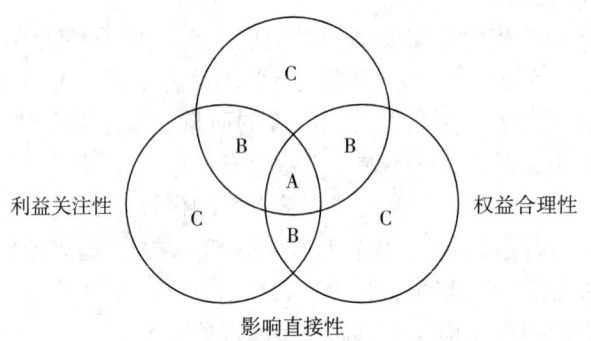

图2-2　品牌危机重要性的扩散层次

其中：A为核心的利益相关者，对品牌的生存和发展具有决定性意义。B为次核心的利益相关者，与品牌的生存和发展休戚相关。C为一般的利益相关者，对品牌的生存和发展影响较弱。

不同的品牌危机的核心利益相关者是不同的，下面用两个实例来解释。

[①] 胡百精：《危机传播管理》，中国传媒大学出版社，2005年。

南方高科危机

南方高科是一家具有国资背景的手机企业,其危机正式浮出水面是2005年6月14日,《第一财经日报》报道了南方高科CDMA遭遇滑铁卢,营销团队换血救市。于是,先期埋藏在媒体中的南方高科问题被迅速放大,该文章立即被广大媒体转载,部分主流网站甚至开辟了专题讨论南方高科出现的问题;南方高科成为了公众关注的焦点。

南方高科管理层对此没有予以高度重视。公司虽然邀请了几家媒体出面辟谣,但南方高科副总裁兼营销中心总经理王宝森在接受《南方都市报》记者采访时,显得怒不可遏,第一句话就是"他们在乱说"。除此之外,基本看不到关于此次危机公关的做法和取得的实质性效果。

然而,正是这种轻描淡写的危机公关方式导致了更大的危机。由于对危机公关和媒体所造成的威力估计不足,没有及时与经销商等合作伙伴进行沟通,经过媒体三天集中报道以后,经销商、供应商便陆续开始加大了对南方高科的催款讨债的力度。尤其要命的是被长沙市商业银行瑞昌支行看到后,该银行为保险起见,迅速向长沙市中级人民法院申请了诉讼财产保全。南方高科因为一张2250万元的承兑汇票被法院查封,走向死亡。

资料来源:陈胜乔:《南方高科的前车之鉴》,成功企业管理网,2007年5月28日。

按照利益相关者的来源划分,南方高科的利益相关者划分如表2-1所示。

表2-1 南方高科利益相关者

内部利益相关者	股东
	管理层
	员工
外部利益相关者	媒体
	消费者
	手机配套件供应商
	下游分销商网络
	银行
	政府主管部门
	行业分析师、专家

按照利益相关者的重要性划分，南方高科这个案例中的核心利益相关者则包括五类：一类是政府部门，要获取政策和政治上的支持。二类是银行，要取得资金上的支持，避免釜底抽薪，使企业资金链断裂。三类是媒体，媒体使用得当可以化解危机，使用不好则会加速危机的扩大。比如通过重点媒体沟通和解释，或者召开新闻发布会的方式，告知媒体企业究竟发生了什么问题，企业都采取了什么样的应对措施，危机是不是得到了控制或者改善等。四类是员工，保持员工的稳定。五类是供应商和分销商，供应商和分销商的稳定，才能够确保品牌正常经营。①

 阅读材料

康泰克 PPA 事件

2000年11月，国家药监局发出通知：禁止药品中使用 PPA 成分。天津中美史克公司是一家合资企业，作为中国感冒药市场上的强势品牌，其生产的康泰克一夜之间被绑上了舆论的审判台，媒体争相报道，经销商纷纷来电，康泰克多年来在消费者心目中的优秀品牌地位陷入了危机之中。

就康泰克案例而言，核心利益相关者包括四类：一类是员工，要及时将信息向企业内部员工通报和沟通，使员工有一个基本的知情权，同时通过情感和感召力号召全体员工同舟共济，共担风雨。二类是经销商，得渠道者得天下。三类是股东，以取得总部的资金支持。四类是消费者。保持消费者的信任，为品牌的恢复作好铺垫。

显然，核心利益相关者并不是固定的，要根据品牌危机的具体情况来确定。

四、利益相关者的作用

利益相关者作为品牌危机中的一方，给品牌带来双重作用。一方面可以给品牌发展带来机遇；另一方面也可能带来挑战。

---

① 庞亚辉：《危机意识和利益相关者管理双重缺失，南方高科走麦城》，中华品牌管理网，2008年4月11日。

问题4：利益相关者对品牌有哪些作用？

（一）正面作用

一些成功品牌危机处理案例证明，当利益相关者与品牌形成良好的、建设性的互动关系时，他们会起到化解品牌危机的作用。康泰克PPA事件危机最后的成功处理，就在于与利益相关者建立了建设性的互动关系。如向政府部门表态，坚决执行政府法令，暂停生产和销售康泰克；向员工保证决不会因此事件裁员；向股东汇报整个事件经过及解决方案，请大股东参观生产现场，展示信心和实力；向经销商承诺，没有返还货款的不需再返还，已经返还的全额退还；向消费者宣布立即停止含有PPA成分的感冒药的生产和经营，提供一个满意的解决办法，并积极开发新产品；向媒体表明企业立场；向竞争对手保持克制，没有因为竞争者的落井下石而以牙还牙。正是这些建设性的措施，以及与利益相关者形成了良好的互动关系，赢得了利益相关者的忠诚，创造了产品不存、品牌依旧的奇迹。①

（二）负面作用

当品牌不能顺应或满足利益相关者不同层次的期望和需求时，利益相关者便起到挑战品牌的负面作用，决定品牌的兴衰。这些挑战主要来自以下利益相关者：①员工。如果品牌无法获得员工的认同，就频发自曝家丑事件，引发危机。很多危机的爆发来自内部员工的爆料，如上文提到的真功夫"排骨门"危机就是前员工公开提供了"真功夫"内部会议的资料引发的。②消费者。品牌无法满足消费者的质量或服务时，消费者通过投诉媒体或直接在网上发帖的方式，引爆危机。③竞争者。恶性竞争往往引发品牌危机。④经销商。经销商的挑战严重影响品牌的稳定，甚至导致品牌的丧失。⑤股东。当股东与品牌利益存在不一致而引发的挑战会严重影响品牌的生存。如爱多是由两个儿时玩伴各出资45%的股份创办的。当爱多由于行业衰退陷入财务困难时，陈天南的一则"律师声明"引发了他与胡志标的产权之争，爱多品牌大受影响，最终企业破产。⑥媒体。许多的危机是由媒体引发的。

可见，利益相关者是品牌危机发生、解决的关键。在品牌危机管理中需要对不同的利益相关者采取不同的应对措施。

---

① 周长琴：《危机公关中的传播技巧》，《青年记者》2006年第4期。

第二节　品牌与利益相关者关系

家得宝树木危机

2000年9月，美国著名商业连锁公司家得宝突然遇到一个怪异现象：该公司数十家连锁店的内部广播系统莫名其妙地反复播出一句话："消费者请注意，你将在第七通道找到从亚马孙河流域中心地带砍来的红木。"经证实，这是一个名为"照看森林委员会"的环保组织在获取家得宝公司广播系统密码后采取的激烈行为。在这家环保组织的要求下，家得宝公司最终放弃销售从森林保护区砍伐的木料，转而采购那些经过相关机构认可的木材商品。家得宝的努力最后赢得环保组织、公众和媒体的谅解和认可，平安渡过了可能爆发的严重危机。

花旗投资项目危机

2001年4月，美国曼哈顿的一个早晨，正值上班高峰时，有两个社会活动分子爬上花旗银行大厦的旗杆，挂起一面20英尺长的横幅：嘿，花旗，你太让我失望了！这两个人的行动立即引起了公众和媒体的关注，人们对"花旗"在全球一些地区资助不利于环保的项目的行为展开了激烈的批评。此后不久，美国学生发起了抵制花旗信用卡的活动，全球12个国家的80多个城市先后出现针对"花旗"的抗议活动。

资料来源：胡百精：《危机传播管理》，中国人民大学出版社，2005年。

思考题：
1. 家得宝危机化解的原因是什么？
2. 花旗投资项目危机爆发的原因是什么？

一、品牌与利益相关者关系的本质

品牌与利益相关者的关系一直处于合作、冲撞、妥协之中。稳定、合作构成了品牌在常态下与利益相关者的关系；冲突、妥协则是危机状态下品牌与利益相关者的关系。因此，研究品牌与利益相关者关系的本质，就是寻找合作的基础，避免冲突发生。

问题 5：品牌与利益相关者关系的本质是什么？

（一）共识是合作的基础

政治学、经济学、社会学和传播学等诸领域存在一种共同的社会观：社会系统及其子系统要作为一个统一的整体得以存在和延续，就需要社会成员对该系统达成一种"共识"。所谓共识，就是一个社会不同阶层、不同利益的人对特定事物、问题和现象大体一致或接近的看法。如果社会成员对社会发展等根本问题失去共识，社会便可能遭到瓦解。

与此相应，品牌只有与利益相关者创造特定的共识空间，才可能使两者形成良性互动机制，才可能在合作中抵抗风险。因此，共识是品牌与利益相关者合作的基石，就本质而言，品牌与利益相关者的关系就是构建一个共识系统，即品牌与利益相关者之间的特定利益，是在双方取得共识的基础上达成的，并形成良性的利益互动机制。

（二）共识的形成

品牌与利益相关者关系的本质是共识。那么，组织与利益相关者如何达成共识？这需要回归到本体论和方法论两个层面来回答这一问题。

从本体论角度来研究共识，揭示了共识存在的根本原因。任何品牌与利益相关者之所以达成共识，归根结底是因为彼此间存在的共同利益。正是共同的利益取向、利益目标和双方都可接受的利益互惠机制，催生了品牌与利益相关者的同盟。因此，任何品牌与利益相关者建构的互动系统，本质就是一个利益驱动系统。

根据利益相关者的概念，品牌与利益相关者的"利益"范畴，可区分为有形利益和无形利益。其中，有形利益是指那些明确可见的利益关系，如消费关系等；无形利益是指那些归属为价值范畴的利害关系，如道德关系等。由此，品牌与利益相关者之间的广义"利益"范畴，可划分为狭义的"利益"和"价值"两个基本维度。

从方法论角度来研究共识，找出了达成共识的方法和手段。品牌与利益相关者达成共识、实现利益互惠，必须以沟通为手段。沟通本质就是信息的共享，而信息则是符号和意义的统一体。符号是信息的物质载体，意义是信息的精神内容。因此，信息内在约包含两个基本要素：作为内容要素的意义和作为载体要素的符号。

事实上，人类所有的沟通行为，都是围绕如何形成和发展有效的符号系统，以更好地实现意义共享的过程。具体到品牌与利益相关者为达成共识而开展的沟通，也可区分为意义和符号两个基本维度。譬如，为了提升品牌知名度和认同感，便可能设计和传播一套品牌符号系统。VIS 品牌识别系统之所以未被广泛采用，一个重要原因就是它充分地结合了品牌与利益相关者沟通中的符号系统和意义系统。

根据本体论与方法论对共识的研究，可以建构出品牌与利益相关者的关系图，如图 2-3 所示。①

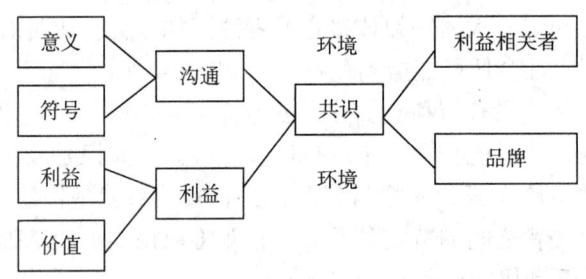

图 2-3　品牌与利益相关者的关系

图 2-3 表明，品牌与利益相关者的关系是由沟通和利益两个内在要素，以及环境这一外在要素构建的。其中，共享的符号和意义、互惠的利益和价值是品牌与利益相关者达成共识的两个基本前提。而沟通关系和利益关系则是构成品牌与利益相关者关系的核心要素。此外，加入环境变量，即强调外部环境的变化也可能影响品牌与利益相关者关系的建立和发展。

二、危机状态下品牌与利益相关者的关系

品牌与利益相关者的关系图，展示的是品牌与利益相关者常态下的关系，在危机状态下，这些要素会发生怎样的变化呢？

当环境、沟通、利益三个变量发生变化，既有的稳定和平衡就会被打破，品牌陷入了危机。此时，品牌与利益相关者的关系也随之发生了改变。

问题 6：危机下品牌与利益相关者关系如何改变？

由于环境要素变化引发的危机已在第一章论及，不再赘述。这里主要分析沟通和利益两个变量的变化引发的危机，并建构危机状态下品牌与利益相关者的关系图，如图 2-4 所示。②

---

① 胡百精：《危机传播管理：流派、范式与路径》，中国人民大学出版社，2009 年，第 70 页。
② 同①，第 71 页。

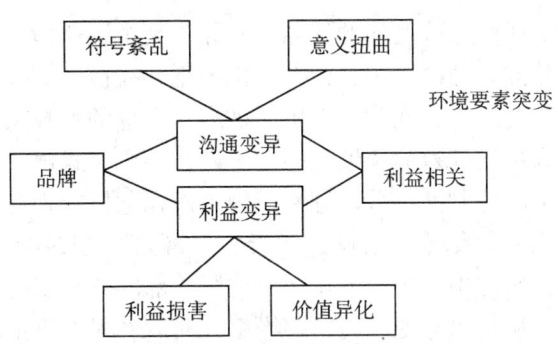

图 2-4　危机状态下品牌与利益相关者的关系

图 2-4 显示，危机状态下，品牌与利益相关者的核心要素、沟通和利益发生了变异，沟通关系发生了符号紊乱和意义扭曲，利益关系发生了利益损害和价值异化。下面将分别阐述危机下这四种变量的变化。

（一）符号紊乱

符号的稳定和统一，是任何品牌与利益相关者保持良性沟通的一项基本原则。品牌与利益相关者约定俗成的符号构成元素、表现方式、沟通的渠道发生变化，或者新符号系统的引入冲击、瓦解了旧符号系统，抑或两者过渡、衔接和适应的过程过于突然或漫长，都可能造成符号紊乱。如 2008 年的恒源祥"生肖门"广告，从恒源祥，鼠鼠鼠；恒源祥，牛牛牛……一直念到恒源祥，猪猪猪，12 个生肖被念了个遍。广告一经播出，恶评如潮，引发了恒源祥的品牌形象危机。

从沟通关系来分析，符号紊乱是恒源祥由广告引发品牌形象危机的主要原因。恒源祥最早在 1993 年打的广告是："恒—源—祥，羊、羊、羊"，这句广告语成功地将"恒源祥"品牌与自己的核心产品羊毛衫联系在了一起。恒源祥是一个品牌，"羊、羊、羊"只是一个品牌符号。但"生肖门"广告将"羊、羊、羊"改成"牛、牛、牛"等 12 个生肖，暗示利益相关者恒源祥会从羊毛制品改做牛毛制品，或其他动物的毛制品。事实上，恒源祥只是改变了识别的符号，品牌内涵并没有从"羊、羊、羊"变成"牛、牛、牛"等 12 个生肖上。因此，广告失败在于随意改变了品牌与利益相关者约定俗成的符号。[①]

（二）意义扭曲

每一品牌都与其利益相关者建构和维系特定的沟通意义系统，以了解彼此主张、立场和行动。在内、外部环境发生变化的作用下，品牌与利益相关者的

[①] 刘永炬：《别拿品牌不当事儿》，清华大学出版社，2007 年。

意义系统可能发生或微妙或明显的扭曲。譬如，某个迅速做出的决定，在常态下一般被视为高效或果敢的表现，而在危机中则往往被认为是仓促、武断或不负责的；某个辩白的理由，在常态下可能被当作合理的解释来接受，而在危机中则可能被理解为推诿搪塞而招致更多的不满；某个正式声明，在常态下人们会根据其内容做出冷静判断，采取理性行为，而在危机中则可能忽略或放大其中部分内容，得出片面结论，实施过激行为。譬如，在2005年热闹一时的中国消费者怒砸奔驰事件中，奔驰公司派出德国总部的汽车制造专家与消费者进行谈判，前者试图从技术上说明问题的缘由，而后者根本听不懂前者的专业表达，沟通冲突逐步升级，导致危机愈演愈烈。

（三）利益损害

利益冲突，是造成品牌危机的根本冲突。资产、健康、生命遭到破坏，是品牌危机的重要表现。产品质量危机常常使消费者蒙受损失，股东权益受损。利益互惠链条一旦断裂，利益相关者的身份随之发生改变：由同盟者变成旁观者或对立者。如三鹿婴幼儿奶粉受到三聚氰胺的污染，保守估计全国潜在受害者可能超过3万人，给患者及其家庭带来难以估量的损失。

（四）价值异化

品牌与利益相关者的利害关系，并不都是有形的、可触摸的。信任、道德等层面的价值关系也左右利益相关者的态度和行为。诚信是品牌的生存之本，是品牌发展的基石，品牌必须拥有消费者的信任。一旦利益相关者对品牌失去信任和信心，两者之间沟通关系、利益关系的维持便变得异常艰难，甚至是难以为继了。价值异化，往往是危机中最棘手、最难化解的困难。

从以上四种变量的视角来审视品牌与利益相关者的关系表明，四种变量的变化过程既是品牌与利益相关者关系的转换过程：合作—冲撞—合作，也是品牌状态的变化过程：常态—危机—常态。下面再结合两个实例来解释品牌与利益相关者之间关系的演化。

阅读材料

霸王洗发水致癌事件

2010年7月14日，香港《壹周刊》披露，"霸王"品牌旗下的中草药洗发露、首乌黑亮洗发露以及追风中草药洗发水，经香港公证所化验后，均含有被美国列为致癌物质的二恶烷，消息一出，危机的狂潮即刻掀起，各大主流媒体、各大网站开始进行疯狂地报道。各种批判性很强的网络专题也随之推出。霸王股价一天之内暴跌14%。

7月15日，霸王集团发表澄清声明，称产品所含的微量二恶烷并非刻意添加，而是由原材料残留引起的，绝对不会对人体健康构成影响。且全行业大部分洗发水均有，含量少对人体无害。

同时，"霸王"首席副执行官陈小平表示，对于香港《壹周刊》的此次报道，怀疑是同行不正当竞争所为。

接着，霸王集团马不停蹄地宣布，已将系列产品交给有关部门检测，在检测结果出来后，将召开新闻发布会。

7月16日晚上，国家食品药品监督管理局通报"霸王"洗发水抽检结果，公告显示："'霸王'相关产品的抽检样品中，二恶烷含量水平不会对消费者健康产生危害。"

对于霸王产品的合法性来说，质监部门的检测报告代表了官方对事件的定调。但对于市场与消费者信心来说，质监部门的报告却非金疮良药，无法在短时间迅速重振消费信心。霸王产品虽无毒，但品牌毒性仍在。新浪网的网络投票调查结果：超过七成的网民不再相信霸王，不愿意再使用该品牌产品。

资料来源：林景新、唐嘉仪：《2010年十大企业危机公关事件盘点分析》，博锐管理在线，2010年。

在霸王洗发水致癌事件中，环境的改变，《壹周刊》的报道成为引发品牌危机的导火线；而沟通关系与利益关系的变异，使品牌逐步陷入危机。

首先，危机最初的形态是符号紊乱，表现为利益相关者对"二恶烷"概念的陌生和对癌症概念的恐惧；其次，意义上扭曲引发危机，霸王洗发水是否"致癌"成为争论的焦点；再次，利益上的冲突产生，消费者退货等问题浮出水面，危机全面爆发；最后，价值异化加剧品牌危机，霸王的价值观遭到质疑，是否尊重利益相关者的健康？是否在欺骗利益相关者和媒体？

阅读材料

可口可乐"二恶英"事件

1999年6月9日，比利时和法国的100多人在饮用可口可乐后中毒，呕吐不止，头昏眼花。已经拥有113年历史的可口可乐遭遇了历史上罕见的重大危机。

可口可乐于一周后查清原因：比利时中毒事件是因为安特卫普的可口可乐工厂在包装瓶内压入了浓度过高的二氧化碳；法国中毒事件是因为敦刻尔克工厂的杀菌剂污染了储藏室的托盘。此次事件，被媒体称为可口可乐"二恶英"事件。

起初，可口可乐公司总部得到消息称，所谓中毒是由于可口可乐的气味不好而引起的呕吐及其他不良反应。因此，公司总部认为这对公众健康没有任何危险，没必要启动危机管理方案，只是在公司网站上张贴了一份相关人员对此事表示关切的帖子。可口可乐只同意收回部分产品，拒绝收回全部产品。此举触动了公众。公众在强烈抗议中提出，可口可乐公司是"没人情味"、"不负责任"的。

尤其致命的是，公司总部未能与在比利时和法国的分公司进行充分的沟通。总部负责人根本不知道。就在事发前几天，比利时曾发生一系列肉类、蛋类及其他日常生活品中含有致癌物质的事件。比利时政府饱受批评，正诚惶诚恐地向全体选民证明自己对食品安全问题非常重视。可口可乐正好撞在枪口上——迫使其收回全部产品正是政府表现的好机会。

仅10天时间，可口可乐的股票价格下跌了6%。在公众的抵制浪潮和比、法政府的强压之下，可口可乐才意识到问题的严重性。事发后10天，可口可乐董事会主席兼首席执行官道格拉斯·伊维斯特从美国赶到比利时首都布鲁塞尔举行记者招待会，并随后展开了强大的公关攻势。发布会当日，会场里的每个座位上都摆放着一瓶可口可乐。在回答记者的提问时，伊维斯特这位两年前上任的首席执行官反复强调，可口可乐尽管出现了眼下的事件，但仍然是世界上一流的公司，它还要继续为公众生产一流的饮料。

在记者招待会的第二天，伊维斯特在比利时的各家报纸上发表了由他签名的致消费者公开信。公开信详细解释了事件的原因，并作出种种保证，表示要向比利时的每个家庭赠送一瓶可乐，以表示公司的歉意。

可口可乐公司还宣布，将尊重公司和政府的要求，将中毒事件期间上市的可乐全部收回，并对公众进行赔偿。可口可乐还表示要为所有中毒的消费者报销医疗费用。可口可乐在其他地区的分公司，如中国公司纷纷宣布该地产品与比利时事件无关，从而稳定了事故以外地区的人心，控制了危机的蔓延。

此外，可口可乐还设立了专线电话，并为比利时公众开通了专门网站，回答公众提出的各种问题。比如，事故影响的范围有多大，如何鉴别新出厂的可口可乐和受污染的可乐，如何获得退赔等。可口可乐牢牢地把握住信息的发布源，防止危机信息的错误扩散，将企业品牌的损失降低到最小的限度。

比利时公众陆续收到可口可乐赠券，上面写着："我们非常高兴地通知您，可口可乐又回到了市场。"孩子们拿着可口可乐发给每个家庭的赠券，高兴地从商场里领取免费的可口可乐："我又可以喝可乐了。"商场里，人们几乎在一箱箱地购买可口可乐。

在这次危机中，可口可乐公司损失达1.3亿美元，几乎是最初预计的2倍；

全球共裁员5200人；董事会主席兼首席执行官道格拉斯·伊维斯特被迫辞职。但是，正如比利时的一家报纸所说，可口可乐虽然付出了代价，却赢得了消费者的信任，成功地保护了自己最有价值的资产——品牌。

资料来源：胡百精：《危机传播管理》，中国人民大学出版社，2005年。

在可口可乐"二恶英"事件中，产品质量引发了一系列的冲突：①利益冲突，中毒的100多位消费者的身体健康遭到损害，未中毒的消费者惶恐不安；②价值冲突，可口可乐公司被认为没人情味，不负责任，这些冲突交织在一起，使可口可乐全面陷入危机之中。而可口可乐危机处理则是从四个变量入手的：①符号强化，在新闻发布会每个座位上都摆放着一瓶可口可乐；②意义恢复，在比利时的各家报纸上发表由道格拉斯·伊维斯特签名的致消费者公开信；③利益补偿，中毒事件期间上市可口可乐全部收回，并对公众进行赔偿，为所有中毒的消费者报销医疗费用；④价值重塑，承诺一流公司继续为公众生产一流的饮料。这种多维度的处理策略，使可口可乐摆脱了危机，赢得了消费者的信任。

第三节　品牌危机利益相关者的细分

强生"含毒门"事件

2009年3月10日，朱女士在某国内知名论坛上发表了一篇名为《强生差点把我一岁半的女儿毁容》的帖子，并附上了女儿使用强生产品前后的照片：使用润肤霜前女儿皮肤白净光滑，而使用后的照片上，却满脸红疱，差点把一岁半的女儿毁容！对比之中让人看了心痛。这份帖子迅速得到广泛关注，达到了近25万的点击量。留言中反映，有类似经历的网友不在少数。以"抵制强生保护家人"为主题的QQ群也在不断膨胀。

3月14日，美国一家名为"安全化妆品运动"的非营利性消费者组织最新发布的检测报告称，强生公司的婴儿卫浴产品含有甲醛等有毒物质。一石激起千层浪。强生的危机大规模爆发。

强生立即展开品牌危机公关，从可能导致危机升级、市场崩溃两大主要渠道入手。首先，媒体公关。向全国各大媒体发出产品澄清说明的传真，防止媒体继续跟踪报道。其次，零售商的公关。向各大卖场发去质检部门的无毒证明，为挽救消费信心做尽可能的努力。

但强生在消费沟通方面，却是乏善可陈。在产品被爆出有毒、真相未明之时，强生没有主动撤架，产品的市场销售依然进行着；在消费者对产品质量疑惑之时，强生表示不会召回市场上的产品，同时已售商品不会退货，这让所有希望退货的消费者愿望破灭。

强生的品牌危机公关虽然保住市场，但没保住信任。网上的舆论谴责不断升级，QQ群"抵制强生保护家人"也在不断膨胀，形成讨伐强生的自发联盟。

资料来源：《强生危机公关疲惫：保市场失信任》，《中国企业报》2009年4月16日。

➡ 思考题：

1. 为什么强生保住市场，但没保住信任？
2. 谁是强生"含毒门"事件中的核心利益相关者？

对品牌与利益相关者关系的本质、危机中影响品牌与利益相关者的变量是什么这些问题的研究，有助于正确认识品牌危机，为应对和化解危机提供了理论和实践的双重逻辑起点。

但是对这些问题进一步探索，会发现：不同的利益相关者与品牌的关系是不同的。如果无法确认不同的利益相关者，品牌危机管理往往陷入非理性的混乱之中，要么束手无策，要么盲目出击，眉毛胡子一把抓，使品牌危机愈演愈烈。因此，如何区分这些不同的利益相关者是一个需要解决的问题。

一、细分品牌危机利益相关者的意义

细分利益相关者是制定品牌危机管理策略的前提所在。如果无法区分利益相关者与品牌结成的不同关系，品牌危机处理会把时间、精力和资源投入到错误的方面，造成品牌危机管理的黑洞。只有明确利益相关者的主次，才能制定差异化的品牌危机处理策略。

问题7：细分品牌危机利益相关者的意义是什么？

品牌危机状态下细分利益相关者，有利于以下四个问题的解决。

（一）有利于品牌危机的监测与评估

危机检测与评估是品牌危机管理的重要范畴，是制定和执行品牌危机管理策略的基础。利益相关者是品牌正确认识和评价危机的镜子，他们的态度取向和行为方式既是品牌危机的现实反映，也影响品牌危机的发展。只有明确谁是品牌危机的核心、主要利益相关者和一般利益相关者，才可能采取针对性的调查研究方法，获取品牌危机信息，评估危机事态。

（二）有利于危机管理策略的形成

所有危机管理策略都是围绕如何处理危机中的人与物的关系制定的，而其中人又是核心问题所在。而不同的利益相关者对品牌危机有不同的反应和需求，这就内在地要求品牌危机策略应有所区分，没有区分等于没有策略。因此，通过对利益相关者进行细分，确认主次，是形成品牌危机管理策略的一个重要步骤。

（三）有利于品牌危机管理实施

品牌危机管理成功与否，归根结底靠实践来检验。在品牌危机管理运行的各个环节，都无法离开对利益相关者的研究和分析。只有因时、因事、因人制宜，赢得不同利益相关者的同情、理解和支持，品牌危机管理才能顺利开展。

（四）有利于品牌危机管理的评估与总结

品牌危机管理绩效的考核是多层次的、多视角的，譬如品牌危机信息的传播范围和效率、利益相关者态度的形成与行为的改变、品牌恢复和重建的成效等。这些绩效的评估与总结，都直接与利益相关者的细分有关。不同的利益相关者对危机管理绩效有不同的具体评价，而这些评价总体上又形成了衡量品牌危机管理效果的标准。

二、建构品牌危机利益相关者模型

通过构建品牌危机利益相关者模型，细分不同的利益相关者，进而构建以下针对不同类型利益相关者的品牌危机管理策略模型。

问题 8：如何构建品牌危机利益相关者模型？

（一）品牌危机利益相关者的利益/行为矩阵

在品牌与利益相关者的关系中，不同利益相关者与品牌的利益关系密切度是不同的。双方利益关系越密切，利益相关者获利就越多，对品牌支持度越高，有利于品牌的生存和发展。在危机中，利益相关者从自身的利益出发，对品牌采取的行为也不同，他们的行为决定危机的走向。因此，以利益相关者获利多少为纵坐标，以他们对品牌采取的行动为横坐标，可以勾勒出品牌危机利益相关者的利益/行为矩阵模型，见图 2-5。

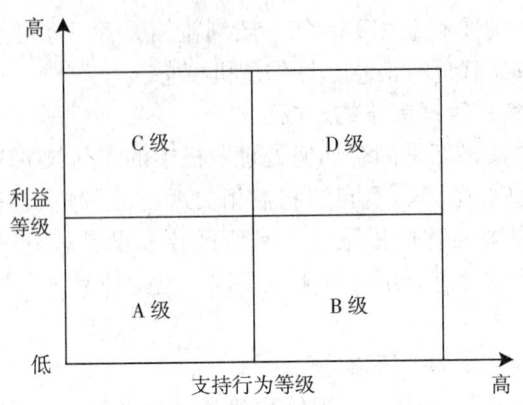

图 2-5　品牌危机利益相关者模型：利益/行为矩阵

利益/行为矩阵模式把品牌危机利益相关者划分为以下四种不同的状态：

A 级利益相关者在品牌的利益层级中地位较低，对品牌的忠诚度就低，在品牌危机中，这一群体的态度是游移的，行为上容易"跟风"。

B 级利益相关者同样在品牌的利益层级中地位较低，但品牌的忠诚度较高。在危机中，对品牌抱有同情、理解的态度，往往采取配合的行为。

C 级利益相关者在品牌的利益层级中地位较高，但对品牌忠诚度低。在危机中，这一群体会因时、因事、因人采取不同的立场和行为，并且在特定因素的影响下，容易与品牌产生对抗。

D 级利益相关者在品牌的利益层级中地位较高，同时对品牌忠诚度较高。在品牌危机中，这一群体常常会出于共同利益的考虑而力挺品牌。

利益/行为矩阵模型显示了品牌危机中不同类型利益相关者与品牌的不同关系，从中不难得出危机管理策略的启示。

启示一：利益/行为矩阵模型显示，C 级利益相关者是品牌危机中的核心利益相关者。而 D 级利益相关者是品牌危机中最宝贵的支持者。因此，A 级和 C 级利益相关者的意见和需求成为品牌制定危机管理策略的核心依据。

启示二：A、B、C、D 四级利益相关者的区隔是相对的，每一级的利益相关者的规模与结构都处于不断变化之中，这就为不同级的利益相关者的转换提供了可能性。因此，品牌危机管理的目标就是努力将利益相关者从 C 级转化为 D 级，从 A 级转化到 B 级。

（二）品牌危机利益相关者的利益/策略矩阵

以品牌危机利益相关者的利益/行为矩阵模型为基础，相应勾勒出品牌危机利益相关者的利益/策略矩阵，见图 2-6。

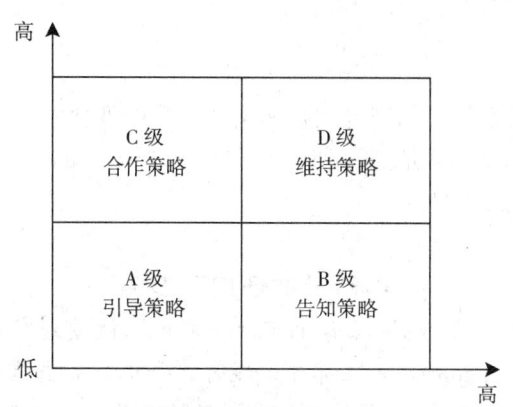

图 2-6 品牌危机利益相关者模型：利益/策略矩阵

利益/策略矩阵模型显示，品牌针对不同的利益相关者，可以采取以下四个层级的差异化策略：

面向 A 级引导策略：通过权威机构和人士澄清事实，引导他们改变态度，进而向 B 级转换。

面向 B 级告知策略：需要准确、及时地提供信息，以适度的承诺，坚定 B 级利益相关者的立场。

面向 C 级合作策略：这是核心利益相关者，需要采取合作策略，通过沟通、协调、妥协等方法，避免对抗，争取同情、理解和支持。

面向 D 级维持策略：这是主要的利益相关者，体现价值，以保持满意，继续支持。

品牌危机利益相关者的利益/策略矩阵体现了品牌危机管理的一项基本原则：主次明确，以差异化的策略应对品牌危机。

考试链接

一、名词解释

利益相关者

二、简答题

1. 简述利益相关者的特性。
2. 简述利益相关者对品牌的作用。
3. 简述品牌与利益相关者关系的本质。
4. 简述细分品牌危机利益相关者的意义。

三、论述题

1. 分析危机状态下，品牌与利益相关者关系的变化？
2. 利用利益/行为和利益/策略两个矩阵，分析某一品牌的利益相关者。

四、案例分析

苹果"信号门"事件

iPhone 4 在 2010 年 6 月 24 日上市后一周内，便遭到客户投诉，一些消费者开始抱怨当手持 iPhone 4 遮住部分天线时，手机会失去信号。这一问题被称为"死亡之握"，很快引起了苹果粉丝、分析师以及舆论的集体围观。

对于不断出现的质疑，苹果始终坚称 iPhone 4 在设计上不存在问题，信号衰弱是"无线电话的通病"，是一种容易修复的软件问题，并建议使用者改变握姿，避免持握手机的左下方天线位置处。

苹果公司的答复遭到了各大媒体和全球消费者的口诛笔伐。有报道指出，苹果高级工程师曾就 iPhone 4 天线设计问题警告过乔布斯，"但是乔布斯太钟情于这个设计了，所以苹果只能继续开发"。

事态愈演愈烈，面对舆论的重重压力，苹果公司终于在 7 月 16 日召开记者会正面回应质疑。

令人意外的是，苹果 CEO 乔布斯并没有因为天线可能存在设计缺陷而向公众道歉。他否认苹果的天线设计存在缺陷，称："只有 0.55% 的顾客反映有问题，'信号门'是一个被扩大化的事件。"

为了证实"所有手机都会在手持的情况下出现信号下降"，乔布斯特地在发布会上演示了黑莓 Bold 9700、HTC Droid Eris、三星 Omnia 2 三款手机的信号变化，其演示结果一致表现出三款手机的信号的确有所下降。乔布斯试图向大家证明，iPhone 手机的表现和其他机型一样。

苹果这一做法顿时触怒了被点名的公司，纷纷跳出来反击。RIM 表示，苹果试图将 RIM 拖进它自己所造成的灾难的企图是无法接受的。苹果对 RIM 产品的指控看上去是为了扰乱公众对天线设计问题的理解，转移自己的窘境；三星直接回应，从来没有因为天线问题而受到用户的集体投诉，苹果公司的做法是对其他公司的诬蔑；宏达电表达了不满，"苹果采取的设计本来就是有问题，'为何要把宏达电也拖下水'"。而没有被点名的诺基亚也表示："如果天线效能和外观设计相冲突的话，我们会选择天线效能。"

同时，乔布斯在发布会上也正式给出了 iPhone 4 信号问题的解决方案：不是直接召回，而是给手机装个保护套。凡 9 月 30 日前购买 iPhone 4 的消费者都可免费获得一个软胶保护套（市场售价29美元），已购买了该保护套的消费者将获得返款。如用户仍不满意可在30天内退货，只要手机没有人为损坏，就可获得全额退款。对苹果来说，这和召回可能带来的15亿美元损失相比只是小数目。

解决方案发布后，美国权威的消费者杂志《消费者报告》明确地表示，即使苹果已经采取了相应的弥补措施，它们依然不会将 iPhone 4 推荐给广大的用户，这是因为苹果并没有正面地去面对 iPhone 4 的信号问题，目前的解决方案并不能令人满意。苹果应免费为已购买 iPhone 4 的用户提供修复服务。

由于该杂志的影响力、公信力，对 iPhone 4 自 6 月开始发售起就不断接到用户抱怨的天线问题的讨论进一步升级，苹果公司市值一度蒸发超过 160 亿美元。

资料来源：《苹果"信号门"危机公关惹恼同行》，亿邦动力网，2010年7月21日。

问题讨论：
1. 分析苹果"信号门"危机中的利益相关者。
2. 如何给利益相关者一个合理的解释？

本章小结

本章介绍品牌危机的重要一方：利益相关者。首先，明确利益相关者的概念、特点和分类。其次，在深入了解利益相关者基础上，明确品牌危机中双方的关系，即品牌与利益相关者的关系。重点介绍品牌与利益相关者关系的本质：达成共识。而达成共识的要素则是沟通和利益，沟通关系、利益关系是品牌与利益相关者的核心要素。一旦共识遭到破坏，品牌与利益相关者关系出现不稳定，沟通关系、利益关系发生变异，符号、意义、利益、价值四个变量也发生变化，危机开始爆发。分析利益相关者与品牌的关系，有助于品牌危机的处理。最后，细分品牌危机中的利益相关者。解释了细分品牌危机利益相关者的意义，通过构建品牌危机利益相关者的利益/行为矩阵、利益/策略矩阵来区分利益相关者，以及制定相应的策略。

深入学习与考试预备知识

利益相关者的迷情

在危机情景中，利益相关者的心理状态和行为模式往往发生重大变化。罗伯特·希斯将危机情景中的这种变化和混乱称为"危机迷情"。总体来看，危机利益相关者的"迷情"状态主要表现在三个方面：

第一，恐慌状态下的集合行为。危机爆发，冲击当头，各种利益链条瞬间断裂。核心利益相关者、边缘利益相关者在利益受损的情景下，质疑、恐慌、愤恨情绪迅速蔓延。这种情绪蔓延的结果，将形成一种强大的集体无理性，最终促成社会学中所称的"集合行为"的发生。

第二，失衡状态的传播混乱。在危机打破常态平衡的情况下，利益相关者与组织、利益相关者之间的信息传播关系往往发生混乱：传播主题多变，对同一主题人们也有不同看法，误解滋生，谣言横行，不同群体在不同阶段需要不同的传播渠道，危机造成渠道不畅，并进一步导致信息资源的不对称；渠道中的"烟雾"和"噪声"严重干扰传播秩序；传播气氛不和谐，缺乏共通的话语空间，七嘴八舌，大声呼喊，各说各话导致传播系统故障或失灵。

第三，压力状态下的心理障碍。在危机中，遭到破坏的有形利益链条大多可以通过沟通、协调、补偿和妥协等方式加以修复，而留在利益相关者内心深处的危机印痕则难以消除。危机投射于利益相关者心灵之上的阴影，一般需要较长时间方能化解，处理不当还有可能形成心理痼疾，引发更多的问题。利益相关者心理阴影的存在，往往意味着对品牌持续的威胁和新一轮危机的酝酿。

述及利益相关者的"危机"迷情，有三个目的：

一是重申品牌危机管理的复杂性。

二是强调品牌危机管理中一个非常重要，却经常被忽视的部分：危机后的恢复管理。

三是拓展利益相关者的内涵：危机情景下，利益相关者往往是需求多元化、沟通无序化、行为非理性化。

资料来源：胡百精：《危机传播管理》，中国人民大学出版社，2005年。

知识扩展

利益相关者的四大效应

在信誉战略管理系统中，利益相关者的四大效应包括：

多头效应。品牌拥有众多的利益相关者。诸多的利益相关者在一起形成犬牙交错的利益动态网络。大家互相牵制，都不能形成绝对的优势来主导品牌的发展。

联动效应。同行之间不仅仅是你死我活的竞争对手，还是一群彼此联系的核心利益相关者，行业任何一个竞争者发生任何一个危机都可能殃及池鱼，让整个行业的同行蒙难。

聚变效应。这是一种奇妙的效应，它指利益相关者中的某些关键性资源拥有者的决策会由于其他利益相关者的意见而发生异常快速的转变。

协同效应。协同效应是危险系数最高的，它主要指在现代社会利益链条盘根错节，将品牌包围在了一个复杂的利益生态里，品牌的所作所为都处于这些利益相关者注视之下，这些利益相关者也许并不是品牌的直接消费者或投资人，但他们会在特定的状态与场合下聚合在一起对品牌的某些行为做出反应，这些弱小利益相关者由于协同效应所产生的对品牌破坏的能量是巨大的。

资料来源：信誉研究所：《壳牌危机凸显利益相关者四大效应》，《商界》（评论）2008年第6期。

第三章 品牌危机管理小组的建立

学习目标

知识要求 通过本章的学习，掌握：

- 品牌危机管理小组的职能
- 品牌危机管理小组的构成
- 品牌危机管理小组成员的甄选标准
- 品牌危机管理小组的权力配置

技能要求 通过本章的学习，能够：

- 了解一个完整的危机管理小组的成员构成
- 会甄选危机管理小组的成员，了解小组成员必须具备的素质和能力

学习指导

1. 本章内容包括：品牌危机管理小组的职能、品牌危机管理小组的构成、品牌危机管理小组成员的甄选标准、品牌危机管理小组的权力配置。
2. 学习方法：独立思考、抓住重点；抓住重点、理解记忆。
3. 建议学时：6学时。

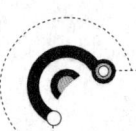

本章知识逻辑结构图（见图3-1）

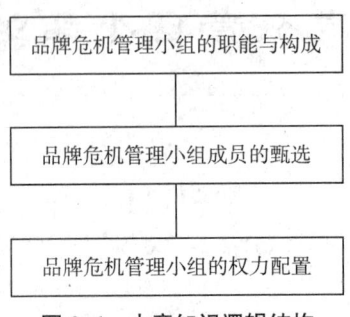

图3-1 本章知识逻辑结构

第一节 品牌危机管理小组的职能与构成

"三株"危机事件

1996年6月，身患冠心病、肺部感染、心衰Ⅱ级、肥大脊柱炎、低钾血症等多种疾病（二审法院已查明）的77岁老人陈伯顺，经医生推荐服用三株口服液。后来陈伯顺皮肤出现病状，当年9月在一家诊所治疗无效后病故。1996年12月，陈伯顺之子陈然之向常德市中级人民法院起诉三株集团。1998年3月31日，湖南常德市中级人民法院作出一审判决：消费者陈伯顺喝了三株口服液后导致死亡，由三株公司向死者家属赔偿29.8万元，并没收三株公司非法所得1000万元。

三株的"人命官司"震惊全国，各种媒体纷纷予以报道，"8瓶三株喝死一老汉"、"谁来终结'三株'？"、"三株红旗还能打多久？"等爆炸性"新闻"不时出现在200多家报纸、杂志上。对这一突发性意外事件缺乏预防的三株公司，4月份（即审判后的第二个月）的三株口服液销售额就从上年的月销售额2亿元下降至几百万元，15万人的营销大军，被迫削减为不足2万人，生产经营陷入空前灾难之中，总裁吴炳新也被重重击倒，病倒在床上。据三株公司介绍，官司给三株公司造成的直接经济损失达 40 多亿元，国家税收损失了 6 亿元。

资料来源：万后芬、周建设：《品牌管理》，清华大学出版社，2006 年。

思考题：

1. "三株"有没有应对危机的专业小组？
2. 在危机来临之际，"三株"应如何应对？

一、品牌危机管理小组

（一）品牌危机管理小组的定义

品牌危机管理小组其实质是一个决策委员会，负责做出宣布进入应急状态、启动应急与恢复计划等重大决策。危机管理小组同时又是一个智囊团，由各种对危机情况十分了解并能针对特殊个案做出准确评估的专门人才组成。由于危机事件并非常态，所以成员多半是兼职的，但也有一些专职的危机管理专家。品牌危机的突发性、严重性和蔓延性使得企业的危机管理小组必须在危机事件爆发后立即组建完毕。

组建品牌危机管理小组要符合以下要求：

1. 品牌危机管理小组必须系统化

危机管理小组必须系统化，是因为品牌危机管理活动本身是一个系统工程。一般而言，危机处理对内涉及后勤、生产、财务、法律、人事等各个部门，对外不仅需要与政府部门打交道，还要与消费者、供应商、销售商、银行、税务等部门沟通。所以，组建一个高效、专业的危机管理小组是危机管理得以展开的前提。

危机管理小组的系统化体现在三个方面：

第一，危机预防阶段，建立日常的危机管理组织机构，负责收集、整理各种与危机有关的信息，制定危机预案，尽可能准确地进行危机预控。

第二，在危机爆发阶段，根据预案建立危机管理指挥系统、执行系统，有条不紊地展开各项危机管理工作。

第三，在危机恢复阶段，成立专门的危机评估组织系统，对危机进行分析评估，使得危机管理画上一个完整的句号。

2. 危机管理小组必须专业化

危机管理是多领域交叉的管理工程，对专业化要求较高。除了内部配备高素质的危机管理专业人员外，还包括各个领域的专家，如公关顾问、管理顾问、财务顾问、政府官员以及危机事件所涉及的技术领域方面的专家。

3. 危机管理小组必须规范化

危机管理作为基本的管理活动之一，它主要通过制度化管理，将人、财、物有机结合起来，预防和消除各种危机。它涉及组织内部人力、财物的全局调动，所以必须以规范化作为前提，以避免危机管理过程中不必要的成本损耗。

危机管理小组的规范化体现在两个方面：

第一，组织危机管理机构层次明了，各级、各类组织机构的责、权、利明确。

第二，每一组织机构与其上下左右组织机构的关系必须明晰。

4. 危机管理小组必须扁平化

组织结构的扁平化就是减少管理层次，加大管理力度，裁减冗余人员，促进信息的快速传递，使组织的运行更加灵活、敏捷，防止在危机管理过程中出现摩擦，以影响危机管理的效果。制定政策的是管理层，然而危机发端时最可能被检测到的是在第一线工作的员工。在垂直型的组织里，从下到上的危机反应很可能被打折扣。在一个扁平的结构中，基层员工可以直接向决策层反映问题。

（二）品牌危机管理小组的职能

问题 1：品牌危机管理小组的职能是什么？

不管企业制度多么完美、效益有多好，总会遇到一些突如其来的危机。危机已经常态化，要想很好地应对危机，做到遇事不慌、处变不惊，必须有一整套危机管理的制度、应对流程，更重要的是一支专业的危机管理团队。专业危机管理团队的缺失是现代企业危机管理中的主要困境。

品牌危机管理小组至少应当负有以下职责：

第一，最有效的危机管理就是将危机扼杀在萌芽状态中，所以危机管理小组的首要任务就是监测企业的内外环境，尽可能发现危机爆发的苗头以及有可能出现的各种危机，并制定应对方案。同时，还要通过各种手段向企业内外的利益相关者发出危机预警，以便它们做好充分的准备。

第二，危机管理小组对各种危机情况要进行全面、清晰地了解，并做出正确的评估。

第三，在全面监测和科学评估的基础上，危机管理小组要研究与拟定危机管理的战略规划和战术体系。战略层面的规划主要有品牌危机管理的总体目标、原则以及结构框架；战术层面的体系主要有危机管理的具体流程、实施方法以及应对技巧。战略规划是总体的方针，指出了应对危机时所要采取的宏观思路；战术体系主要指具体的应对措施和操作方法。

第四，危机管理小组是计划的制定者，也是执行者，全面负责将计划落实到工作中去。比如说逐步实施危机应对策略，包括管理危机现场、安排媒体采访、召开新闻发布会、为企业其他成员提供各种应对危机的咨询和寻求专业的第三方的支持等。

二、品牌危机管理小组的人员构成

美国危机管理专家麦尔斯和霍卢沙认为，危机管理小组应当吸纳的人员包括资深或实权在握的领导者、组织中能够承担压力的富有创造力的高级管理人员、非常熟悉组织运作的人员和熟悉组织运作的外部人员。曾任摩托罗拉公司负责危机管理工作的沟通与公共事务副总裁的劳伦斯·巴顿根据其亲身的危机管理经验进一步明确了危机管理小组成员的构成，具体包括首席执行官或其代表、一位律师、一位公关人员、一位技术专家、一位财务官员、一位通信官员、一位公共事务专家等。国内知名的危机管理专家叶东指出，危机管理团队成员包括企业领导者、专业公关人员、专业管理人员、行政后勤支持人员、新闻发言人、财务主管、律师与法律顾问、热线接待人员、第三方或者意见领袖、心理学家。

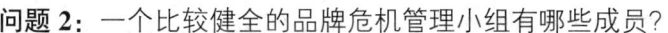

问题2：一个比较健全的品牌危机管理小组有哪些成员？

根据中外学者的综合概括并结合企业品牌危机管理的实践，一个有效的危机管理小组具体由以下成员构成：

（一）企业领导者

品牌危机发生后，要能够最大限度调动企业的各种资源应对危机，没有企业的领导者是做不到及时调动企业资源应对危机的。危机管理是一项系统工程，需要企业其他部门的通力合作，没有领导者的参与，危机管理小组在遇到各种困难时就无法获得其他部门的支持，更谈不上自主调动资源了。所以没有领导者，势必会延误危机处理的最好时机。有了领导者的参与，就能够迅速推动危机管理计划的落实，以及获得企业各种资源的配置权。

（二）专业公关人员

公共关系工作是一项专业性很强的工作，对其从业人员也有特殊的要求。作为专业的公关从业人员，首先应具备合理的知识结构和专业技能，其次应有较强的综合能力，最后还必须有良好的心理素质和道德素质。专业公关人员对沟通中出现的问题更敏感，对组织利益相关者关系更具洞察力。在媒体访谈、新闻发布会、形象宣传、与利益相关方谈判等承担专业性较强的任务，专业公关人员应比其他成员更得心应手。

（三）新闻发言人

为何要有新闻发言人？在铺天盖地的信息面前，如果没有一个权威的信息来源，杂乱信息容易搅乱人们的思想。安排新闻发言人，有利于人们看到权威性的言论，避免小道消息影响社会公众对品牌的负面判断。

（四）专业法律顾问

对影响较为严重、涉及重大财产和生命损害的危机，团队中拥有一位精通业务的律师至关重要。专业法律顾问，一方面可以确保决策和行为的合法性；另一方面可以在各方舆论压力中寻求法律支持，掌握权威话语权。

（五）财务主管

从职责来看，企业的财务主管负责公司的全面财务会计工作，负责制定并完成公司的财务会计制度、规定和办法，解释、解答与公司的财务会计有关的法规和制度，分析检查公司财务收支和预算的执行情况，审核公司的原始单据和办理日常的会计业务。而危机管理过程中必然涉及企业财务的支配，财务主管负责花好每一分钱，这当然有利于危机管理的成本控制，避免陷入危机"黑洞"。

（六）专业管理人员

不同类型的危机指向了不同的专业领域，因此有必要让相关部门的管理、技术、服务人员加入团队，以做到"内行看门道"。

（七）热线接待人员

他们是接受消费者投诉、沟通信息和对外树立形象的重要环节，危机公关的第一道门户，如果处理得当的话，往往会把由投诉引起的危机消灭在萌芽状态。处理投诉的人员要十分注意自己的态度，因为消费者在此时往往言行过激，如果能够稳定他们的心态，可以有效降低危机的爆发率，同时也可以为企业节省下一笔公关费用。

第二节 品牌危机管理小组成员的甄选

南京冠生园陈馅事件

2001年9月,中央电视台对南京冠生园"旧馅月饼"事件作了大曝光。南京冠生园就此事件马上发表了公开信,对自己的所作所为进行辩解,并要起诉中央台,态度十分坚决。但是,央视记者长达700分钟的录像素材所反映的事件却是不争的事实。事后企业的负责人吴震中竟然在接受记者采访时声称:用旧馅做月饼,这是公开的秘密,大家都这么干的。随后,他便丢下烂摊子,一走了之。

资料来源:王仕龙、邓小龙:《品牌百年老店走上不归路——南京"冠生园"事件前前后后》,《大众商务》2002年第5期。

思考题:

1. 作为南京"冠生园"的实际负责人,吴震中究竟扮演的是一个危机解决者还是危机加剧者的角色?

2. 通过这个案例概括企业领导者在危机面前必须具备哪些素质?

英国公共关系专家里杰斯从危机管理小组的类型出发,提出了危机管理小组成员的构成特征包括:①点子型:汇集具有创造力的专门人才,不断贡献新思路、新点子,使危机管理计划逐步丰富、完善;②沟通型:发挥承上启下的沟通、协调作用,与新闻媒体保持融洽合作关系,使各方交流顺畅无碍;③厄运经销商型:正视问题,坦直进言,运用逆向思想挑拣漏洞,对管理计划及行为提出修正意见;④记录型:善于梳理、总结问题,形成文字方案;⑤人道主义型:以人为本,主张利益相关者权益至上,真正为社会公共利益和主流价值观着想。[1] 无论是点子型、沟通型、厄运经销商型还是记录型和人道主义型,其实质都是对危机管理小组成员的素质提出了具体的甄选要求。

---

[1] 胡百精:《危机传播管理》,中国传媒大学出版社,2005年,第77页。

一、品牌危机管理中领导者的职责及甄选标准

国内著名的危机管理专家叶东曾说过,一把手的素质与能力是危机管理成功的关键,很多企业之所以不成功正是一把手危机管理能力的欠缺。在过去 30 多年里,一大批曾经响当当的品牌,如三株、巨能、红高粱都远离了我们的视野。如果探究这些品牌没落的原因的话,都与企业的领导者有最直接的关系。

问题 3:领导者应具备什么样的危机管理能力?

(一)领导者的职责

1. 引导并树立全员危机管理意识

应该在全体员工的心目中培育危机意识,这是最高阶层的危机管理者应承担的首要责任。

2. 建立危机管理机制

优秀的领导者往往具有居安思危意识,在危机发生前就应在企业内部建立危机管理机制,对员工进行各种危机应对技能的训练,为企业建立完备的危机管理制度,建立能在危机发生后有效运转的危机管理组织,建立必要的人力、物力、财力资源储备。

3. 在危机发生后稳定全局

危机发生时整个企业都会处于混乱之中,在紧急关头,一把手就是所有员工关注的焦点。一把手的作为不作为也会直接影响员工的士气与行为,可以说一把手的行为就是员工的直接表率。如果一把手在危机来临时显得不够冷静、不能沉着应对或者逃避承担应有的责任,那么整个企业会陷入更加混乱的局面。

(二)领导者的甄选标准

危机事件领导者的个人能力包括:临危不惧、稳定全局,审时度势、谋划全局,坦诚沟通、管理团队的能力和决策水平。

1. 临危不惧、稳定全局

在危机事件来临后,大部分的企业成员都会在情绪、心理和生理上被眼下的问题所震慑,会产生茫然、手足无措、如临大敌的心态。领导者必须比惊慌无措的员工思考更远的步骤,理顺各项工作的首要性、紧迫性和重要性,以自身的行为稳定军心,引导企业成员正确面对危机,树立解决危机的信心。

2. 审时度势、谋划全局

危机发生时,资源和时间的分配是各方争论的焦点。领导者必须在听取各

方意见后，审慎忖度各方合法利益与企业全局发展的关系对危机事件的发展形势做出独立的判断。在危机情境中，准确的全局观是企业领导人能力的体现。

3. 坦诚沟通、管理团队

品牌危机会牵涉众多利益相关者，如果隐瞒事实真相，非但不能解决问题，还有可能给各方利益相关者带来严重的损失，从而丧失协作的可能性。所以对领导者来说，危机发生后不能隐瞒事实；相反应坦诚与外界沟通，取得社会公众的信任，能够集合危机管理团队其他成员的意见创造性地解决问题，为危机管理奠定基础。

4. 决策水平

紧急关头需要一把手发挥领导的表率作用，但这不等于领导人过于自负不听团队其他成员的意见，任何管理上的成功只靠一个人是不可能的。一把手应当在听取危机管理团队成员的意见上果断做出决策。决策的目的是尽可能减少危机对企业的冲击，使自身利益损害最小化，但同时也应注意大局意识以及长远利益，不能因为自身利益而损害竞争对手利益或行业以及国家整体利益。

二、品牌危机管理中公关人员的职责及甄选标准

公关人员即公共关系人员。在欧美国家，对公共关系人员的称呼有 PRP Ractitioner（公共关系从业人员）、PR Man（公关人员）、PR Officer（公关官员），指的是以从事公共关系理论研究、教学活动和实践工作为职业的人员。中国国内学者喜欢把这些人员统称为公共关系工作者。品牌危机管理是一项专业性很强的公共关系工作，对其从业人员也有特殊的要求。

（一）公关人员的职责

1. 为新闻媒体提供企业的最新情况

媒体是企业在品牌危机管理过程中必须慎重面对的一个客体，任何不当的或过激的言论都可能通过媒体将事态扩大化从而一发不可收拾，所以应对媒体是一个专业性极强的工作。如果企业没有专门的人才，就必须聘请一些专门公关人员。公关人员由于工作的特殊性，会与新闻媒体保持经常性的联系，有很大的沟通优势。由公关人员在危机管理过程中为新闻媒体提供企业最新情况资料，一方面可以保证信息能够顺畅地发布；另一方面也能有效控制信息的发布流程，从而掌握整个危机管理的节奏。

2. 挽回声誉，重塑品牌形象

品牌形象不仅仅是企业产品的形象，更是企业总体文化的表现，是企业内在精神和外观形象的综合反映。在危机发生的当时，必然会对品牌产生巨大的冲击，从而危及企业形象。品牌危机管理的一个重要目的就是重塑品牌形象。

公共关系是一个企业在竞争中立足的基础工作。也就是说，公关人员在企业公共关系战略思想指导下，通过科学的、有计划的、有步骤的公共关系活动，在社会各界公众心目中塑造良好的品牌形象和企业形象，以赢得用户、公众对企业的理解和支持。

3. 协助举办记者招待会，会见各方人士

记者招待会是企业在危机发生后发布消息进行沟通的有效方式。从理论上讲，媒体在信息传播过程中应当以真实性为前提，但是具体的过程如新闻稿的写作、新闻的阅读最终是由人来实现的。企业人士由于缺乏应对的经验，很有可能在信息的发布中词不达意或者表述有多种阐述可能性，因此很容易造成信息的歪曲传播，为了避免这种情况的发生，由专业的公关人员代言是最好的方式。

（二）公关人员的甄选标准

公共关系从业人员与其他行业人员的最大区别，在于他们具有从事公共关系工作的必要知识和专业技能，特别是有了职业准入制度以后，是否具备公关理论和实务知识更是成为公关人员的必要条件。要成为一名合格的公共关系从业人员，必须具备以下几个方面的素质：

1. 具备合理的知识结构

（1）公共关系的基本理论知识。这方面的知识主要有：公共关系的基本概念、职能作用，公共关系的由来和历史沿革，公共关系的核心概念和基本理论，公共关系的三要素及其相互关系，公共关系工作的基本程序等。

（2）公共关系的基本实务知识。公共关系是一种实践性强、重视经验积累的职业，当然也重视公关基本实务知识和技巧。事实上，公关调研知识、公关策划知识、公关谈判技能、公关传播方法等，是每个公关从业人员都应该掌握的实务知识。

（3）相关学科专业知识及开展特定公共关系工作所需的专业知识。公共关系从业人员为了更好地开展工作，还应该掌握一些相关学科的理论知识。与公共关系学科联系最紧密、对公关理论和实务影响最大的学科有管理学、传播学、社会学、心理学、行为科学，而市场营销学、广告学、人际关系学则因为与公关学科的理论和实务有相当的交叉而颇具借鉴意义。除此以外，公共关系从业人员在接受特别的委托公关业务如国际市场公关、行业公关时，还要了解相应的地区文化传统、风俗习惯以及特定行业的基础知识。

2. 具备较强的综合能力

（1）表达能力。包括口头表达能力与书面表达能力。口头表达能力，就是通常所说的口才。口头表达是公关工作中实现信息双向交流沟通最主要、最直接、最迅速的传递手段。口头表达有在特定场合对公众发表专题讲话，以争取公众，创造和导向舆论的演讲形式；也有在人际交往中与个别公众面对面沟通，进行解释、说服等的交谈形式；还有为争取组织利益而与其他组织采取的谈判形式。为此，公关人员要掌握口头表达的规律和艺术，能充分借助面部表情、动作体态等辅助语言，增强口头表达的说服力、亲和力和感染力。书面表达能力就是写作能力、文字能力。公关人员在工作中涉及写作的范围非常广，从日常的信件函牍、公文告示到公关计划、调查报告、总结报告，从新闻稿、演讲词、广告语到公关手册、公关策划书，都需要公关人员有熟练的文字功夫和写作技巧。因此，公共关系人员要熟练掌握包括新闻、信函、计划、总结、分析报告等各种类型文体，同时要注重严谨的逻辑思维和朴实流畅的文风。

（2）社交能力。公关人员工作的大量内容是直接面对各方面、各类型的社会公众，去迅速建立双向的有效沟通，赢得好感，认同与合作。这就要求公关人员必须具备较强的与人打交道的本领即社交能力。只有这样，公关人员才能在各种社交场合从容应付、广交朋友、广结良缘，树立自己的良好形象，为组织赢得更多的发展机会。

（3）组织管理能力。公共关系人员要善于调动、组织和协调组织内外公众的力量和关系；要善于制定公共关系工作的日常计划和专题计划，并适当有效地组织实施与评价；要善于组织和参与各种有关的、公共关系原理与实务常见的会议与活动，并恰当有效地选择和运用多种传播手段，推动组织预期目标的实现与完成。

（4）自控应变能力。公关人员的公关活动时常会遇到各种意想不到的突发事件和问题，要能做到镇定自若、头脑清醒、正确判断、机智应变，圆满解决问题。

（5）创新能力。公关工作在某种程度上讲就是以变促变，不同时间、不同地点、不同对象，同一内容的工作方式也会不尽相同。因此，公关人员的工作是一种富于创造性、创新性、开拓性的工作，它要求公关人员思维活跃、激情勃发、摒弃成规与陋俗、不断开创公关工作的新境界。

三、品牌危机管理中新闻发言人的职责及甄选标准

通常被称为"企业形象包装师"的新闻发言人是企业在危机情境中的代言人，是与外界沟通的"润滑剂"，是危机管理团队中的专门角色。明确新闻发言人的特点和沟通技巧，对于发挥发言人作用、克服危机具有重要意义。

(一) 新闻发言人的职责

1. 及时公布权威信息、扭转事态发展方向

品牌危机事件有突发性的特点,以一种突发性的方式进入人们的视野。由于品牌危机事关消费者的消费安全,所以一定会产生一定的社会影响。如2010年7月以后出现的伊利QQ星事件,很快便在消费者中间产生了恐慌。唯一能平息人们心中恐慌的只有权威人士的信息发布。新闻发言人以其权威的身份,通过媒体向公众展示事件的真实面貌,满足消费者的信息渴望,引导他们较为理性地认识事情的全过程。同时,也使更多的媒体朝着事态真实、可信的舆论导向引领大众,遏制谣言,稳定民心,避免危机扩大。

2. 掌握主动,及时公布企业危机处理过程,以维护企业形象

今天随着信息技术的迅猛发展,任何企图掩盖突发事件真相、封锁消息的行为都无异于"火上浇油"。因此,面对突发事件,新闻发言人要珍惜每一次接触媒体的机会,借助媒体把握危机管理中发布信息的主动权,公布企业在危机处理过程中表现出来的真诚、努力,从而全力维护企业的形象。

(二) 新闻发言人的甄选标准

在人们的印象中,新闻发言人在媒体面前表现得镇定自若、对答如流,但要达到这样的水准,并不是一件简单的事情。新闻发言人必须具备较高的职业素质,必须是一个复合型的人才。

1. 熟悉企业及行业

因为品牌危机爆发原因的多样化,所以企业的新闻发言人要能够一揽全局,不仅要细心研究本企业、本行业的各种情况,还要把握企业经营理念的内涵,对企业的历史渊源、品牌的文化、发展战略、产品情况等相关要素也要烂熟于心。对某一特定事件的来龙去脉要力争全面驾驭。只有做到这些,才能在面对媒体时从容不迫,应答得体,掌握宣传的主动权。

2. 了解新闻媒体

新闻发言人是和媒体打交道,知己知彼,才能有效应对,所以要熟悉各种媒体的特征,通晓媒体的工作流程及需要,这样才能有针对性和有技巧地面对媒体采访,才能在企业和媒体之间充当"润滑剂"。对于新闻发言人来说应对媒体是本职工作,所以要未雨绸缪与媒体建立良好的关系,争取媒体对企业的理解和支持。甚至可以建立规范详细的记者档案,做到有的放矢,有备无患。

3. 善于应变公关

出色的口才、文明的礼仪和优秀的应变能力是一个优秀的新闻发言人不可或缺的。在面临复杂形势时,企业的新闻发言人要有驾驭现场的本领,要随机应变。危机到来时,新闻发言人必须首当其冲,以最快的速度面对媒体和公众、合理释疑、巧妙应答，化解危机。企业新闻发言人是企业的"形象设计师"和"守护神"，他凭借三寸不烂之舌充当"救火队员"，敏捷应答为企业解围。他的言谈举止、行为表率要能够充满一定的魅力，给公众一种美感；他应该语言简洁、主题突出、用词准确、口气舒缓、灵活委婉、风趣幽默、机智灵活，并具有一定亲和力，当然必须只讲真话，杜绝谎言。永远不要对记者说"无可奉告"，这是新闻发言人的一条"金科玉律"。

4. 掌握管理知识

企业新闻发言人不仅要政治立场坚定，敢于负责，自觉维护企业利益，具有较高的政策、理论水平和生产经营知识，精通新闻业务，熟悉相关法律法规，具备公共关系学、市场营销学、社会学等多方面的知识，还要熟悉企业管理知识，如木桶理论、产品线规划、波特的竞争战略理论等，这样可以使其表达的内容更上档次，从而提升企业形象。

5. 具有良好心态

新闻发言人时常要面对许多不同的声音，有同情的，但更多是指责和怒斥的声音。所以良好的心态非常重要。在未经核实的情况下，不能意气用事否定媒体的观点，但更不能随声附和，也不能狡辩，而要用委婉的、逻辑严密的语言来表达，恳请记者的见谅。对于企业暂时不方便透露的信息，诚恳地做出解释，对有偏见、有倾向、挑衅的提问，应当有气度、有礼有节地予以反驳。

6. 持续不断学习

个人的综合素质与专业技能一样重要，应多学习，不断扩充知识，努力提高各方面的水平。学海无涯，一个人每天都可以学习掌握内容新鲜、重点突出，针对性强的新知识、新观点、新信息，以提高业务素养、开阔视野、拓展工作思路。新闻发言人的仪表、仪态、礼仪、个人的表达能力和应急能力等很重要，也都需要经常培训学习。企业新闻发言人最好要有过一段从事媒体工作的背景，如没有也需经过专门的培训进行"恶补"。另外，在日常工作中，要注意收集国内各类新闻发言人的相关发布会信息，汲取宝贵经验。

阅读材料

针对近日广州某报刊载的一篇题为《欠款未过期可能不实 四川长虹高管是否在撒谎》的文章，记者近日电话采访了四川长虹公司宣传中心主任刘海中。刘坚持"长虹产品出口美国被诈骗"一说系竞争对手恶意中伤的立场，表示长虹历来是讲诚信的，与美国APEX公司的贸易欠款未收回属正常现象。

当记者向长虹宣传中心主任刘海中转述广州某报这篇文章的观点时,他说,南方一些媒体带有偏向性,近日广东某公司造假5000万元的消息也传得沸沸扬扬,但南方众多媒体为什么不去积极报道?他再次强调:所谓"长虹在美国遭巨额诈骗"纯属捏造,是竞争对手在捣鬼,"我们没有必要去跟他们打嘴仗,让事实来说话"。关于年报中应收账款数额很大的问题,刘海中说:"长虹100多亿元的资产,这点欠款正常得很!"

资料来源:谭丽莎:《长虹"出口"没问题?被骗事件为竞争对手捣鬼》,《中华工商时报》2003年4月3日。

第三节　品牌危机管理小组的权力配置

引导案例

中美史克PPA事件

2000年11月16日,国家食品药品监督管理局发布了《关于暂停使用和销售含苯丙醇胺的药品制剂的通知》,通知要求国内药品生产、销售企业暂停生产销售含有苯丙醇胺(PPA)的感冒药。该通知使国内10余家感冒药生产厂家受到影响,中美史克公司首当其冲,因为在过去10年间中美史克生产的含有PPA的康泰克、康必得两种药品占据感冒药市场40%以上的份额,处于行业领导者地位。因而,禁令一出,中美史克公司立即成为众矢之的,消费者惶惶,经销商惶惶,新闻界更是摇旗呐喊,一时间,"康泰克=PPA"的呼声此起彼伏,中美史克公司顿时陷入十分被动的境地。而中美史克在这危急关头,沉着冷静地制定出以下的处理对策:第一,建立危机管理小组,统筹危机管理。危机是对组织公共关系管理的最大考验。危机刚发生,中美史克公司立即成立了一个跨部门的危机管理小组:由总经理领导,10位公司经理等主要部门主管参与,10余名工作人员负责协调、跟进。危机管理小组明确工作职责,下设沟通小组,负责信息发布和内、外部信息的沟通,是所有信息的发布者。市场小组,负责新产品开发。生产小组,负责组织调整生产,并处理正在生产线上的中间产品。危机管理小组有权调动组织的人、财、物资源,有利于在整个危机处理过程中总体统筹,同时具有发布危机信息的权威性。第二,迅速反应,表明立场,化被动为主动。危机发生后,首先应该将公众的利益置于首位,这是公关危机处理的第一原则。在危机发生之后，危机管理小组便迅速发布了危机处理的指令：向政府部门表态，坚决执行政府暂停令，暂停销售和生产含有PPA成分的药物；通知经销商和客户，立即停止销售康泰克和康必得；取消相关合同，停止向销售渠道提供含有PPA成分的药物；停止广告宣传和市场推广活动。这一系列举措避免了事态的扩大化。第三，采取有效的媒介关系管理措施，强化危机信息的传播管理。大众媒体是组织与公众沟通的桥梁，对危机的解决有着重要的作用。发生危机后，公众和媒体迫切需要相关信息，组织的传播压力很大。在对外传播之前，组织内部必须首先统一传播的口径与内容，并尽快成为第一消息来源，掌握对外发布信息的主动权。环球公司统一接听和处理媒体来电，对每一敏感问题准备准确的答案；同时，确定统一的对外信息发布渠道、发言口径及发言人；提供敏感问题标准的Q&A，并在恳谈会召开之前进行特别演练，使公司从容面对巨大的媒体压力。第四，保持理性的克制，避免争论。面对一些新闻媒体不够公正的报道，公司只是尽力从正面争取同情，说明立场，接受采访，创造机会，把握话语权。面对同行恶意炒作，公司保持冷静，不驳斥，不说对手坏话，表现出一个成熟大企业应有的镇静、从容和风范。《天津日报》记者甚至在采访后，在新闻中感叹："面对危机，管理正常，生产正常，销售正常，一切都正常。"第五，将危机转化成机会。有危机也会有机会，危机中蕴藏着机会。危机管理不能仅仅局限于危机的处理过程，如何在危机过后将危机转化为企业机会才是事后管理的重点。中美史克公司在危机处理过程中所采取的应对策略准确、行动迅速、态度真诚，树立了良好的企业形象，并且危机处理中与政府、媒体、经销商建立了良好的关系。在危机过后的289天推出了新康泰克，中美史克公司充分利用PPA事件危机处理，赢得了良好的媒体和客户关系，在北京、天津、上海、广州、成都与媒体和客户见面，为新康泰克宣传，用了不足4个月的时间，新康泰克迅速占领市场，销售了17000万粒，名列中国感冒药市场的第二位。

资料来源：廖瑞斌、张慧：《浅谈企业的危机管理》，《企业管理》2010年第8期。

➡ 思考题：

1. 分析中美史克的危机管理小组的构成。
2. 在危机期间，中美史克公司的危机管理团队有哪些权力？

危机管理小组是企业品牌危机管理的最高权力机构和协调中枢，在企业的授权下，它有权合理地调动和配置各种资源以应对危机，并在危机中代表组织做出决策。因此，成立危机管理小组实际上是在危机状态下聚合资源、集中权力的一种管理模式，将平时分散在企业不同部门的危机管理功能汇总于专门机构。危机管理小组的不同成员可以划分为几个功能不同的团队,每个团队专职相应的职权。

一、危机管理小组的基本权力配置

危机管理小组是一个富有弹性、适应性强的团队。它一般由两个团队构成:领导团队和执行团队。领导团队是整个危机管理小组的核心,定战略、做决策、下命令,一般由企业最高领导担任组长,而企业其他权威领导是该团队的成员。领导团队的成员在危机管理中具有明确的岗位权力和责任,之所以让企业的最高负责人担任组长是为了确保一旦危机出现,危机管理小组的运行能畅通无阻,获得有效的资源配置权力。执行团队负责贯彻、执行领导小组的计划、意图和指令。危机管理执行团队由企业各主要部门的负责人组成。如麦当劳的危机管理小组的执行团队成员来自于营运部、训练部、采购部、政府关系部的一些资深人员。之所以执行团队成员来自于企业各主要部门的负责人,是因为考虑到危机管理是一个系统工程,需要各部门配合,保障危机管理的高效率。

危机管理小组是一个功能完备的系统,根据危机管理的具体内容,我们可以把危机管理小组成员归属于职能不同的部门中,不同的职能部门有相应的权力配置。

(一)管理联络部

管理联络部由一小部分人组成。这一部分人负责危机管理小组成员以及危机管理小组与企业其他部门的信息交流。

(二)信息整理部

信息整理部在危机管理小组中提供信息交流设施,分类、整理、评估和记录关于危机的信息,其人员应该接受收集与评估信息方面的训练。危机管理小组能否及时启动危机管理工作取决于信息整理部的信息提供,如果信息整理部根据收集到的信息认为情况可能会日趋严重则可以直接向危机管理团队的最高领导汇报。很多企业的品牌危机在早期的表现就是一些媒体上的零星负面报道,如果信息整理部能及时引起重视并上报,就会为企业的品牌危机管理赢得宝贵的先机。

(三)公众和媒体部

公众和媒体部的工作人员是应对媒体、利益集团和危机受害人等。他们所提供的信息必须有危机管理小组的最高决策层批准。公众和媒体部在履行职权时有权要求其他部门的成员配合,尤其是言论上必须保持一致。

(四)咨询形象管理部门

咨询形象管理部门的人员负责分析危机的影响和危机管理造成的大众及相

关利益团体对品牌和企业的看法，并提出改善建议。

二、危机管理小组各部门的权力配置

（一）事前的权力配置

危机管理的事前准备有两个目的：一是通过积极预防，降低或消除危机发生概率；二是未雨绸缪，为危机制定应对计划。所以要有明确规定事前准备中的组织权力。危机管理学者胡百精认为："以分权制为主导的权力配置体制更符合危机事前准备的根本需求。"其理由有三：第一，危机突袭之下，再周全的准备也是于仓促间完成的，无论个人还是组织，都只能凭借一般的潜在能力来应对；第二，一线部门的直接反应，可以为管理机构中更高级的决策者赢得必要的时间和回旋余地；第三，以分权制为主导的权力配置模式，与核心层的指挥并不相抵触。[①]

（二）事中管理的权力配置

事中管理是整个危机管理的主体部分，也是最复杂的部分，这种复杂性体现在权力配置模式在不同的管理层级的区隔上。首先，在企业核心层与下属部门和个人之间，主张实行核心层集权制。其次，在平行的部门与部门之间、个人与个人之间，主张实行分工合作权责体制。最后，由于时间资源和信息资源的制约，纵向的集权制和横向的分权制皆应考虑灵活调整。

（三）恢复阶段的权力配置

恢复管理是恢复企业正常生产秩序的过程，由于品牌危机影响的程度和范围不同，所造成的损害也不尽相同，因此恢复时期的管理有轻重缓急之分。相应的这一阶段的权力配置应重点考虑轻重、缓急的合理性。危机中临时拆分、合并或设立的管理机构，要对之进行全面的评估，如果任务已经完成，则应关停，比如危机发生后设立的来访人员接待机构就可以在恢复阶段关闭。而那些仍在运转、工作的机构应继续存在，发挥功能。

一、名词解释

危机管理小组

---

① 胡百精：《危机传播管理》，中国传媒大学出版社，2005年，第89页。

品牌危机管理

二、简答题

1. 品牌危机管理小组的成员有哪些？
2. 在品牌危机管理过程中领导者的职责是什么？应具备什么样的能力？
3. 在品牌危机管理过程中公关人员的职责是什么？应具备什么样的能力？

三、论述题

请结合具体案例谈谈危机管理小组的权力配置。

四、案例分析

雀巢失败的媒体应对

2005年4月下旬，浙江省工商局抽检发现批次为2004.09.21的雀巢金牌成长3+奶粉碘含量达到191.6微克，超过其产品标签上标明的上限值41.6微克，该部门与雀巢联系，要求15天内予以答复，进行说明，或者申辩。尽管雀巢在5月9日表示承认该检测结果，但是并未对此说明和申辩，也没有将其采取的措施公开。

5月25日，浙江省工商局依据法律程序对外公布：雀巢金牌成长3+奶粉为不合格产品。消息一出，举国震动。

5月26日下午，雀巢公司发表书面声明：

雀巢已对原料使用和生产加工进行了全面调查。该产品使用新鲜牛奶做原料，碘天然存在于鲜奶中，碘超标含量甚微。

5月27日，雀巢公司再次发表公开声明，宣布雀巢金牌成长3+奶粉是安全的。这一表态立即引发了争论：雀巢金牌成长3+奶粉真的安全吗？那为什么两天前浙江省工商局却将此奶粉划入"黑名单"呢？

5月29日，中央电视台《经济半小时》播出《雀巢早知奶粉有问题》，采访了雀巢中国有限公司商务经理孙莉女士。孙莉是雀巢公司指定的这次碘含量超标事件的新闻发言人。

她接受记者采访时说："按国家标准这批产品是不合格的。"孙莉告诉记者，雀巢公司在浙江省工商局作出决定之后，才通过媒体了解到自己的产品碘含量超标。她还说："我们的产品没有问题，是非常安全的。"

记者："你们有没有查过造成碘含量超标的原因？"

孙莉："我们查过，是原料奶的碘含量不太平衡，原料奶是从千家万户收过来的，碘含量的幅度比较难控制，这是事实。"

记者："比较难控制我们能理解，但是以你们目前的技术手段可以控制吗？"

孙莉："可以控制。"

记者："既然可以控制为什么还出现了超标的情况？"

孙莉以沉默作答。

记者："消费者很想知道出问题的这些奶粉究竟销往什么地方了，你们查清楚了吗？"

孙莉："我们都有掌握，雀巢公司的安全体系中有一部分叫质量体系，这个体系是从农民养奶牛开始到收买再到销售，整个过程完全由我们控制。"

记者："那你现在能不能告诉我这批含碘量超标的不合格产品，到底生产了多少，你刚才不是说都有掌握吗？"

孙莉："这个数字由公司掌握，我本身不是搞生产的。"

记者："就是说现在还没有查清楚。"

孙莉："查清楚了，但我是公关经理，不是生产部的，我可以去给你查，肯定有。"

孙莉表示，这批不合格奶粉生产了多少，销往哪里她需要询问相关生产部门才能告诉记者。在经过近半个小时的等待之后，孙莉给的却是另外一种答复。

孙莉："到目前为止我们没有更进一步的消息。"

记者："刚才你不是跟我说公司对每一桶奶粉什么时候生产的，销往哪里都有掌握吗？"

孙莉："从我本人来讲，到目前为止掌握的消息也就这么多了。"

记者："那我可不可以理解成，你们公司不知道这些奶粉销售到哪里去了。"

孙莉："我作为公关部经理，目前掌握的信息就是我们新闻稿发布的信息，如果有进一步的消息我会再告诉你们。"

孙莉此时自行摘掉采访话筒，起身想离开，记者继续追问。

记者："现在消费者希望知道一些消息，他们的知情权能否得到保障？"

孙莉第二次用沉默回应记者。

在记者对雀巢的采访过程中，代表雀巢公司接受采访的孙莉女士曾经先后三次起身摘掉采访话筒，使得采访一次又一次的中断，最终未能完成。

孙莉："因为我该讲的话已经讲完了。"

记者："你们承诺过要配合采访，我的问题你可以不回答，但我的采访还没有结束。"

孙莉："没结束吗？我觉得结束了。"

孙莉第三次沉默并离开采访现场。

资料来源：叶东，《雀巢失败的媒体应对》，http://expert.bossline.com/2513/viewspace-5934。

品牌危机管理

问题讨论：
1. 孙莉在接受媒体采访的过程中有哪些败笔？
2. 如果你是雀巢的媒体公关人员，你会如何回答记者的提问？

本章小结

对于一个具有高度危机意识的企业，在日常的运营过程中，必须组建一支高效的危机管理团队。危机管理小组实际上是一个决策委员会，负责做出宣布进入应急状态、启动应急与恢复计划等重大决策与决定。危机管理小组同时又是一个智囊团，它由各种对危机情况十分了解并能针对特殊情况做出评估的专门人才所组成。由于在具体危机管理过程中需要企业各部门的协助以及资源的灵活配置，所以企业的最高负责人如董事长和总经理必须是危机管理小组的负责人；另外由于品牌危机产生原因的多样性，因此一些熟悉生产、技术、销售的专业人士也必须位列其中，还有专长应对媒体的公关人员、法律工作者、企业的财务人员都是危机管理小组的重要成员。危机管理小组是一个应急组织，所以明确权力配置，是组织发挥功效的前提，危机管理小组内部是一个功能完备的系统，功能不同的系统部门有相应的职权。

深入学习与考试预备知识

如何当好企业新闻发言人

在人们印象中，新闻发言人在台上往往表现得镇定自如、对答如流，但要达到这样的水准，并不是件简单的事。人说新闻发言人台上一分钟，台下天天攻。那么，如何才能担任企业新闻发言人的角色？

笼统地说，企业的新闻发言人应该具备较高的职业素质，必须是一个复合型人才，至少是一个除了专业知识外，在其他各方面都懂一点的"万金油"。作为企业新闻发言人，因为他们直接与媒体打交道，其出镜率最高，在企业形象传递上有着举足轻重的作用，任何一点失误都可能对企业造成极大的影响。发言人只有具备良好的综合素质，才能在公众面前具有吸引力，产生与众不同的个人魅力，从而被公众接纳、欢迎甚至崇拜，最终使公众爱屋及乌，为企业树立美好形象。

资料来源：郝幸田，《如何当好企业发言人》，《眼界》2010年第8期。

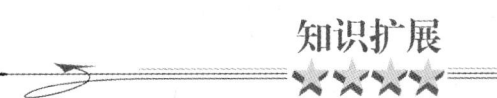

知识扩展

经济全球化下企业的生产经营与广大公众发生着千丝万缕的联系。因此，有关企业的信息传播就显得至关重要。作为现代企业制度建设中的重要组成部分，新闻发言人制度在西方一些发达国家已经相当普遍，大中型企业，尤其是跨国公司都设立新闻发言人，甚至10人以上的中小公司都设有兼职新闻发言人。近年来，随着社会对企业社会责任的要求越来越高，新闻发言人的作用和地位也越发被重视，在现代企业的经营管理中，新闻发言人扮演着举足轻重的角色和起着不可替代的作用——企业形象的传播和维护者，或者说是企业对内对外信息传播的管家。企业通过新闻发言人公开透明地向社会公众传递、披露企业或市场信息，本身也是企业的一种社会责任。企业新闻发言人，顾名思义，就是在企业中负责发布新闻和信息、接受采访、解疑释惑、澄清事实，维护企业形象的专职人员。他们与政府新闻发言人的区别在于：政府发言人一般都是公务员，为政府管理职能服务，是政府政令、法规、信息等的传递者或解释者，不能完全代表个人意志，发言形式比较正式规范；而企业新闻发言人一般都是企业人员，他们不像政府新闻发言人那样正规，但同样是负责和外界沟通，其工作职责和政府新闻发言人有着天然的联系。所不同的是，他们为企业及市场服务，固定性较弱，发言形式相对宽松，自由度及自主把握性相对较大。企业新闻发言人的主要任务是向社会公众传递企业一定时期的工作信息，比如重大庆典、标志性工作、上市信息披露、危机处理，等等。他们更多地要站在企业的角度出发，能够有效利用媒体的舆论，维护企业的良好形象。在我国，企业设立新闻发言人的初衷大多还是以危机应对为主，比如重大安全事故、环境污染、质量投诉、重大诉讼、高管落马等事件。如果企业在危机事件中不及时输出准确信息，就会随时充斥着流言飞语，对企业的形象带来负面影响。此刻，作为企业危机公关团队核心人物的企业新闻发言人，他要及时出面澄清事实，传播真实信息，积极主动应对，做好与新闻媒体的联系使其及时准确报道，以此影响公众、引导舆论，使公众产生信任感，将企业所受的影响降低到最小程度。

第四章 品牌危机的预警

学习目标

知识要求 通过本章的学习，掌握：

- 风险与危机的概念及区别
- 品牌风险的评估
- 品牌危机预警的构成
- 品牌危机预控的基本方法

技能要求 通过本章的学习，能够：

- 掌握品牌危机预警方法
- 掌握品牌危机预控的主要措施

学习指导

1. 本章内容包括：品牌风险的评估、品牌危机的预警系统、品牌危机预控的概念与原则、品牌危机预控的主要措施。
2. 学习方法：独立思考，抓住重点，理解记忆。
3. 建议学时：4学时。

第四章 品牌危机的预警

本章知识逻辑结构图（见图 4-1）

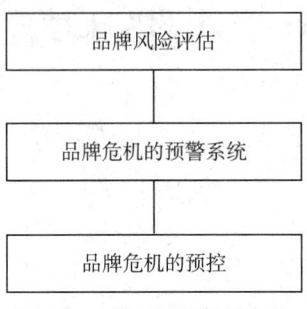

图 4-1 本章知识逻辑结构

第一节 品牌风险评估

引导案例

"朝日"啤酒风波

2005年3月28日，《国际先驱导报》爆出消息，指出"'朝日'啤酒赞助日本歪曲历史教科书"，"朝日"啤酒名誉顾问中条高德在编撰会报《史》上公开声称："不参拜靖国神社的政治家，没有当政的资格。"此消息一出，很多家媒体转载或进行跟踪报道。随着媒体报道的跟进，国内消费者对"朝日"啤酒的抵触情绪越来越强烈。长春本地的一些超市将"朝日"啤酒撤柜，返还给厂家。广州的酒吧也纷纷封杀"朝日"啤酒。家乐福等超市也反映在媒体报道"朝日"啤酒资助日本新教科书后，"朝日"啤酒在超市的销量迅速下滑。很多消费者表示，以后坚决不买"朝日"啤酒。

2005年3月31日，中国外交部也开始关注此次事件。中国外交部发言人刘建超说，中日经贸合作和经贸往来在过去的10年中有了很大发展，给中日两国人民带来实实在在的利益，希望经贸问题不要被政治化。同时，中方希望日本各方面在历史问题上能有一个正确的态度。就在同一天，"朝日"啤酒公司也通过媒体向消费者发表声明，声称"朝日"啤酒从未向有关委员会提供过资金等任何的援助。此外，中条高德在一部会刊上发表的言论，也纯属其个人言论，对此，"朝日"啤酒公司从未表示支持。虽然，"朝日"啤酒公司否认资助日本新历史教科书，但在这次事件中，中国人民的感情还是被伤害了。销售、品牌以及合作伙伴的利益都受到了极大损害。"朝日"啤酒中国总部新闻发言人陈向东向《第一财经日报》记者坦言，局面已经远远超出他们的控制范围。

资料来源：Nina Sun：《危机门——传媒飓风与40品牌成败》，文汇出版社，2006年。

 思考题：

作为跨国经营的集团，"朝日"啤酒在风险评估方面有哪些不足？

企业进行品牌危机预警可以增强企业的免疫力、应变力和竞争力，特别是在目前市场竞争日趋激烈的情况下，企业更需要建立危机预警机制以保证企业处变不惊，做到防患于未然。据一份对世界500强的调查显示，当危机出现后，没有预警体系的公司受危机影响的时间要比有预警体系的公司长2.5倍。可见，在企业品牌管理实践中品牌危机预警是一项重要工作。

风险和危机是两个截然不同的概念：风险是指可能出现的威胁或危险，而危机则是指即将形成或已经显现的破坏或损害。对于企业来说，最有效的危机管理就是做到防患于未然，及时发现可能引起品牌危机的各种端倪和征兆，把危机化解在萌芽状态中，这也是风险管理的目的所在。风险评估是企业对品牌风险信息进行加工、处理的重要一环。

问题1：什么是品牌风险评估？

一、品牌风险评估的定义

品牌风险评估是对企业品牌资产所面临的威胁、存在的弱点、造成的影响，以及三者综合作用所带来风险的可能性的评估。品牌风险评估的任务是识别企业品牌面临的各种风险、评估风险的概率和可能带来的负面影响、确定企业承受风险的能力、确定风险消减和控制的优先等级、推荐风险消减对策。

在品牌风险评估过程中有几个关键问题需要审慎考虑：

第一，要确定保护的品牌核心资产是什么，它的直接和间接价值如何？

第二，品牌资产面临哪些潜在的威胁？导致威胁的问题所在？威胁发生的可能性有多大？

第三，品牌资产中存在哪些弱点可能会被威胁和利用？

第四，一旦威胁事件发生，企业会受到什么样的损失或面临何种程度的负面影响？

第五，企业应当采取什么样的措施才能将风险带来的损失降低到最低程度？

二、品牌风险的确认

问题 2：品牌风险确认的方法有哪些？

品牌风险确认是品牌风险评估的前提。确认品牌的风险有以下几种有效的方法：

（一）高危环节分析法

对企业所在行业所共同面临的生产或销售的各高危环节进行详细分析，以找出风险源。比如乳制品行业，很多该行业所发生的品牌危机都源自乳制品的质量问题，而影响乳制品质量的主要环节有两个，一个是奶源收集环节，还有一个就是加工环节，这对于任何一家乳制品企业都是高危环节，所以，对于有高度风险意识的乳制品企业就应该将容易出问题的这两个环节作为重点的监控对象。

（二）同业数据分析法

同业数据分析法需要借鉴同行业的历史数据来进行归纳分析。总结同行业最容易爆发的风险是哪种类型和哪些环节，从而有针对性地加强高危环节的管理和监控。

（三）风险专家调查列举法

由风险管理人员对该企业、单位可能面临的风险逐一列出，并根据不同的标准进行分类。专家所涉及的面应尽可能广泛些，有一定的代表性。一般的分类标准为：直接或间接，财务或非财务，政治性或经济性等。

（四）环境因素分析法

任何品牌的诞生都是适应环境的结果，而环境是不断发展变化的。如果环境因素发生变化而品牌要素及其支持体系没有适时作出调整，企业经营就会遇到很多困难，严重时可能导致企业品牌危机的爆发。环境因素分析法就是将外部环境因素包括宏观环境因素如国家宏观经济政策变化和微观环境因素如供应商一一列出，评估环境因素变化可能对企业品牌带来的风险。

（五）头脑风暴法

头脑风暴法能博采众长，最大限度激发创造性思维能力。罗伯特·希斯曾介绍说，一般 30 个人的小组，在 30 分钟内即可列出 50~70 个风险源。[①] 头脑

[①] 罗伯特·希斯：《危机管理》，王成译，中信出版社，2004 年，第 50 页。

风暴有两个显著的优点：一是综合群体的洞察力，鼓励有独到见解的思维，创造一个可以自由陈述观点而不会招致批评的风险确认环境；二是注重风险分析中人的主观能动性。

三、风险评估的内容

问题3：品牌风险评估的内容是什么？

风险评估的目的在于评估风险对于企业品牌战略的影响程度。管理者应当从两个角度来进行风险评估：首先是品牌风险的类型，其次是品牌风险的等级。

1. 品牌风险的类型

品牌风险的类型与品牌危机爆发的原因是密切相关的。在第一章中，我们详细从企业的外部和内部两个方面论述了品牌危机的诱因，因此风险的类型也可以分为内部风险和外部风险。从内部风险来看，主要有品牌盲目延伸所隐藏的风险、生产监管松懈所产生的质量风险、虚假广告传播所导致的风险、过度价格战引起的品牌降价风险等；从外部风险来看，主要有恶性竞争背景下的竞争风险、媒体恶意传播的风险、品牌代言人言行不慎产生的风险、宏观环境突变所隐藏的风险等。

2. 品牌风险的等级

在企业所确认的各类风险中，并非每项都需要当即做出反应，也不是每项都需要调动、配置大量的人力、物力。对于企业来说，首先要做的是将各类风险进行优先次序排列，针对风险的轻重缓急，有计划、分步骤地处理。品牌风险等级排序的重点是充分估量风险对企业的影响大小，再根据企业自身的能力也即是按照危害性、紧迫性和解决的现实可能性，排定风险管理的序列。

进行风险等级排序，需要引入风险系数的概念：

D（风险系数）= H（风险危害度）× P（风险概率）

按照这个公式，可以将风险划分为以下几个等级，见表4-1。

表4-1 风险等级表

区域	危害度	危机发生概率	对品牌的现实威胁
A	高危害	高概率	最大
B	高危害	低概率	较大
C	低危害	高概率	一般
D	低危害	低概率	最小

品牌安全预控的三个环节

品牌安全预控包括组织准备、日常监控、危机管理三个环节。组织准备是指开展品牌安全预控对策行动的组织保障活动，它包括对策的制定与实施活动的制度、标准、规章，目的在于为预控对策活动提供有保障的组织环境。组织准备有两个特定任务：一是规定品牌预警管理系统的组织结构（机构、职能设定）和运行方式；二是为品牌危机状态下的危机管理提供组织训练与对策准备，即对策库。组织准备活动服务于整个品牌预警系统的组织管理过程。

日常监控是对品牌预警分析活动所确定的主要不安全现象进行特别监视与控制的管理活动。日常监控有两个主要任务：一是日常对策；二是危机模拟。日常对策即对不安全现象进行纠正的活动，防止该现象的扩展蔓延，逐渐使其恢复到正常状态。危机模拟，是在日常对策活动中发现品牌不安全现象难以有效控制，或是由于突发事件的冲击，因而对可能发生的品牌重度危机状态进行假设与模拟的活动，以此提出对策方案，为进入"品牌危机管理"阶段做好准备。

品牌危机管理是指日常监控无法有效扭转品牌不安全现象的发展，或是在突发性事件的冲击下，品牌陷入重度危机状态时采取的一种特别管理活动。危机管理是一种"例外"性质的管理，即只有特殊情况下才采用的特别管理方式。它是在品牌管理系统已无法控制品牌的危机状态或企业领导层基本丧失指挥能力的情况下，以特别的危机计划、领导小组、应急措施，介入品牌危机应对的管理过程。企业品牌预警管理的实现，将为企业品牌资产的不安全状态、品牌管理过程中的不安全行为和不安全管理过程保驾护航，它使品牌环境的变动情况处于及时诊断和预警的监控之下，为保证品牌资产安全以及防止、纠正不安全管理行为和过程，规避环境变动的不利影响，避免品牌危机的发生，提供了一种崭新的管理模式和思路，进而达到品牌资产的安全以及品牌管理活动的制度化、规范化。

资料来源：刘雪梅、马瑞、赵双阁：《品牌危机与强化品牌预警管理探析》，《社会科学论坛》2009年9月（下）。

品牌危机管理

第二节　品牌危机的预警系统

"康泰克"的 PPA 危机可以避免吗？

中美史克天津制药有限公司是一家现代化合资制药企业。自1987年10月投资建厂以来，年生产能力23亿片（粒、支）。其代表产品肠虫清、泰胃美、康泰克、芬必得、康必得、百多邦等在中国已家喻户晓，其中康泰克为支柱性产品，年销售额在6亿元人民币左右。

早在2000年初，美国的一项研究表明，PPA 即苯丙醇胺，会增加患出血性中风的危险。2000年11月6日，美国食品与药物监督管理局（FDA）发出公共健康公告，要求美国生产厂商主动停止销售含 PPA 的产品。

中国国家医药监督管理局（SDA）于2000年11月16日发布了《关于暂停使用和销售含苯丙醇胺药品制剂的通知》，与美国 FDA 所发健康公告仅隔10天，并且是以中国红头文件的形式发至中国各大媒体。在15种被暂停使用和销售的含 PPA 的药品当中，包含了中美史克天津制药有限公司生产的康泰克和康必得两种产品。

康泰克进入中国市场已有11年历史，由于其独特的缓释技术和显著的疗效，在国内抗感冒药市场具有极高的知名度，可谓家喻户晓。中国 SDA 通告一出，顿时引起社会的极大关注。媒体争相报道，经销商纷纷来电，康泰克多年来在消费者心目中的优秀品牌地位陷入危机之中。销售额也在一夜之间由6个亿降至零。

资料来源：《中美史克 PPA 事件危机管理案例》，中华广告网，2010年。

思考题：
1. 分析中美史克的"康泰克"品牌危机产生的原因。
2. 如果中美史克能及时建立危机预警系统，这一次的危机可以避免吗？

品牌危机出现时除了不可抗力的因素外，还伴有许多征兆，所以及时建立能识别品牌危机信号的预警系统有助于将危机消灭在萌芽状态。品牌危机预警系统是在风险管理的基础上，对危机的迹象进行监测、识别、诊断与评估，并由此做出警示的管理过程，目的是引起对品牌危机的了解和重视，以便做好必要的应对准备。

一、品牌危机预警指标的建构原则

品牌危机预警指标体系，是指战略层、策略层和基层之间为了对品牌系统的信息进行准确的传递、分析和诊断而设定的数据规范。品牌预警管理指标的构建应当遵循以下原则：

1. 规范性原则

对指标的理解和数据的取得应具有规范性，这将便于对指标的处理和指标数据的共享。

2. 可度量性原则

不管是直接实证统计调查获取的客观数据，还是经过人工评分方法所测得的主观数据，都必须要求能够用精确的定量化的数值表示，这是品牌危机预警管理监控指标体系正常运行的基本要求。

3. 敏感性原则

预警监测指标的评价结果，应当可以敏感地反映品牌的安全状况，指标的任何变动即表明实际品牌安全状况正在或将要发生变化。

4. 预测性原则

指标在描述品牌安全的实际状况时，应有测评品牌安全出现变化趋势的预测特性。

5. 定量与定性相结合原则

预警指标的选取可以是定量测度，也可以是定性描述，采用定量和定性相结合的方式，更有利于全面描述品牌安全状态。

二、品牌危机预警系统的构成

品牌危机预警系统作为企业危机管理系统中的重要组成，是对预警对象、预警范围中的预警指标这一关键因素进行分析，从而获取预警信息，以便评估信息，评价危机严重程度，决定是否发出危机警报，进行危机预处理。品牌危机预警系统包括信息收集子系统、信息分析和评估子系统、危机预测子系统、危机预报子系统和危机预处理子系统五个子系统。

（一）信息收集子系统

信息是危机管理的关键。对于企业来说，应收集企业外部环境信息和内部经营信息。该系统要根据企业的发展规律和结构特点，对企业外部环境信息进行收集、整理和分析，尽可能收集政治、经济、政策、科技、金融、市场、竞争对手等与企业发展有关的信息。并集中精力分析处理那些对企业发展有重大或潜在重大影响的外部环境信息，抓住转瞬即逝的市场机遇，获得企业危机的先兆信息。同时也要重点收集能灵敏、准确地反映企业内部生产、经营、市场开发等发展变化的生产、经营信息和财务信息，并对这些信息进行分析和处理，根据分析结果找出企业经营过程中出现的各种问题和可能引起危机的因素，如经营不善、观念滞后、产品失败、战略决策失误、财务危机等内部因素都可能引发的企业危机。只有通过以上两个方面的分析，才能准确及时地预测到企业可能发生的危机，进而采取有效的措施规避和控制危机，促使企业健康、持续地发展。

（二）信息分析、评估子系统

信息分析、评估主要是对危机环境进行分析。环境分析是指对可能或已经引起危机发生的经济、文化、社会等环境因素的了解、评价和预测。通过企业所在的外部环境的分析研究，掌握客观环境的发展趋势和动态，了解与危机事件发生有关的微观动向，从而敏锐地察觉环境的变化，保证当环境出现不利的因素时，能及时有效地采取措施、趋利避害。企业要及时识别、评价企业生产经营中的薄弱环节以及外界环境中的不确定性因素。观察、捕捉企业出现危机前的征兆性信息。由于几乎所有的危机发生前都有不同程度的前兆，所以企业应当及时捕捉这些信息，及早进行必要的防范，努力确保企业的薄弱环节不会转变为危机，不会扩大到影响企业经营的地步，并对其可能造成的危害进行评价。企业出现危机的前兆主要表现在：管理行为方面，不信任属下，猜疑心很强、固执己见、使员工无法发挥能力，对部下的建议听不进去，一意孤行；经营策略方面，计划不周，在市场或政策调整等发生变化时无应变能力；经营环境方面，市场发生巨变，市场出现强有力的竞争对手、市场价格下降等；内部管理方面，员工关系紧张，职工情绪低落，生产计划性紊乱，规章制度无人遵守等；经营财务方面，亏损增加，过度负债，技术设备更新缓慢等。信息的分析，真实性是至关重要的。任何虚假、失真的信息都会导致因预测不准，又过分偏重而出现失稳的状态。排除虚假信息，确保信息的真实性、可靠性是信息分析的重要方面。危机表现为企业与社会公众的互动行为。社会公众的态度和行为自始至终影响着企业危机的发生和进程。因此，确认与危机相关的个体或群体对象，分析他们的认知态度、行为方式特点，根据预警指标，评价其危机的严重程度，才能决定是否进行危机预告。

（三）危机预测子系统

科学的预测是品牌危机管理的前提，危机预测子系统应能预测品牌危机的演变、发展和趋势。为管理者进行品牌危机控制和管理提供科学的依据。首先对企业经营方面的风险、威胁进行识别和分析，如产品质量、环境、财务、营销、自然灾害、经营欺诈、人员等，从而准确预测品牌所面临的各种风险和机遇；其次对每一种风险进行分类，并决定如何管理各种风险；最后对已经确认的每一种风险、威胁的大小及发生概率进行评价，建立各类风险管理的优先次序。以有限的资源、时间和资金来管理最严重的一种或几种风险。

（四）危机警报子系统

危机警报子系统主要是判断各种指标和因素是否突破了危机警戒线，根据判断结果决定是否发出警报、发出何种程度的警报以及用什么方式发出警报。首先是确定每一个指标的可接受值与不可接受值，以可接受值为上限，以不可接受值为下限，评估其现实危机程度，并转化为相应的评价值；其次是将各个指标的评价值加权平均得到企业危机的综合评价值；最后是与企业危机临界值相比，即可进行危机警报。

（五）危机预处理子系统

品牌危机以多种形式威胁着企业的生命，因此要预先制定危机预处理方案，把危机消灭在萌芽状态。虽然品牌的危机各不相同，但企业的品牌危机管理原则与目的是一致的。企业要想摆脱危机使品牌建设步入正轨，就必须预先制定危机处理方案，以确保危机到来时能够处于主动地位，避免和削弱危机带来的负面影响，甚至可使危机变成机遇。品牌危机预处理方案的步骤如下：①提出预测的目标和事物发展的阶段及时间系列问题；②积累与问题相关的背景情况及其他方面有价值的信息；③从结果的可靠性和工作的时效性出发，正确选择预测方法，主要有回归分析法、时间序列分析法、模型法、直观预测法等；④制定危机的预处理方案；⑤不断进行预处理方案的评价和调整，使其优化。

三、品牌危机预警系统的关注重点

问题4： 品牌危机预警系统应包括哪几个层面？

根据品牌危机产生的原因可以把品牌危机预警信号分为企业内部和外部预警信号。企业品牌危机的重要外部预警信号是品牌的市场影响减弱，表现在：市场份额逐渐萎缩、企业的市场影响力不断下降、企业经常被动地降价销售、盈利能力减弱、品牌形象恶化等。而企业品牌危机的内部预警信号是企业内部管理不畅，主要表现在：企业没有系统的员工培训计划、用户的意见增多、不重视用户的反馈意见、产品缺乏创新、公共关系紧张等。在品牌危机产生后，一个高效的危机预警系统必须重点关注企业内部、政府、行业三个层面。

(一) 基于企业层面的品牌危机预警机制的建立

1. 建立信息监测系统

信息监测系统是指对可能引起危机的各种因素和危机的表象进行严密的监测，搜集有关企业危机发生的信息，及时掌握企业危机变化的第一手材料。

企业应该建立高度灵敏、准确的信息监测系统，及时收集相关信息并加以分析、研究和处理，查漏补缺，全面清晰地预测各种品牌危机情况，以便及早发现和捕捉品牌危机征兆，为处理潜在品牌危机制定对策方案，尽可能确保品牌危机不发生。

2. 制定品牌危机管理预案

品牌危机管理预案明确了影响该品牌价值的各类潜在危机情形，并制定有效的应对策略（包括出现品牌危机情况下的工作程序，危机报告路线以及危机处理团队、危机指挥中心、危机发言人等有关人员及其运作机制）。品牌危机管理预案的建立有助于企业在危机事件发生后，迅速组建专门的品牌危机管理组织，制定可行的品牌危机处理方案，协调各方应对危机。有了确定的程序和机制后，一旦危机事件出现，企业内部相关的部门往往会互相协调、共抗危机。

3. 建立全员危机培训体系

加强全员危机培训可以增强应变能力和危机意识，这些措施包括：

（1）确定、检验应急所需设备、设施和人员，并做到常备不懈。

（2）对应急人员进行培训，使其了解应急计划、自己的角色和职责，并知道如何使用危机管理工具和资源。

（3）进行演习，以便评估并改进应急反应、应急管理能力，其中包括与外部机构的联络和外部机构的参与。

（4）定期更新应急计划，以吸取以往事故和演习中所取得的经验教训。

4. 树立长期的防范和应对企业品牌危机的意识

如果企业没有危机意识而单纯依靠"硬性危机防御体系"是无力的，而超前的、无形的、全面的危机意识才是企业危机防范中最坚固的防线。企业应该具有以下五类危机防范意识：

（1）"生于忧患"的危机意识。

（2）"童叟无欺"的诚信意识。

（3）"敢于否定自我"的创新意识。

（4）"无所不及"的沟通意识。

（5）"顾客利益至上"的公众意识。

(二) 基于行业层面的品牌危机预警机制的建立

成功的管理者总是对市场的变化极其敏感，但如果对行业的发展趋势关注不够的话，仍有遭受大危机的可能。从众多品牌的发展历史来看，行业变化对企业品牌战略的影响要远远大于市场变化对品牌战略的影响，有经验的管理者，可以此对自己的经营方针做出调整，避免因行业变动而导致市场的突变性变化。所以仅仅思考企业内部如何建立起危机的预警机制是远远不够的，因为个别企业或产品所激发的危机风波如星星之火，很容易就殃及其他企业并累及整个行业。例如劣质奶粉事件曝光后，中国国内奶粉的销量直线下降，对整个行业都带来了影响和损失。这些事件暴露出许多企业以至整个行业危机意识的薄弱，因此需要企业考虑如何从行业的角度来思考建立品牌危机的预警机制。

(三) 基于政府政策层面的品牌危机预警机制的建立

政府作为国家公众利益的代表行使着对国家事务的最高管理权，因此，企业应该高度关注政府在危机环境系统中发挥的重要作用，并且从以下方面建立危机的预警机制。

1. 时刻关注政府政策的变化

在日常工作中，企业应主动与政府部门接触，以便针对政府政策的变化及时准确地做出调整。比如，企业可以通过座谈会、内部刊物、企业参观、公益活动等多种形式，向政府传达企业的良性信息。

2. 加强企业与政府之间的信息交流和沟通

企业与政府之间的信息交流和沟通既是企业打造自身形象的好机会，也是企业及时准确地了解政府政策法规的有效途径。企业要做好该项工作，必须成立专门的公共关系部门或类似的对外窗口，由受过公共关系培训的专业人员负责，确保在与政府沟通中信息传递的准确、唯一以及迅捷有效。

3. 积极参加公益事业以树立良好的公众形象

企业在经营过程中应该多关注地方经济的发展、推进社会公益事业和科学技术的突破等，主动为政府分担社会责任、增进社会的福利、履行企业的承诺，以便在获得消费者青睐的同时赢得政府的信任。建立企业与政府之间的融洽关系不仅有利于树立良好的企业形象，而且一旦出现危机，还有助于提前获得信息并及早研究应对策略，甚至即使在出现危机后也可以提高沟通效率，缩短危机时间，减少损失。

观念预警

建立品牌预警系统，首先要增强企业员工的风险防范意识，使之在思想上做到预警，才能使建立的品牌预警部门、制度、流程发挥作用。没有思想上的预警，预警组织、制度规定和流程就形同虚设，无法达到防微杜渐的最高预警境界。现实中不少企业对思想上预警认识不够，这些企业的领导认为，制定了详尽的规章制度就可以保证品牌安全了，其实不然。有一家德国公司的商务经理经常到日本一家公司出差，并且要在大阪到东京之间往返一次。日本这家公司的一位秘书就经常地接待这位客户并帮这位客户预订火车票。经过多次交往，德国客户发现了一件趣事，那就是每次去大阪时，他的座位总是靠右边车窗，而回来时又总是靠左边车窗。他感到很奇怪，就问秘书其中的缘由。那位秘书小姐笑答："车去大阪时，富士山在您右边，返回东京时，富士山已到了您的左边。我想外国人都喜欢富士山的壮丽景色，所以我替您买了不同的车票。"这位德国客户听了大为感动，心想一个普通的员工都能为客户考虑得这么周密，与这样的公司合作有什么不放心的呢？于是德国客户将更多的业务转移到这家公司来做，贸易额由400万马克增加到1200万马克。从一定意义上说，这就叫做真正的"防患于未然"。试想，如果该员工用相反的态度对待客户，很可能会引发品牌危机。危机与安全，就在一念之间，观念预警的重要性由此可见一斑。

资料来源：刘玉庆、吴烽：《品牌危机预警》，《企业改革与管理》2005年第1期。

第三节　品牌危机的预控

"万家乐"热水器"爆裂"事件

万家乐热水器连续七年获全国产销量第一，是东南亚最大的热水器生产基地。但是万家乐却在"中原事件"中栽了一个大跟头，几乎是"身败名裂"。1993年10月，郑州市发生多起"万家乐"热水器"爆裂"事故。用户往往正在洗浴时，瞬间会发出一声爆响；用户颇受惊吓，但更重要的是万家乐从此再也不能使用了。

这样的事在郑州发生了多次，而且集中在一个干休所的住宅小区。这个住宅小区安装的是万家乐生产的第一批产品，已使用了4~5年。河南省燃器及燃气具产品质量检测中心在检查"爆裂"的热水器后得出了结论：这些事故是由于干烧引起的。"干烧"是指热水器点燃后，开关转至大火位置，冷水阀还未打开时，大火燃烧器已被点燃；或水阀已关闭，而大火仍然不灭，以致热水器中热交换器螺形管经受不住高压蒸气而爆裂。由于这些热水器是万家乐的第一批产品，所以当时还没有防干烧装置。

事故发生后不久，用户立即找到了万家乐郑州服务中心要求免费维修。尽管当时万家乐在郑州的用户有20万户，在整个中原地区更难以计数，但万家乐郑州服务中心对此事的处理却十分不当。万家乐服务中心答应为用户维修，但要求用户付零件费，而且态度差。本来就因在洗浴时由于热水器"爆裂"憋了一肚子火的用户，此时更是"火上浇油"。于是，用户联名告到了消费者协会。万家乐服务中心的技术人员此时却急于找出原因。他们对发生干烧"爆裂"的万家乐热水器进行了详细解剖，发现出现干烧现象的产品、热水器阀和水气联动阀里面都有铁锈状沉淀物，当沉淀物积累到一定量时，就会引起水气联动阀里面的推动杆运动不灵活，严重地卡住不复位；由于水中的沉淀物累积堵住水气联动阀，造成关水后热水器不熄火而继续燃烧，就是"干烧"。"干烧"时由于水箱水管里的水不流动，很快就会把里面的水烧开而产生蒸汽压力。如热水器是后制式（即水龙头装在热水器出口控制）的话，水管里的压力就会越烧越大，最终造成水箱水管"爆裂"，并发出很大声响，使热水器不能继续使用。万家乐郑州服务中心终于找到了一块挡箭牌，他们发现了水中的锈状沉淀物。不久以后，万家乐郑州服务中心匆忙在《郑州晚报》上刊登了一则广告，大意是：由于郑州自来水中含有杂质，导致万家乐热水器在使用时，水阀和水气联动阀都积有铁锈状沉淀物，从而导致热水器出现"干烧"，由此产生的万家乐热水器"爆裂"与万家乐产品质量无关。万家乐郑州服务中心想就此推卸"爆裂"的责任，但却又一次犯了大错。万家乐郑州服务中心的最大失误在于将这场危机扩大化了，把郑州自来水公司也卷了进来。又为自己树立了一个强大的对手，不利于化解危机。果然，郑州自来水公司迅速做出了反应，以损害名誉为由向郑州市人民法院起诉万家乐，要求赔偿名誉损失费100万元人民币。郑州自来水公司的水源取自黄河水，在报纸上宣称郑州自来水有杂质，影响着几百万名郑州人民的生活，事关安定团结，当然会引起自来水公司的强烈反响。郑州自来水公司出示的证据是采自郑州9个自来水取水监测点的关于水质正常的监测报告。万家乐则认为，郑州市自来水水源没有问题，不等于用户水龙头里的水没有问题，由于管道失修和二次污染，导致郑州自来水出现杂质。对每一台"爆裂"热水器的检验都表明水箱里面有铁锈状沉淀物，这就是杂质的证据。双方各执一词，相持不下。长达一年的万家乐危机并没有引起万家乐公司多少重视，无论万家乐郑州服务中心还是万家乐公司总部都未对这一事件引起足够重视，用户的问题迟迟没有得到解决。

1994年10月，"万家乐事件"终于开始解决了。万家乐在中原受重创。全国人大常委会消费者权益保护法执法检查组，到全国各地巡视，第一站直奔郑州。检查组刚到郑州，当地消费者协会就"万家乐"热水器爆裂事件向全国人大检查组做了专门汇报，检查组当即做出了有利于消费者的指示。1994年10月21日晚，随行的新华社记者写了《郑州多次发生"万家乐"热水器爆炸事故》，在记者的新闻稿中"爆裂"变成了更具形象的"爆炸"，从而使新闻色彩更加浓厚。此稿一路审查通过。1994年10月21日，北京新闻界的一位朋友给万家乐打电话说，有一篇《万家乐热水器爆炸》的新闻稿即将从新华社发出。当时，万家乐的老总正在香港，未对此事采取任何应对措施。或许，如果万家乐早一点知道消息，或许当时万家乐以总公司的名义急电新华社，指明新闻稿与事实有出入，就不会造成那么严重的影响了。几个小时以后，冠以新华社郑州10月21日电的消息《郑州多次发生"万家乐"热水器爆炸事故》由北京发往全世界。第二天，几乎所有大报纸都在头版位置刊登了这一消息。这则消息来自新华社有足够的权威性，事关中国大企业有一定的显著性，又非本报采写无诉讼风险。于是乎，报纸都铺天盖地地刊登了这则消息。一家中央级大报为这则电讯稿配上一个醒目的标题《想买热水器吗？当心》，另一家报纸索性把万家乐的广告词改了一下《要买热水器呀，告诉你吧，郑州"万家乐"多次发生爆炸》。由检查组下令、新华社撰稿、全国新闻媒体刊登的"万家乐事件"是对万家乐的一次集体毁誉，万家乐的品牌受到了重创及毁灭性打击。

资料来源：万力：《名牌公关策划》，中国人民大学出版社，1997年。

➡ 思考题：
1. 万家乐对危机信息的处理态度是什么？
2. 在这次品牌危机事件中暴露出万家乐在危机预控中存在什么问题？

一、什么是危机预控

问题 5：什么是危机预控？

（一）危机预控的概念

危机预控管理，顾名思义，就是指根据检测、预警情况，对可能发生的危机事件进行预先的控制和防范，以防止危机的发生或者减轻危机发生后的危害后果，也就是对危机监测过程中发现的信息进行有效处理，并做出较为科学的危机评价，然后根据具体情况实施相应的预控措施。

对于不同原因引起的品牌危机，企业危机管理在预控、预防阶段所采取的手段、措施是不同的。对那些容易在生产环节产生质量问题而引起的品牌危机，主要是采取严格监控生产各环节和建立严格的质量检测体系的直接防范措施；对于因恶性竞争而导致的对品牌的伤害，则应协调同行关系，通过建立行业竞争规范这样的间接手段来实现。

（二）危机预控和危机预警

从时间顺序来看，先有危机预警，再有危机预控，危机预控对危机预警有很大的依赖性，没有危机预警，危机预控是盲人摸象，甚至无法实施。危机预警最主要的功能是提供及时、准确的危机信息，而危机预控是危机预警的最终目的。

二、危机预控遵循的原则

问题 6：危机预控遵循哪些原则？

有效的危机预控应遵守以下的原则：

（一）信息准确性原则

危机预控的前提是危机管理者拥有可靠、准确的信息。在危机情境中，有两种基本信息策略可以用来加强危机预控，一种是"吸管式"策略，另一种是实情调查策略。其中"吸管式"策略有两种方法：分解方法和真空方法。分解方法是指通过电视、电台、新闻广播以及互联网的资料来观察危机所涉及的人员对危机的感受和忧虑，特别是一些利益相关群体的观点。这样就为进一步了解和满足利益相关者的需求，解决他们遇到的问题，进而做出更有效的危机应对决策提供了重要依据。真空方法是让有用的信息处于真空状态，在这样一个真空状态中，信息类似于陷入一个校勘和评估系统。企业在使用真空方法进行危机预控时可以借助于呼叫中心，通过书面和电脑屏幕的形式可以发出一些半公式化的调查表，接线员和操作者再将信息传送给危机管理者。实情调查策略通常是从受害人和目击者那里直接获取信息。这种方法也常常用于咨询与危机有牵连的人。重点是通过交谈获得不易得到的或更具体的信息。

（二）信息时效性原则

有效信息的关键在于及时，一旦滞后，信息的有效性会大打折扣，从而影响危机管理者对危机程度的判断，从而会影响后续的工作。

（三）成本优化原则

危机预控的目的就是减少危机对品牌的伤害，也就是节约危机处理的成本。在这里对危机管理者的具体要求是：尽可能减少物资资源所受危机的影响，储备和保护好用于危机处理的物资，在危机情境中合理安排好各种资源，以帮助解决危机和消除危机的影响。从经济角度分析，控制活动在运行过程中必须是经济合理的，各种控制活动产生的收益都必须与其成本进行比较。这样，管理者就要在满足危机管理活动要求的前提下，使用少量的控制。[①]

三、危机预控的主要措施

（一）提高企业的综合素质

企业的素质是指决定企业高效运作能力大小的各种内在要素的综合。主要包括三个方面的内容：企业的技术素质、企业的管理素质、企业的人员素质。企业的技术素质是企业素质的基础，主要包括：劳动对象的素质，即原材料、半成品和产成品的质量；劳动手段素质，即企业的设备及生产工艺水平。企业管理素质是企业素质的主导，包括企业的领导体制、组织结构、企业基础管理水平及管理方法、经营决策能力、企业文化及经营战略。企业的人员素质是企业素质的关键，包括企业干部素质和企业职工素质。任何一个品牌的发展程度都取决于企业这些方面的素质。品牌危机的有效预控也取决于企业综合素质的高低。

提高企业综合素质可以从以下几个方面着手：

1. 创建学习型企业

学习型企业，是指通过培养弥漫于整个企业的学习氛围，充分发挥员工的创造性思维能力而建立起来的一种有机的、高度柔性的、符合人性的、能持续发展的企业形式。彼得·杜拉克曾说过，知识生产力已经成为企业生产力、竞争力和经济增长的关键。所以学习型企业是未来成功企业的模式。

[①] 董传仪：《危机管理学》，中国传媒大学出版社，2007年，第119页。

2. 注重开发成功心理资本

美国渥克信息公司曾对几千名就业者进行了忠诚度调查。员工忠诚度调查报告发现，能培养员工忠诚度的几大因素包括迎合员工的兴趣所在，给员工发展机会以及员工职位的质量等。而薪酬与员工的忠诚度几乎没有什么关系，薪酬只能保证员工的满意度。要提高员工对企业的忠诚度，需要迎合员工的兴趣点，多与员工沟通，给员工创造发展的机会，使员工个人发展规划与企业的发展战略相匹配，使员工在忠诚于自己职业的同时忠诚于企业组织。因此，在倡导员工不断学习的同时也要注重员工个人情感的开发，这无形中影响着员工个人相关能力的发展和培养。如果员工没有学习心、缺乏进取心，没有事业心、缺乏责任心是建设不成学习型企业的。所以企业在倡导、鼓励员工学习的同时，也要将这种倡导和鼓励与职业规划和提升结合起来，对员工进行职业生涯规划，当员工将自己的成功和企业的发展结合起来时，才能更有热情地去学习、工作，为企业注入源源不断的创新活力。

（二）对可预见危机进行归类和细化

随着经济的全球化，市场环境日益复杂，企业面临比过去更多的危机，对各种危机进行归类，以保持对危机的预见性，这是非常必要的。下面列举一些较为常见的企业品牌危机类型。

1. 过度投资

对于企业来说，过度投资是使企业陷入品牌危机的常见原因。过度投资超出了企业的资金负荷能力，使企业面临资金短缺的危险，更危险的是过度投资常常是高风险投资，很可能给企业带来巨大的损失，体现在品牌上就更明显了，品牌运营需要大量的资金做营销，比如广告费投入。当企业过度投资而面临资金短缺时，很有可能会压缩品牌运营上的投入，继而影响品牌战略的可持续性。所以一个健康的企业必须遵守保守的财务战略，把发展速度调整到一个适宜的水平上。如惠普公司就是通过拒绝长期债务的方式追求发展，强迫自己在一定条件下达到平均每年20%的增长速度。国内的华为、海尔等企业也都采取了保守的资金战略。

2. 人才流失

人才是企业最重要的资产。很多企业实施品牌经理制度，一个品牌的成长壮大依靠的是一个管理团队的智慧，如果品牌管理营销人才流失就会使企业的品牌战略遭受重大挫折。所以当优秀员工离职成为企业人力资源必须面对的一种常态时，企业要做的不仅仅是针对个案进行管理，而必须上升到组织战略的高度，充分认识到人才流失对企业经营造成的巨大风险，建立一整套针对人才流失的危机管理机制。比如建立人才约束机制，完善企业保障体系；注重企业文化建设，构建共同愿景，为员工营造一个良好的工作环境；设立公正、科学的绩效管理体系，提高员工工作满意度；建立人员离职制度，为企业日后管理汲取经验等，从而避免优秀人才的流失给品牌带来的巨大损失。

3. 渠道冲突

品牌营销是一个需要企业和经销商共同努力的系统工程，光有企业的热情而缺乏经销商的积极配合，品牌营销只会事倍功半，甚至寸步难行。在正常的状态下，企业和经销商是战略合作伙伴，但在实际经营过程中，两者为了追求自身利益的最大化经常发生冲突，这种冲突就是典型的渠道冲突。比如雅芳经销商的逼宫事件、诺基亚经销商的逼宫事件等。预防渠道危机必须从渠道开发之初着手进行。根据品牌的定位、目标消费群体的消费行为特征、产品的性质、现有渠道的特征和发展前景及企业的渠道预算等来设计销售渠道。渠道危机的产生常常是由于平时渠道管理工作的疏漏所致，因此，加强渠道管理无疑是对渠道危机进行有效预控的重要举措。

4. 质量危机

随着社会的发展，人们生活质量水平不断提高，产品质量安全与人体健康变得越来越重要。而产品质量是品牌的基础，没有坚实的产品质量，品牌是没有立锥之地的。因此，在日常的生产管理中要严控质量问题，必须成立企业内部的质量检测部门，严格出厂产品的质检程序，制定质量责任机制。

（三）编制预案

所谓危机预案，是指针对各种可能发生的事故所需的应急行动而制定的指导性文件。它的总体目标是控制危机事件的发展并尽可能消除危机。危机预案的编制是危机预控的重要组成部分，企业要根据已经发生的以及可能发生的危机的特点设计危机预案。

考试链接

一、名词解释

品牌危机风险评估　危机预控

二、简答题

1. 品牌风险确认有几种有效的方法？
2. 品牌危机预警系统的建构原则是什么？
3. 品牌危机预警系统由哪些子系统构成？

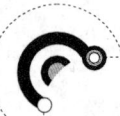

品牌危机管理

三、论述题

请结合具体案例谈谈品牌危机预控的主要措施。

四、案例分析

方正"骨干集体跳槽"危机

北大方正集团由北京大学1986年投资创办,是中国著名的IT企业。2004年1月,方正集团发布公告称:公司已于2003年12月30日召开第六届董事会2003年第九次会议,会议审议通过同意魏新辞去公司总裁的职务,并聘用蒋必金为公司总裁,祁东风为公司执行总裁。和魏新奋战多年的同事周险峰也因"工作调动"辞去公司副总裁职务,被魏新口头委任为方正集团助理总裁。

对于此次高管的人事变动,方正集团对外的统一口径是,对公司高管人员魏新、周险峰等进行的重大职务调整,完全"为了适应公司现有业务的发展需要,利于形成分工合作的管理团队,进一步完善公司治理结构",并非所谓的"人事地震"。3月18日,方正内部知情人士向《知识经济》编辑部透露:原方正科技副总裁、在方正集团刚刚完成的组织框架重组中升任集团助理总裁的周险峰带领原属下方正科技PC骨干"集体叛逃"。据说,除了刚刚调到集团担任助理总裁的周险峰外,此次出走的方正员工主要集中在方正科技的PC部门,且多为骨干,其中有方正科技产品中心总经理吴京伟,销售平台副总经理吴松林,产品总监、人力资源部门主管以及各个区域的部分渠道骨干管理人员和技术人员等,此举被方正内部人士视为"集体出走事件"。"集体出走事件"对"方正"品牌的负面影响是巨大的。

问题讨论:

骨干员工跳槽,是每个企业都可能会遇到的危机。但像方正这样多名高管同时跳槽的现象却较为罕见,你认为方正的"骨干集体跳槽"的主要原因是什么?企业在进行人事调整时,必须对调整后可能出现的危机有一个足够的估计,如果你是方正的总裁,你将如何对可能出现的问题进行预控?

本章小结

中国有句古语:"人无远虑,必有近忧。"作为企业更是如此。既然品牌危机随时有可能发生,企业就应该时刻绷紧危机这根弦。只有防患于未然,才能屹立市场不倒。危机预警涉及企业管理的各个环节、各个部门以及每个员工,是一项复杂的系统工程。要了解危机预警系统的构成，以及基于各重点关注对象而确定的预防措施。另外危机预控也是不可忽视的后续工作，在危机预警的基础上形成的危机预控同样是企业进行有效危机预防的重要工作。

深入学习与考试预备知识

品牌预警系统模式

品牌的本质内涵既然是一个系统，那么品牌危机预警也应该是一个系统的过程。从系统观出发，品牌预警应坚持以下几种模式：

一、全程预警模式

所谓全程预警，一是指对品牌价值从观念层到价值表象层的外化过程进行全程预警；二是指对各相关利益主体之间尤其是消费者与品牌之间价值关系的展开过程进行全程预警。

1. 对品牌价值外化全过程进行预警

品牌价值体系起源于品牌价值观念层的确立与平衡，经过产品的设计、试验、生产、质检以及其他大量的企业内部管理工作完成基础支持层面的价值转化，再经过产品包装、广告、分销、促销、物流配送等一系列的外化载体层的运动，进一步形成品牌的表象价值，如美誉度、知名度、市场领导力、品牌资产评估价值，等等。品牌预警必须是对这四个层次外化过程的全程预警。

2. 对价值关系发展进行全程预警

品牌的运转过程实际上也是品牌体系中各利益主体价值关系发展的过程。在企业与各主体动态的交互作用过程中，品牌价值得以表达、实现，使各方都得到自己想要的价值。换言之，品牌体系就是一个价值关系平衡体系。由于环境因素和其他人为因素，品牌价值往往无法连续一贯地向目标群体传送，经常出现关系展开过程中的某一个或一些环节偏离品牌价值导向，造成品牌价值传播过程的中断，价值系统失衡，形成品牌危机。所以，品牌预警要从价值关系展开的全过程着眼，根据某类关系展开全过程的关键节点设计出监测指标，收集数据信息进行监控。

二、全面预警模式

全面预警是指对价值体系的每个层面的各种要素进行检测调控，尤其是对各层次的关键要素。行业不同，企业不同，品牌体系中每个层次中的关键要素也不相同。根据重要性的不同，品牌体系每一个层面中又可以分为几个不同的层次——子层次，具体可以分为核心层、中间层、边缘层。例如在价值观念层面,通常消费者的价值观念和品牌的市场定位处于核心层;企业和员工的价值观,主要经销商、供应商、合作伙伴的价值观处于中间层;而非主要经销商、债权人、媒体、政府、社区等的价值观则一般处于边缘层。

另外,全面预警还包括对环境的预警。品牌环境包括经济环境、行业环境、社会环境、政治环境。这些环境因素似乎跟品牌建设没有直接联系,但是一旦对品牌产生冲击,危害却极大。

三、全员预警模式

所谓全员预警,是指预警工作不仅依靠品牌管理部门和高层管理人员,而且要求企业全体员工共同参与。例如,车间的工人似乎与品牌预警没有关系,但如果工人没有预警意识,责任心不强,产品出现缺陷的概率就会增加,给消费者带来危害的概率就会增加,品牌风险随之增加。只靠品牌预警部门仅能监测到消费者受到伤害后反馈的信息,而此时信息已经有很大的滞后性了,预警作用大打折扣。全员预警则可以真正做到防微杜渐,防患于未然。

四、思想预警模式

建立品牌预警系统,首先要增强企业员工的风险防范意识,使之在思想上做到预警,才能使建立的品牌预警部门、制度、流程发挥作用。没有思想上的预警,预警组织、制度规定和流程就形同虚设,无法达到防微杜渐的最高预警境界。例如,有的企业规定了窗口部门的文明礼貌用语,员工也按照制度要求使用规范用语与客户打招呼,但是有的员工却机械地使用规范用语,毫无表情和亲和力,让顾客觉得说了还不如不说好受,因此对品牌产生反感。所以说,即使有制度来预警(这是必不可少的),没有员工思想上的预警,品牌形象仍然极有可能遭到破坏。

五、互动预警模式

品牌预警与品牌建设必须紧密结合,互相渗透,协同推动品牌形象提升。从功能上讲,在预警系统中,当出现危机征兆时需要向管理系统发出预警信号,使之采取对策调控品牌管理行为,品牌预警转化为品牌建设行为。品牌建设与品牌预警相辅相成,不可分离。品牌建设所涉及的各种内容,都必须有预警系统的监测才能顺利进行。

资料来源:刘庆玉、吴烽:《企业品牌危机预警系统的构建》,《云南财贸学院学报》2005年第4期。

知识扩展

要构建品牌预警系统,必须首先设立预警指标体系,以指标测量结果作为品牌预警的一个根据。

1. 品牌(潜在)危机分类

按照品牌价值系统内部风险因素的所在位置,可以分为五类潜在危机:一类潜在危机——价值观念层危机;二类危机——基础支持层危机;三类危机——外化载体层危机;四类危机——价值表象层危机;五类危机——环境层危机。

2. 品牌预警指标体系

根据品牌价值体系的构成和品牌危机的分类,品牌预警指标体系可分为五个层次:价值观念层指标、基础支持层指标、外化载体层指标、价值表象层指标、环境危机层指标。

第五章 品牌危机的处理

学习目标

知识要求 通过本章的学习,掌握:

- 品牌危机处理的原则
- 品牌危机处理的模式
- 事实导向策略
- 价值导向策略

技能要求 通过本章的学习,能够:

- 运用品牌危机处理的原则
- 使用品牌危机处理的模式
- 运用事实导向策略处理品牌危机
- 运用价值导向策略处理品牌危机

学习指导

1. 本章内容包括:品牌危机处理的原则、品牌危机处理的模式、事实导向策略、价值导向策略等。

2. 学习方法:熟读理解教材内容,独立思考,抓住重点;分析案例,掌握品牌危机的事实导向策略和价值导向策略。

3. 建议学时:4学时。

本章知识逻辑结构图（见图 5-1）

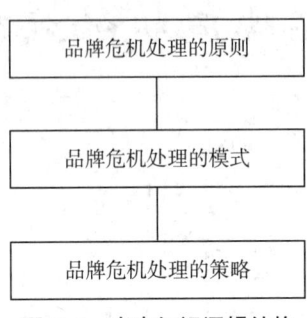

图 5-1 本章知识逻辑结构

第一节 品牌危机处理的原则

金浩茶油致癌物超标事件

2010年8月下旬以来，金浩茶油被曝出苯并（a）芘超标，国内最大茶油生产企业——金浩茶油股份有限公司受到公众强烈质疑，与金浩公司一起站在舆论风口浪尖上的，还有湖南省质量技术监督局。实际上，早在2010年2月18日湖南质监局已通过抽检，查出金浩茶油的9批次产品存在苯并（a）芘超标，却在长达半年之内未公之于众。

9月1日，在曝光压力之下，食用油公司金浩茶油终于为一个隐瞒了5个月的消息做出道歉：2010年3月，金浩茶油等一批公司生产的茶油被查出含有超国家标准6倍的强致癌物质。金浩公司的道歉还透露，尚有近10吨含致癌物质的茶油未被召回。金浩公司还承诺将按照相关规定对消费者进行退款和补偿。

9月2日，湖南省质量技术监督局也开始"发声"，就该事件进行说明，并于随后采取了一系列处理措施，包括责令金浩公司停产整顿、召回问题产品等。

品牌危机管理

9月6日，金浩茶油股份有限公司董事长刘翔浩在其微博上透露：现在消费者手中还未召回的9个问题批次的产品数量为491公斤，价值约30万元。并以个人名义发表公开信向消费者再次表示道歉。孰料此举不仅没有得到认可，反而招来网友指责为公关秀，缺乏诚意。

据不完全统计，事件导致的市场损失至今已过亿元。

资料来源：林景新、唐嘉仪：《2010年十大企业危机公关事件盘点分析》，博锐管理在线，2010年。

思考题：

1. 分析"金浩茶油"品牌危机处理失败的原因。
2. 从"金浩茶油"品牌危机处理中得出的经验是什么？

一、品牌危机处理原则

品牌危机处理是品牌危机管理的根本任务之一，通过制定一系列应对措施，来化解危机，减少损失。品牌危机处理的成功需要原则的指引，不了解原则，品牌危机处理是盲目的，其结果是加剧危机，使品牌走向失败。只有掌握了原则，品牌危机处理才能游刃有余，化"险"为"夷"。

问题1：品牌危机处理应掌握哪些原则？

为了正确处理品牌危机，品牌危机管理者必须遵循以下原则：

（一）快速反应原则

品牌危机处理的速度与难度构成了强烈的反比关系。速度越快，损失就越小；速度越慢，时间拖得较长，产生的负面东西越多，处理难度就越大。正如孙子所说："兵贵胜，不贵久。"

品牌危机爆发后，往往会成为公众和媒体关注的焦点。因为品牌危机事件具有较大新闻价值，媒体会积极介入，以满足社会公众的知情欲。而公众对信息的需求更为迫切，尤其是品牌质量危机关系到公众切身利益，他们会密切关注事态的进展，直到获得满意的答复。如果此时企业反应迟钝，不能迅速查明真相，给媒体和公众一个解释，媒体的怀疑、公众的不满情绪将逐渐上升，对品牌的信心开始动摇，品牌形象和声誉由此受损，并很难进行弥补，即使弥补，所花成本也会较大。

丰田汽车"召回门"事件之所以愈演愈烈，问题就在于最初丰田公司对产品出现重大质量问题，处理不够迅速。2009年，美国加利福尼亚州一辆丰田雷克萨斯汽车因突然加速发生事故导致4人死亡，美国媒体质疑车辆存在质量问题，并穷追不舍地进行报道，在遭到广泛谴责的情况下，丰田未做出适当回应，导致丰田事件逐步升级。直至死亡事故发生3个月后丰田才宣布：由于油门踏板存在质量问题，将在美国召回230万辆丰田旗下品牌汽车。此后，像滚雪球一样，召回牵涉的丰田车型和地区越来越多。丰田的迟钝反应致使整个危机事件的处理成本大幅增加，除了召回汽车的直接损失，其数十年塑造的质量口碑更是岌岌可危，丰田品牌的无形资产损失也变得更为严重。①

（二）真诚坦率原则

品牌危机处理的成功取决于真诚坦率的处理原则。首先，当品牌危机发生之后，真诚地与利益相关者沟通，防止不信任感的产生。其次，坦率地自曝危机真相。媒体和公众最不能容忍的事情并非品牌危机本身，而是企业千方百计隐瞒事实真相或故意说谎。因此，企业要善于通过媒体和其他各种渠道，公开品牌危机事件，主动说明事态发展，澄清无事实根据的"小道消息"。

可口可乐在比利时危机事件处理时，明确承认产品质量事故是由于车间隔离材料的问题和现场管理不严格的结果。在坦白了过错之后，可口可乐依然畅销于欧洲。真诚坦率袒露出企业的真诚，结果不仅不会使消费者背离，反而坚定消费者对品牌的信心，为品牌赢得更多的口碑。

（三）态度第一原则

在品牌危机事件处理中，事实虽重要，态度是关键。人非圣贤，孰能无过？这个世界没有完人，自然也没有完美的品牌。品牌在经营过程中犯下这样或那样的错误也在所难免。因此，品牌错误出现以后，企业必须以积极主动的态度面对错误。

由于品牌危机爆发的突发性和复杂性，企业很难在短时间内查明事实真相，给出明确的结论。如果企业要等到真相查明后再出来解释，显然违反了快速反应原则。因此，品牌危机一旦爆发，如果没有，一定要给出明确态度，争取赢得公众的谅解。

日本丰田公司在2003年的"问题广告"事件中，就表现出明确的态度。当时该公司所做的两则广告侮辱了中国人的感情，伤害了中国人的自尊，使丰田陷入危机。丰田在第一时间召开了临时新闻发布会，并解释说：今天的发布会没有我们的高层出席，因为他们现在走不出来，正在召开紧急会议查证两条不恰当广告发布的原因，目前为止还没有结论。今天请大家来就是想说一句话：如果丰田有责任，那么丰田担当到底；如果丰田没有责任，希望大家一如既往地理解、同情、支持丰田。正是丰田公司的明确表态暂时缓解了危机。②

---

① 曹天柱：《危机公关案例分析丰田汽车》，新浪博客，2010年11月24日。
② 胡百精：《危机管理与突发事件应对》，宣讲家网站报告，2008年9月3日。

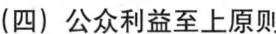

（四）公众利益至上原则

在品牌危机处理过程中，应将公众的利益置于首位，以品牌长远发展为品牌危机处理的出发点。利益是公众关心的焦点所在，处理品牌危机时应更多关注利益相关者的利益，而不是品牌的短期利益。如果不能正确看待公众利益，一心只想着品牌自身的利益，其结果往往适得其反。

2010年5月23日，央视《每周质量报告》揭开紫砂黑幕，美的紫砂煲所谓的"纯正紫砂"根本不是真正的紫砂，实为普通陶土添加化工原料加工而成。23日下午，美的向消费者和媒体道歉，承诺立即纠正不实宣传，对美的电炖锅公司立即停产整顿，停止销售，设点接受消费者退货。各大卖场全面撤架。但第二天，美的紫砂煲被曝出退货要收折旧费，也没有具体退换货细则。第三天，美的生活电器总裁通过央视新闻频道承诺，无条件退、换货，且"无发票也能退货"。第四天，美的方面却发生变卦表示："无发票不能退货。"一周后，退货有了新版本，先鉴定，后退货。"紫砂门"还未平息，美的又陷入"改口门"。美的电炖锅公司危机处理显然是以自己利益考量而定的。但却连累了整个美的品牌，使美的品牌声誉严重受到质疑。因此，品牌危机处理的关键是减少公众利益损失，尽快消除危机事件给品牌带来的不良影响，这是奠定良好品牌危机处理的基础。①

（五）承担责任原则

在品牌危机处理过程中，无论是何种性质的品牌危机，不管品牌危机的责任在何方，企业都应主动承担责任，妥善处理危机。即使消费者对于品牌危机的爆发负有一定的责任，企业也不应急于追究，否则会各持己见，加深矛盾，不利于危机的解决。在情况尚未查明，而公众反应强烈之时，企业可以采取高姿态，主动承担部分责任，以获得公众的支持。

惠普公司曾经因违反这一品牌危机处理原则而蒙受过巨大的损失。事情起源于央视在2010年"3·15"晚会上对两款惠普笔记本电脑大规模质量问题进行的报道，惠普公司客户体验管理专员在接受采访时，对惠普笔记本的故障原因作出了自己的解释：中国学生宿舍的蟑螂太恐怖！这种推卸责任的说法，随即引起消费者愤怒，惠普陷入"蟑螂门"事件，"蟑螂门"事件让惠普名誉扫地。②

---

①② 林景新、刘琼：《2010年上半年十大企业危机事件盘点及分析》，博锐管理在线，2010年6月25日。

二、品牌危机处理注意事项

问题 2：品牌危机处理应注意哪些事项？

品牌危机处理要注意以下一些事项：

（一）灵活运用

品牌危机处理取决于品牌危机管理者灵活处理问题的能力。尽管在企业的正常运作中，对可能出现的品牌危机作了详尽的处理准备，比如品牌危机处理手册、角色模拟练习、紧急筹备事项等。但由于引发品牌危机的因素很多，每一次品牌危机的形式及其造成的危害也各不相同，现实中并没有现成的方法可以借鉴，加之在品牌危机爆发时，时间紧迫，局势混乱，也很难按照事先安排好的步骤去操作。因此，在进行品牌危机处理时必须遵循灵活性原则，以冷静、果断、灵活的方式处理危机，做到具体情况具体分析，不是教条地照搬以往的做法，而是有针对性地采取措施。这既是处理危机事件能力的一个考验，也是品牌危机处理艺术性的体现。

（二）专业人员处理

品牌危机事件应由危机小组人员处理，最高领导不要轻易充当发言人。一旦到了企业最高领导不得不出面的地步，就说明危机已经非常严重，威胁到了品牌的生存。2005 年 6 月 5 日，河南电视台经济生活频道曝出惊天黑幕：光明乳业过期牛奶回炉再包装后重新进入市场销售。6 月 8 日，光明乳业董事长王佳芬接受《每日经济新闻》采访时称："我们已从上海派人到郑州进行调查，这个事情不存在，光明不可能做这个事情。"但随后《都市快报》报道称杭州出现光明"早产奶"，《中国经营报》也报道称上海市出现光明"早产奶"。由于董事长的直接表态，使企业公关部门的工作陷入被动。①

（三）忌过度承诺

为了尽快平息危机，恢复利益相关者对品牌的信心，一些企业往往做出过度的承诺，一旦承诺不能兑现，品牌会面临更大的舆论压力，付出比之前更多的代价才能平息危机。

（四）忌专业术语

品牌危机的处理过程中，一定要考虑不同利益相关者的接受程度，切忌用过于专业的行业术语来与利益相关者沟通，否则会增加更大的误会，给利益相

---

① 游昌乔：《危机管理中的媒体应对方法》，东方音像电子出版社，2010 年。

关者造成品牌傲慢、不诚实的影响。1999年6月，可口可乐在比利时发生的消费者中毒事件，危机事件刚开始时，可口可乐使用了大量有关饮料成分的化学术语，结果被不明究竟的消费者愤然指责为不负责任。

第二节 品牌危机处理的模式

宝洁 SK-Ⅱ "金属门"事件

2006年9月，著名化妆品牌宝洁 SK-Ⅱ于中国内地遭遇"金属门"危机，被指旗下产品含有铬、钕元素，有害人体健康。危机引爆后，宝洁公司需要在事实层面澄清两个核心问题：SK-Ⅱ产品是否真的含有危险元素？如果含有，是否一定对人体有害？很快，第一个问题的答案被确认为"是"。

接下来，宝洁公司开始全力搜集"虽含有危险元素，但并未超标"的证据。证据"一箩筐"后，宝洁公司不断通过记者见面会、公司网站等渠道进行发布。然而，媒体和公众却对这些证据充耳不闻、"集体忽略"——几乎没有人认真追问"有害性"问题及其证据。文本分析表明，媒体始终按照自身的"框架"回应宝洁公司发布的信息，而消费者则直接拿起"武器"砸了 SK-Ⅱ 柜台。

资料来源：胡百精：《危机传播管理：流派、范式与路径》，中国人民大学出版社，2009年。

► 思考题：
1. 为什么宝洁 SK-Ⅱ 的"真相"和"结论"的表达如此无力？
2. 从宝洁 SK-Ⅱ "金属门"事件中能得到什么启示？

一、事实与价值"二分法"

品牌危机处理的科学性取决于对危机认识和判断的合理性。就人类主体来说，世界上任何事物均可分为事实范畴和价值范畴两大类。人类的认识相应分为事实认识和价值认识两种，即人类的所有认识均由这两种基本认识及其复合形式组成。一般来说，人们对于事物的认识同时含有事实认识和价值认识的成分，既认识事物的来龙去脉和变化规律，又认识事物对于人们生存与发展的价值意义。不同的人对于同一事物的认识可能存在很大差异，有些人较多地进行事实认识，而另一些人则较多地进行价值认识。

由于同一认识同时含有事实认识和价值认识两种成分，对同一事物的认识可以从事实判断与价值判断两个不同角度进行，从而得出不同的结论。

问题 3：什么是事实与价值？

英国哲学家休谟最早提出事实与价值"二分法"的问题。他以事实与价值的区分为基础，首次提出了事实知识与价值知识的区别。"是"指向事实知识，"应当"指向价值知识。他认为，事实推导不出价值。因为"是"中不能推出"应当"。譬如"所有的单身汉都是未婚的"，并不能直接推导出"因此他们是不幸福的"，因此"是"与"应当"存在着一条逻辑鸿沟。由于传统哲学缺少对价值认识论的研究，休谟把事实与价值看作两个互不相关的领域，否定了事实与价值之间的关联性。此后，西方哲学界不断有学者对事实与价值"二分法"进行补充和深化，使其发展为"成熟"的认识论命题。事实是客观存在的一切事物、过程和属性的总和；而价值则是客体对主体的效应，是情感、态度、道德和信念的总和。二者区别明显，事实阐明"是什么"的问题，价值阐明"应该是什么"的问题。

事实和价值的分化不等于事实和价值的绝对隔离。事实和价值分别指向事物形成和发展中的不同要素，揭示事物表象之下不同侧面的本质。事实在一定条件下可以推出价值，价值也是以事实为基础，二者在逻辑上存在内在联系，应该内在统一起来，但事实与价值统一于何处？马克思的实践论有效地解决了事实与价值"二分法"的断裂，把实践观点引入事实与价值关系中，弥合了事实与价值的鸿沟。

马克思的哲学实践观认为，"是"可以推导出"应当"，但需要一定的中介，这个中介就是人的实践。当明确了"人"在事实与价值中的主体地位后，事实判断与价值判断便成为相辅相成的两翼。人在实践中将二者紧密结合成一体：事实判断是价值判断的基础，缺少事实分析，价值判断是无意义的；价值判断为事实判断提供方向，对事实本身的认识并不是人类的终极目的，为我所用、发展自己才是根本。实际上，正是事实与价值的区别与联系，构成了人类全部认识的整体。

二、事实—价值模型

对于事实与价值"二分法"的论述，目的在于将事实与价值"二分法"导入品牌危机管理之中。以此为视角，分析复杂、多变的品牌危机便会发现：任何品牌危机都内在地包含事实和价值两个层面的要素。事实层面的要素诸如危机诱因、危机发展进程、危机造成的财产损失、利益相关者的不满和对抗等；价值层面的要素诸如品牌危机对道德、信用、形象、尊严和公共准则的冲击等。事实要素和价值要素的产生和变化，构成了一明一暗两条品牌危机主线，并于相互作用中形成复杂的品牌危机系统网络。这就为品牌危机处理提供了两个基本导向：事实导向和价值导向。从这两个导向出发，构建品牌危机处理模型。

问题4：如何构建品牌危机处理模型？

品牌危机处理模型的基本假设是：所有的品牌危机都是事实与价值的聚合体，因此，事实和价值是构建品牌危机处理模型的基本元素。

下面是品牌危机处理"事实—价值"模型图。

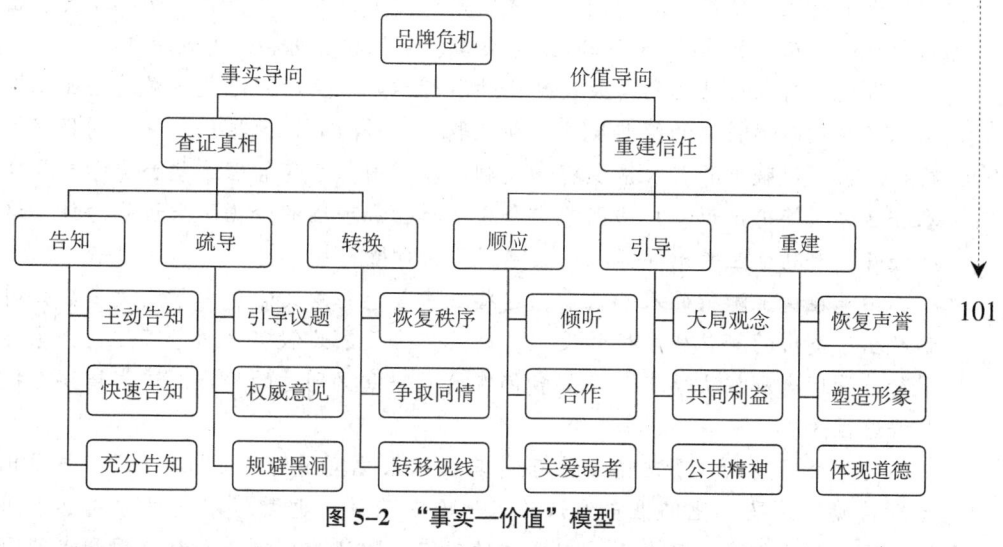

图 5-2 "事实—价值"模型

"事实—价值"模型图揭示了品牌危机处理存在两个核心主张：在事实层面要查证真相，在价值层面要重建信任，二者不可偏废。品牌危机处理所有的策略都源自于这两个核心。这些策略将在下一节仔细讨论。

阅读材料

土耳其贝纳通公司案例

在长达15年时间里，土耳其多数派和库尔德少数派一直处于敌对状态。库尔德人想建立他们自己的独立的民族国家。这使得双方经常诉诸武力。在库

品牌危机管理

尔德叛乱分子领导人阿卜杜拉·奥卡安的领导下，有3000名土耳其人被杀。为了报仇，数不清的库尔德人被杀害或者被捕，并遭受折磨。

这些年来，阿卜杜拉一直过着逃亡生活。在1999年，由于土耳其最终拒绝其回国，于是他逃往莫斯科。接着莫斯科鉴于其在冷战期间的行为，也不愿意接纳他。他又逃往意大利，在意大利，他受到了意大利社会党和意大利政府非官方的热情接待。

当土耳其政府要求引渡阿卜杜拉时，意大利政府予以拒绝。意大利政府所持的理由：土耳其人应相信意大利是坚决反对使用死刑的。但是即使土耳其政府承诺不使用死刑，意大利政府仍然拒绝引渡阿卜杜拉。

土耳其人民立即作出反应。数以千计的土耳其人走向街头游行示威，反对意大利政府的行为，并且向在土耳其拥有分公司的无数意大利企业发出抗议。游行示威的人们焚烧意大利国旗，威胁不仅要抵制意大利产品，而且还要袭击意大利的商店及其产品，例如贝纳通公司、法拉利公司和皮雷利跨国公司。

那些针对在土耳其的意大利企业的游行示威发生后，绝大多数的企业立即做出了我们能预料到的那些反应，即采取了一种防御性的措施。它们刊登报纸广告，力图说服土耳其人应该将意大利的母公司与经营管理这些公司的土耳其人相区分。换句话说，广告引用"合乎逻辑性和理性的论据"来说明为什么这些经营意大利企业的土耳其人应该得到区别对待。

但是在街上游行的人们来看，这些广告是毫无意义的。由于绝大多数公司都做出了类似的颇具代表性的反应，因此广告便依此假定普通老百姓也会像公司行政管理者那样去思考。正如我们在前面一章提到过的那样，这类错误是极具普遍性的。

这些公司的行政管理者形成了对其组织系统集团的"惯性思维"，并因此受到奖励。结果，他们很自然认为其他人都应该，也都将以这种方式思考问题。因此，他们做出了令人难以原谅的假定，即认为"每个人都会用和我们同样的方式去思考问题"。但是，显而易见的是，"其他任何人"都不是为意大利公司工作的行政管理者。

不过，还有一家公司没有采用上述的流行方式对问题作出反应。它不仅想出了其他公司未曾想到的办法，而且采取了实际的行动。这家公司就是贝纳通公司。

贝纳通公司的商店、财产都遭受了直接的损失，而且其员工和顾客也面临着极大的伤害。贝纳通公司"对此事十分关注并快速作出了反应"，它们成立了高层"问题处理小组"，由公司的董事长、公共事务的负责人和公司的财务管理负责人组成。他们决定应该针对这种情况作出情感方面的回应，而不应仅仅是以理性的方式来解决。结果，他们采取了前所未有的措施——刊登广告，在情感上支持土耳其人民。该广告声称："首要的也是最重要的是，我们也是土耳其人。我们首先要对土耳其忠诚。对于意大利人的行为我们有着和你们相同的感受！"

贝纳通公司的高层行政管理者采取了更进一步的措施，并且获得了显著的成功。这恰恰是完成了处于重大危机中的绝大多数公司所想不到或做不到的事情。结果，这也充分阐释了"精明地思考"与"愚蠢地思考"之间的区别。也就是说，贝纳通公司所从事的可谓是一个潜在着"精明的错误"的重要实例，因为很难确保它们所选择的有风险性的措施能真正有效运作。

贝纳通公司针对其经过很大努力才获得认可的公司标识语采取了措施。这些年，贝纳通公司设计的广告非常具有创造性并且备受关注。的确，由于它所采取的强有力的、无阻挠、无障碍的处理问题的方式，公司的许多广告一直都是争议的对象。

公司标识语的核心构成部分——它的标识语，主张"贝纳通公司是多种风格的组合"。这就代表公司是来自各地的所有人的统一和联合。因此，贝纳通公司认为如果要充分显示公司从情感上支持土耳其人反对意大利，那么就必须明确表明其态度。结果，公司采取了史无前例的行动，改变了公司的标识语的风格，至少在土耳其是这么做了。公司还在极其显眼的广告中郑重声明，除非与意大利的争端得到解决，否则土耳其的所有贝纳通商店都将在店前放置黑色的花圈。此外，商店橱窗里的所有服装模特也都将穿上黑色衣服以表明公司正处于"哀悼"期。

土耳其人对公司的这些行为的反应非常迅速和强烈。公众的反应特别积极并带有情绪性，他们将海报和诗歌贴在贝纳通公司的橱窗前面，表明公众将给贝纳通公司广泛和极大的支持。海报和诗歌表明公众理解贝纳通公司，它和其他人一样都是受害者。它的确不是危害者。

当然，在公司没有采取这个具有冒险性的措施，即将花圈放在店堂之前，公司的行政管理者仔细地同商店的所有管理者进行了商谈。所有的管理者都积极赞同这个计划，即改变公司的多样性的风格。

为了表明商店管理者的支持态度，贝纳通公司的高层行政管理者作出决策，他们在危机时期不再履行通常情况下的财务要求。尽管由于抵制行为使得商店的收入锐减，但是这些商店也被无限期地免除了财务配额的限制。而且这些行为还增强了贝纳通公司商店管理者与其高层行政管理者之间的信任关系。

资料来源：伊恩·I.米特若夫、格斯·阿纳戈诺斯：《危机!!! 防范与对策》，电子工业出版社，2004年。

第三节　品牌危机处理的策略

特仑苏 OMP 牛奶事件

2009 年 2 月 2 日，国家质检总局向内蒙古质监局发函，要求责令蒙牛企业停止在特仑苏牛奶中添加 OMP 物质，这个函件再次引来了媒体以及公众对特仑苏 OMP 牛奶的食用安全性提出的疑虑。

对此，蒙牛集团称，它们也强烈希望有关部门组织对特仑苏 OMP 牛奶进行检测，从而彻底弄清真相。

在特仑苏 OMP 牛奶事件发生之后，蒙牛迅速就特仑苏 OMP 安全问题召开新闻发布会，蒙牛总裁杨文俊表示：国家卫生部会同六部门已经明确表示特仑苏牛奶是安全的，因此对消费者的健康不存在一点损伤，蒙牛暂时不会启动对消费者的赔偿程序。消费者如对蒙牛产品有疑虑，可以进行退货。

从技术层面而言，特仑苏 OMP 可能的确不存在安全问题。卫生部召集的一些专家也认为饮用添加 OMP 牛奶不会产生健康危害。但是，被澄清了的危机事实并没有化解媒体的批评与公众的怒气。而这些批评的焦点集中于几个方面：①在过往广告宣传中，蒙牛有夸大特仑苏 OMP 的功效之嫌。②根据国家相关规定，企业在食品中加入任何一种新的添加剂都须报批卫生部等多个部门组成的食品添加剂标准编制委员会，即使作为新资源物质添加也须报卫生部相关部门批准。虽然特仑苏 OMP 是安全的，但却违背了报批原则。对于种种疑惑与批评，蒙牛回应的唯一准线就是 OMP 是安全的，蒙牛特仑苏是值得信任的。

资料来源：林景新：《蒙牛危机公关的三个硬伤》，《广州日报》2010 年 2 月 16 日。

思考题：
1. 为什么蒙牛得不到媒体和公众谅解？
2. "特仑苏 OMP 牛奶事件"危机处理失败的原因是什么？

一、事实导向策略

品牌危机事实导向策略的目的是，在事实层面上应急救困、化解矛盾。在正确认识和评估品牌危机事实的基础上，采取有效的沟通方式，面向利益相关者澄清事实、告知真相，积极控制和改变事态的发展。

问题 5：事实导向策略有哪些？

事实导向策略主要包括：

（一）告知策略

告知策略旨在解决"是"什么的问题。由于公众有知情权，当出现品牌危机后，应向内部和外部利益相关者适时发布信息，以告知真相。告知内容包括告知品牌危机发生、发展情况，告知解决方案，告知咨询平台等。告知的方式有对外公告、投放新闻稿件、新闻发布会、座谈会、开通网站和热线电话等。

告知策略要求主动、快速、充分地发布品牌危机信息。

1. 主动告知

主动说出真相是品牌危机处理中最关键、有效的策略。如日本索尼中国公司就曾在许多媒体、公众都还不知情的情况下，主动在自己的网站上公布了《致索尼彩电用户的通知》，把出现瑕疵产品事件的来龙去脉进行描述，并提出解决的办法。①

2. 快速告知

快速告知应最大限度争取时间，以最高效率发布品牌危机信息。但快速告知要把握时机问题。面对品牌危机，快速反应固然重要，但真相的准确性和针对性则需要反复斟酌，一些尚无法确认的半真半假的"真相"不宜仓促告知，否则将滑入更深的危机泥潭。

3. 充分告知

充分告知追求理性、周全的告知，即在兼顾品牌自身和利益相关者两方需求的基础上，选择性地告知尽可能多的品牌危机信息。利益相关者渴望了解品牌危机全部真相，但并不意味着不假思索地告诉所有信息，比如有些真相公布之后可能为竞争对手或恶意利益相关者所利用，带来更严重的冲击等。因此，充分告知需要确定内容取舍的"度"，这个"度"就是品牌自身和利益相关者共同关心的真相。

（二）疏导策略

疏导策略解决的是"为什么"的问题。主要是指针对利益相关者就品牌危机事实层面的质疑和误解，通过有效沟通，为利益相关者答疑解惑。当品牌危

---

① 叶秉喜、庞亚辉：《索尼彩电危机公关：日本企业一大亮点》，中国营销传播网，2004 年 5 月 28 日。

机降临，利益相关者的最初反应是一系列的疑问：为什么会是这样？还会怎样？自身可能遭受哪些损害？当这些疑问未能得到清晰、准确的回答时，利益相关者的种种猜测、误解和批评便可能风生水起，使品牌全面陷入被动。

疏导策略强调针对品牌危机中主要、核心的问题，为利益相关者提供明确答案。

1. 引导议题

在品牌危机处理中，需要引导核心议题。因为无法为每个人的疑问提供答案，只能抓住主要矛盾，回答利益相关者最关心的问题。通常利益相关者对品牌危机的三个疑问是：品牌危机的局面是否得到了控制？品牌危机为何发生？危机受害者是否得到了妥善的安置？三个需要解答的疑问形成了三个需要引导的核心议题：一是品牌危机现状如何；二是品牌危机的诱因何在；三是受害者的命运如何。引导核心议题就是发布信息，重点回应利益相关者关心的核心议题，防止核心议题出现信息真空。

2. 权威意见

当品牌陷入危机，特别是"质量门"危机时，第一反应都是想尽快澄清事实，进行自我辩解。但自我辩解结果往往事与愿违，不但难以证明清白之身，还容易引起利益相关者的反感。因为，任何品牌危机当事人的自我辩解都有罔置真相的嫌疑，这需要依靠权威发表意见。权威机构自身的威信以及第三方的身份，足以消除利益相关者的所有疑惑，比起徒劳的自证清白更能取信于人。权威来自两个方面：一是权威机构，如政府部门、专业机构、消费者协会等；二是品牌危机涉及领域的权威人士，如行业专家等，权威意见往往对品牌危机处理起到决定性的作用。

2006年3月8日，雅士利乳业生产的一种中老年奶粉被检出铁、维生素B_1、标签项目不合格。雅士利公司积极寻求权威意见为其验明正身：先是国家工商总局在北京出面辟谣，称前段时间曝光的雅士利中老年奶粉，不合格原因是因为标签问题，产品质量无问题。接着，广东质监局也称雅士利质量无问题，应规范食品标签。中国乳制品工业协会理事长宋昆冈则在新闻发布会上给予了雅士利极高的评价："雅士利乳业公司是负责任、讲诚信的公司，在发生本次质量事故之后，认真进行了整改，使产品质量达到了标准要求，消费者可以放心食用。"雅士利正是得到了权威意见，化解了一场有可能蔓延的危机。①

---

① 《处理品牌危机的五大定律》，中国经营网，2010年3月15日。

3. 规避黑洞

规避黑洞要求品牌危机处理抓住主要问题，找到核心的利益相关者，捕捉核心议题，避免主次不分。如2007年6月19日发生在甘肃金塔县的全国首例手机电池爆炸致死事件，作为问题手机的制造商——摩托罗拉反应迅速，派出公关总监杨伯宁奔赴事故发生地调查了解。但在接下来的危机处理中，摩托罗拉的做法却明显失误：先是否认爆炸手机是摩托罗拉品牌，接着又称是非原装电池之祸责任不在手机。但在广州市场的抽检中，摩托罗拉的四款手机电池均不合格，摩托罗拉又发布澄清声明，称所有抽检的电池均是假冒产品，并称摩托罗拉产品制造线质量是可靠的，不会存在质量缺陷。

摩托罗拉进行危机处理的逻辑思路是：手机爆炸——否认——称是电池之祸——电池不合格——否认、澄清——宣称产品质量可靠。这种逻辑思路明显使媒体及公众的关注视角始终集中于摩托罗拉身上，使企业对危机事件的处理变成一场有罪和无罪的辩解博弈，媒体的关注热情随着摩托罗拉的每一次辩解而延长；而造成品牌危机的真正原因：用户在高温条件下的长时间错误用机导致的爆炸事件，反而被淡化了。显然，摩托罗拉未能抓住品牌危机中的主要矛盾，把精力、时间、资源投入到错误的环节中，危机处理陷入"黑洞"，品牌危机负面影响日益增强。[①]

（三）转换策略

转换策略解决的是"怎么办"的问题，是指企业经由一系列努力，改变品牌危机事态的发展走向。倘任其发展，危机事态必然愈演愈烈，因而采取有力措施改变事态的发展走向十分重要。改变策略是事实导向策略的最高层次，也是其中最艰难、最复杂的策略体系。

1. 恢复秩序

危机爆发是品牌与利益相关者关系发生冲突，当务之急是把冲突关系恢复到之前的稳定、有序的关系。常用的方法包括：

抑制危机。2010年1月17日，中学生王某称饮用一罐听装"雪碧"后，汞中毒，胃内出现一道长约6厘米、宽度在三四毫米至1厘米不等的不规则光条。雪碧深陷"中毒"风波，多个城市销量闻声大跌，市场份额急速下滑。

可口可乐在汞中毒事件之后，采取多种手段抑制危机的扩散，一方面，依靠公正、有法律效力的手段求得自身清白；另一方面，对于多家媒体的歪曲、不实的报道，可口可乐并没有因此向媒体提起诉讼，而是积极进行沟通澄清，

---

① 林景新：《摩托罗拉手机爆炸事件的深度思考》，中国管理传播网，2008年1月16日。

最终把握信息传播的主动权,使事件疑云烟消云散。3月15日,北京警方公布结果,首例雪碧汞中毒案系人为投毒,第二例中毒事件也已澄清,系中毒者因好奇心误食并"嫁祸"于雪碧。至此,汞中毒事件终于尘埃落定。①

切割危机。如2008年的黄光裕被查风波事件,国美电器董事局主席黄光裕因为涉嫌行贿和操纵股市而被公安局带走协助调查。黄光裕作为"国美"的掌门人,其形象的好坏直接影响到公众对"国美"的态度。当黄光裕事件爆发后,国美电器董事局除了解除了黄光裕的董事局主席职位外,还及时更换了"国美"用了多年的旧的视觉形象识别系统,换上了全新的红底白字的LOGO,并用新的视觉形象识别系统给全国各门店统一换了装。国美的这一举措,将品牌与危机切割开来,恢复品牌正常的运营。②

2. 争取同情

争取利益相关者的同情,目的是转换利益相关者的态度和行为,协同企业共同渡过品牌危机。争取利益相关者有以下三种方式:

(1)积极回应。积极回应宣示出对利益相关者的重视。特别是身陷品牌质量危机中,更应采取道歉先行的策略,道歉代表对消费者感受的关注,而躲避、默然甚至对抗只能把利益相关者推向对立面。

(2)共担风险。鼓励利益相关者一起来寻找真相,使之由旁观者、对抗者转化为风险的共同承担者。

(3)承诺补偿。承诺将损害降至最低,并补偿利益相关者应得的利益。承诺补偿促使品牌跳出自身利益的纠葛,站在利益相关者的角度审度危机,找到最根本的利益所在。

如在"泰诺门"事件中,强生公司在全国范围内立即收回全部"泰诺"止痛胶囊;以真诚和开放的态度与新闻媒体沟通,迅速地传播真实的消息;积极配合美国食品与医药管理局的调查。在整个危机处理过程中,强生公司的坦诚、愧疚和负责精神,给公众留下了很深的印象,也赢得利益相关者的同情和支持。

3. 转移视线

转移视线是指在品牌危机中把利益相关者关注的焦点转移到那些可以摆脱品牌责任或对品牌有利的问题上去。2003年,媒体爆出长虹被APEX诈骗的新闻,称长虹在美国遭巨额诈骗,受骗金额可能高达数亿元。新闻一出,立即引

---

① 林景新、刘琼:《2010年上半年十大企业危机事件盘点及分析》,博锐管理在线,2010年6月25日。

② 许伟杰:《企业危机公关下的广告策略调整研究》,《新闻界》2009年第4期。

起业界哗然，次日，长虹股价节节下跌，上演高台跳水。长虹公司迅速召开新闻发布会，但并未解释诈骗事件，而是宣布其背投电视要大幅度降价，这出乎所有媒体的意料并引起了它们的巨大兴趣，从而在相当程度上转移了媒体对其"遭巨额诈骗"事件的关注。①

二、价值导向策略

价值导向策略的核心就是在价值层面恢复对品牌的信任和信心。品牌危机中，品牌和利益相关者存在着无形的利害关系。如信任、道德等价值要素看似无形，却以强大的力量主导着危机利益相关者的态度和行为，一旦利益相关者对品牌失去信任和信心，沟通双方关系、化解品牌危机会异常艰难。而且价值要素与事实要素相互作用，更决定着品牌危机朝着良性或恶化的方向发展。

因此，价值导向策略应充分考虑到利益相关者的价值取向，即利益相关者面对和处理品牌危机时所持的总体信念。通过对利益相关者价值取向的迎合与引导，重新打造品牌形象，展现品牌所蕴涵的尊重、关爱、诚实、负责、勇敢等价值要素，赢得利益相关者更深的信任。

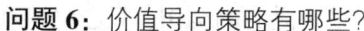

问题 6：价值导向策略有哪些？

价值导向策略主要包括三个方面的内容：

（一）顺应策略

顺应策略主张迎合利益相关者的价值取向，重拾信任。品牌危机实质就是品牌与利益相关者的价值观产生重大矛盾，只有正确判别利益相关者的价值取向，才能化解危机。所以，顺应策略就是要了解和把握利益相关者的价值取向，以信任换取信任，以尊重赢得尊重。具体的方法包括倾听、合作和关爱弱者。

1. 倾听

采用倾听的方式，要求抛弃主观的成见，认真倾听利益相关者的想法，从中寻找共同之处、解决之道。因此，倾听是了解价值的前提，也是解决矛盾的过程。倾听的价值不仅是在交流中了解利益相关者的价值取向、获取信息，同时也改善交流双方的关系，在倾听中，利益相关者得到了尊重和信任，由品牌危机的对抗者转化成对话者。

倾听成为顺应策略的首选方法，表明解决品牌危机应先建立对话关系再确

---

① 游昌乔：《危机管理中的媒体应对方法》，东方音像电子出版社，2010年。

立对话内容。2009年2月11日，媒体报道浙江等地48名婴儿在饮用多美滋婴儿配方奶粉后出现肾结石的症状，怀疑奶粉遭到污染，但多美滋方面发表声明予以否认。在陷入三聚氰胺疑似风波一周之后，多美滋捧着上海质监局出具的检验报告——多美滋产品未验出含三聚氰胺，开始在全国各大主流媒体刊登大幅主题广告：真金不怕火炼！广告的内容：申明三聚氰胺的谣言已被击破，多美滋不含三聚氰胺，请消费者继续购买。多美滋的广告激发起诸多受害婴儿父母的怒火，被认为是企业另一方式的避责宣言。

在这场危机中，由于事故的严重性，公众的对抗情绪必然高涨，多美滋应该先倾听消费者的声音，顺应他们的情绪，以卑恭的态度使民意怒火能迅速散去，而不是逆民意而上向公众舆论挑战——虽然真金不怕火炼，但要知众口烁金，强烈的舆论批评声中，事实的辩解是脆弱无力的。①

2. 合作

合作非对抗是顺应策略的基本方法。这是源于常识性换算，合作的成本总是低于对抗的成本。品牌危机始于对抗，而品牌危机解决则应始于合作。顺应策略的执行以建立广泛的合作联盟为目的。

品牌危机之下，合作需要坚持平等和妥协的信念。平等是在思想和心灵层面一视同仁地对待各种思想、主张。缺乏平等之心的合作，只会将各利益相关者逼成同盟，加深对抗。而合作也需要一定的妥协，才能建立双方的信任关系，促进理性对话，最终达成共识，解决品牌危机，合作是一种以退为进的智慧。

如2010年10月开始引爆的腾讯QQ和奇虎360大战事件，持续一个多月的腾讯与360之争，继网上口水、软件攻防、弹窗大战、提起诉讼后，11月3日进入高潮：腾讯宣布将在装有360软件的电脑上停止运行QQ软件，采取与360软件不兼容的紧急措施，逼迫用户在两者之间作出选择。奇虎360回应称将保证用户能继续同时正常使用QQ和360软件，并同时推出WEBQQ客户端，360回应发出后，腾讯关闭了WEBQQ网站入口，360随后对QQ保镖做下线处理。② 这场纷争表面上打着"为了用户利益"的旗号，本质上却为了两家公司的私利，绑架了用户的利益。腾讯QQ和360冲突是不道德、不负责任的。用户是上帝，但这场大战伤害的恰恰就是用户，最终受伤害的还是自己。好在双方很快明白了这是场双输的恶斗，双方都在纷争发生后向全国广大网民发出道歉信，承诺搁置争执，让中国互联网尽快恢复平静。

---

① 郎成林：《2009食品药品行业危机公关八大案例盘点》，39健康网，2010年1月28日。
② 刘建新：《从腾讯与360纷争看互联网公共道德危机》，《新闻爱好者》2010年第1期。

3. 关爱弱者

品牌危机处理中存在一个价值排序问题，即何者为重、何者优先处理的选择。一般而言，在"物"与"人"的关系层面，"人"永远高于"物"，而在"人"与"人"的关系层面，弱者利益应优先得到照顾。因此，品牌危机中，要给予弱者更多的关爱，使弱者有表达的权利。

上海《新民晚报》刊发过一则《宏丰厂，你在哪里？》的批评报道。一对老人花1万多元买了一套宏丰家具厂的家具，不到一年，家具出现了不同程度开裂，找到厂家却发现人去楼空，文章呼吁厂家负起应尽的责任。报道见报后，另一家同名的宏丰家具有限公司一下子成了舆论焦点，经销商暂缓提货，消费者要求退货，陷入此"宏丰"代彼"宏丰"受过的困境。但宏丰家具有限公司同情老人的遭遇，决定代人受理投诉。派人免费为老人修理家具，如果不能修理，则送老人一套本厂的家具，并包用10年。从代人受过到代人受理，厂家得到了媒体更大篇幅的报道《此宏丰非彼宏丰》，结果树立了宏丰家具有限公司品牌形象，使企业销售趋旺。①

（二）引导策略

引导策略强调对利益相关者的价值取向进行合理的引导。在危机情景的刺激下，利益相关者可能质疑品牌价值观：是否真诚、是否尊重消费者，这种质疑容易使利益相关者的价值取向发生偏差，导致品牌理性的回应被无端的指责取代，品牌危机愈演愈烈。这就要求品牌在迎合利益相关者价值取向的基础上，实施有效的引导，使利益相关者的价值取向合理化。

引导策略包括下列三种方法：

1. 大局观念

大局观念是指向品牌危机中的内部利益相关者采取攘外先安内的策略。危机爆发后，先要把自己人引导到大局利益上，否则内耗是品牌危机最大的损耗。危机中外界的猜测、质疑和谣言，首先来自内部的纷乱和冲突。

树立大局观念的常用方法有三个：一是领导者勇于担当，身先士卒。如在印度博帕尔地区的毒气危机中，美国联合碳化物公司董事局主席沃伦·安德森明知被捕，仍要亲赴印度承担危机责任。二是指定发言人，以统一品牌信息的口径。如在2003年"非典"期间的罗氏风波中，罗氏制药公司于广州召开媒体见面会，声称广东发生的流行疾病可能是禽流感，并告知其产品"达菲"治疗该病疗效明显。随后"达菲"在广东省内销量从1000盒飙升到10万盒。《南

---

① 张玉波：《危机管理智囊》，机械工业出版社，2004年。

方都市报》发表《质疑"达菲""禽流感"恐慌与销量剧增：有何关系?》的署名文章，指责罗氏制药蓄意制造谣言以促进其药品的销售，并向广东省公安厅举报。面对媒体的质疑，罗氏公司内部出现不同声音，公司产品部承认有此事，公关部则否认：我们从来没有说过，而其他部门更有人对《南方都市报》说：大家赚钱不容易，给你们那边投点广告费吧。这些被媒体报道出来后，罗氏公司的商业诚信和社会良知受到公众质疑，其形象一落千丈。[①] 三是分层逐级进行信息通报。告诉员工发生了什么，应该扮演什么角色，以大局为重，协力走出危机。

2. 共同利益

这一前提指向的是所有卷入危机的利益相关者。在品牌危机降临后，利益相关者由于震惊、惶恐和义愤，本能地"避害"以保护自己。品牌、不同利益相关者各自站在自己的立场，寻找有利于自己的自救方案，这些分散的自救方案必然会相互抵触、彼此矛盾。因此，当危机爆发后，品牌不应急于掩盖是非、争论得失，而应将利益相关者引向共同的利益。共同利益是解决品牌危机的前提之一，它所期待的结果是由"自救"走向"互救"，从"避害"走向"趋利"。

共同利益的引导应遵循三个原则：一是多数人原则，通过坦诚沟通对利益相关者动之以情、晓之以理，使之尊重、服从多数人的利益；二是长远利益原则，明确设计和规划化解危机的长远利益目标，使利益相关者保持清醒、冷静，回归价值理性；三是适度利益原则，价值引导的目的是使利益相关者的价值取向朝着于品牌有利的方向发展，但不能利用品牌的强势和利益相关者的各种弱势而对之施以麻痹和欺骗，要在品牌与利益相关者之间寻求一个引导的平衡点。

3. 公共精神

公共精神是指社会成员在公共生活中对人们共同生活及其行为的准则、规范的主观认可和客观行动上的遵守、执行。这一前提指向了新闻媒体。公众利益和公共精神是媒体对品牌危机事件的判断尺度。品牌只有坚守公众利益和公共精神，才能善用媒体。

但很多时候媒体对品牌危机事件判断会出现失误和偏差。这是因为媒体有其主观和客观的局限性。主观局限性来自于记者的道德水准、价值取向和业务能力，客观局限性则来自于时间的压力、经费的压力、品牌危机信息的匮乏

---

① 游昌乔：《危机管理中的媒体应对方法》，东方音像电子出版社，2010年。

等，这些多重局限性意味着媒体对品牌事件质疑本身也是可疑的，甚至一些媒体会挟"公平"、"正义"之名，进行恶意炒作。因此，品牌不能被动接受媒体的判断，应积极引导媒体坚持公众利益和公共精神，及时纠正媒体判断的失误。

当年中美史克遭遇"PPA风波"，之所以仍能创造"产品不存，品牌依旧"的奇迹，就是因为坚守了公众利益和公共精神。这一切反映到大众媒体上：中美史克是一家消费者至上，与医院、客户、同业竞争者合作共赢的成熟品牌；是一家自身利益遭遇严重损害却始终不忘公众利益和公共精神的令人尊敬的品牌。到了PPA事件后期，大量媒体开始以"中美史克的公共价值观"为题对这家险遭灭顶之灾的企业进行正面报道。

（三）重建策略

重建策略的根本目标是重建品牌的信任。由于危机中品牌的价值要素遭到极大的破坏，重建品牌信任是一项复杂、艰难的任务。

1. 恢复声誉

品牌包含了企业多年来积累的诚信声誉，如联想作为中国最大的IT企业，其内部披露数据显示，联想市值的30%由品牌的声誉所贡献。因此，在品牌危机处理中，恢复声誉遵循两条规律：一是履行承诺。承诺意味着诚信，通过兑现品牌承诺，将品牌的诚信展现给利益相关者，表示品牌将以更大的努力和诚意换取利益相关者对品牌的信任，承诺也意味着责任，通过兑现品牌承诺，使利益相关者对品牌的未来有了更大、更高的期待。二是公益诉求。因此举办公益活动，展示品牌为社会多做贡献的使命感，从而在利益相关者心目中树立起一个负责任的品牌形象。

2. 塑造形象

品牌危机处理过程就是形象的塑造过程。2010年6月4日，美国消费品安全委员会宣布，美国麦当劳餐厅推出的怪物史莱克系列玻璃杯涂料涂层对人体产生危害。6月8日，麦当劳官方网站发布了召回政策的细节，并强调美国消费者产品安全委员会已经说明史莱克系列杯并非有毒。但麦当劳还是要求客户停止使用这些玻璃杯，并从6月9日起，通过任意一家在美的麦当劳餐厅受理这些玻璃杯的退回。① 尽管美国消费者产品安全委员会已经说明史莱克系列杯并非有毒，但麦当劳自愿召回玻璃杯，虽然此次事件无关中国市场，但利益相关者看到的是一个处事负责任的品牌。

---

① 林景新、刘琼：《2010年上半年十大企业危机事件盘点及分析》，博锐管理在线，2010年6月25日。

3. 体现道德

品牌之所以出现危机，很大一部分原因在于品牌道德缺失，如过分包装，有名无实；制造噱头，炒作热点；追名逐利，热衷虚名等。而在品牌危机处理中，因企业的自我本位和利欲熏心，也常常表现出不道德行为，如三鹿公司通过几箱奶粉收买消费者，出资300万元给百度公司屏蔽搜索结果中的负面信息等，这些行为最终导致品牌的消亡、企业的破产。因此，品牌危机处理中，很重要的任务是体现品牌的道德，将品牌的价值和承诺传递给消费者让他们去感受体验和进行监督。体现品牌道德需要将品牌的核心价值和社会责任进行有机的结合，在品牌危机处理中既要关注公众的利益，也要关注社会责任。

总体来看，事实导向策略、价值导向策略为品牌制定具体的危机应对方法提供了思想指南和行动规划，是各种战术方法的源头。两种策略的使用，取决于品牌在危机中的表现形态。

当品牌危机在事实层面的冲突表现强烈、需要首先化解事实冲突才能有利于品牌时，便应采取事实导向的策略。如安利钙镁片卷入含有兴奋剂成分的谣言危机，公司决策者发现澄清事实、揭开真相是化解危机的主要出路，因此采取召开新闻发布会、组织媒体参观生产基地等事实层面的策略，而不是与指责者展开有关商业利益与道德伦理价值层面辩论的方法，最终使谣言不攻自破。

当价值层面的冲突成为最大损害、化解价值冲突于组织最为有利时，便应采取价值导向的策略。如联合碳化物公司的安德森发现，由于管理疏忽造成的灾难已成事实，控制危机、减少损失、实现恢复生产的根本之计在于赢得尊重、重建与利益相关者的价值互惠机制，于是采取了价值层面的策略，仍然亲赴印度。

当危机状态比较复杂、事实与价值冲突交织一体时，便应理清事实发展和价值异化的主线，采用两者结合使用的策略。如中美史克就整合了事实与价值两个层面的处理策略，一方面控制事态恶化，另一方面通过各种渠道告知政府、媒体和公众：无论怎样，维护广大群众的健康是公司自始至终坚持的原则，将为消费者提供一个满意的解决办法。

总之，品牌危机处理的策略以事实和价值为核心，在事实策略和价值策略之间寻找品牌危机的解决之道。

一、名词解释

事实　价值　公共精神

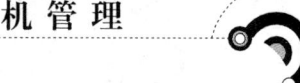

二、简答题

1. 简述品牌危机处理的原则。
2. 简述事实与价值二分法的基本内容。
3. 简述品牌危机"事实—价值"模型的核心主张。
4. 简述事实导向策略有哪些。其主要操作方法是什么？
5. 简述价值导向策略有哪些。其主要操作方法是什么？

三、论述题

请结合实例，评价品牌危机处理策略在实践中的应用。

四、案例分析

巨能钙"双氧水"事件

2004年12月3日，备受关注的巨能钙"双氧水"事件终于有了明确说法：国家卫生部药品食品检测署宣布巨能钙所含双氧水在安全范围内。这场由媒体引起的"双氧水危机"看似尘埃落定，然而市场调研表明：销售商和消费者依然不买巨能钙的账，巨能钙在商店的"下架率"仍然高达80%以上，公司直接和间接损失超过1000万元。

2004年11月16日，《河南商报》刊发一篇题为《消费者小心：巨能钙有毒》的报道，立时在媒体和公众中掀起轩然大波。

11月19日下午3时，巨能公司在北京数码大厦召开新闻发布会。在发布会上，巨能公司声明："巨能钙无毒，巨能钙是安全的，摄入少量双氧水不会中毒。"巨能公司批评《河南商报》不将巨能钙送往卫生部和医药部门检测，而偏偏交由农产品质量监督部门检测，显然是"不科学、不合理的，甚至是别有用心的"。

11月19日下午5时，巨能公司老总李成凤率公司高层做客新浪网与网友聊天，重申巨能钙无毒，请消费者放心，并表示将通过法律手段处理《河南商报》的"恶意炒作"。

11月20日，巨能公司针对媒体和公众对双氧水的误解做出公开解释：双氧水不是巨能钙的成分，而是作为一种工艺中的残留物出现，少量残留并不会致人中毒。

11月21日前后，国家卫生部药品食品检测署调查巨能钙"双氧水"事件，召开了多次专家论证会。巨能公司在接受调查的过程中采取了积极的配合态度。

11月22日,巨能公司通过新浪网发出《对〈河南商报〉的九大质疑》。

11月23日,巨能公司再次召开新闻发布会,希望通过媒体解答消费者的疑问,公司负责人当着记者的面大吃巨能钙。

11月26日,巨能公司在媒体发表致消费者的道歉信,对此次事件给消费者带来的影响表示诚挚的歉意,并声明将竭力配合国家有关部门的调查,一旦有结果便及时向消费者公布。

11月28日,巨能公司向消费者声明:"无论结论如何,您可以选择退货或继续使用,公司对您所采取的行为均予以尊重,这一期间如果您依然存有疑虑,建议您可考虑暂时停用。"此间,巨能公司开通了28条24小时有人值守的电话热线,来回答消费者的疑问。

12月3日,国家卫生部的检测报告出来,称:"巨能钙双氧水的残留量在安全范围内。"全国媒体对检测报告给予广泛关注,巨能公司至此长呼一口气。

然而,检测报告发布后,巨能钙的市场表现仍然很差,许多销售商对巨能钙恢复市场业绩表示"信心不足",消费者则仍然"心有余悸"。一些专家指出,巨能钙的危机并没有结束,一个现实而严峻的挑战是别沦为第二个"三株"——赢了官司,输了公司。

资料来源:胡百精:《危机传播管理》,中国人民大学出版社,2005年。

问题讨论:
1. 分析巨能钙危机处理不成功的原因是什么?
2. 你认为巨能钙危机处理应该如何改进?

本章小结

危机处理是品牌危机管理的重中之重。本章重点介绍了两部分内容:一是品牌危机处理应遵循的五个基本原则;二是品牌危机处理的策略。

为了找到有效的品牌危机处理策略,引入事实与价值两个哲学认识论的概念,并把事实与价值二分法系统引入品牌危机管理,使之成为分析品牌危机的工具。通过对事实与价值二分法的介绍,提出品牌危机处理的事实——价值模型,构建了品牌危机双重导向策略:事实导向策略、价值导向策略。

事实导向策略包括告知、疏导和转换三个二级路径。告知策略进一步演绎出主动告知、快速告知、充分告知等三级路径;疏导策略演绎出引导议题、权威意见、规避黑洞等三级路径;转换策略则演绎出恢复秩序、争取同情、转移视线等三级路径。

价值导向策略包括顺应、引导和重建三个二级路径。顺应策略演绎出倾听、合作和关爱弱者等二级路径；引导策略演绎出大局观念、共同利益和公共精神等三级路径；重建策略则演绎出恢复声誉、塑造形象、体现道德等三级路径。

深入学习与考试预备知识

利用网络进行品牌危机处理

利用网络处理品牌危机通常采用以下四种方法：

一、处理攻击言论

通过对网络信息环境的监控，能及时发现出现在论坛、聊天室、博客、网站中的负面信息。面对这些攻击性言论，企业要保持冷静，对网络上的言论进行客观的分析与核实，如果自身确实存在问题，则应马上通过恰当的渠道向利益相关者道歉并及时处理。事实证明，及时发现并承认错误往往比较容易得到利益相关者的谅解。面对一些误解或者是蓄意的攻击，应当考虑直接与作者沟通，了解他们的信息来源或真正意图，通过沟通与解释尽可能地化敌为友。当然这种沟通应是诚实的，一些企业试图通过威胁或物质利诱等方式进行沟通，效果适得其反。

二、使用自身的网站

品牌自己的官方网站就是对外宣传的窗口，是与利益相关者沟通的重要途径，合理地利用自身的网站能在品牌危机处理中收到良好的效果。在危机状态下，面对人、财、物的匮乏，信息渠道阻塞，信息内容的庞杂，要想尽快准确地发出自己的声音，使用网站无疑是性价比最高的方式之一。具体方法是：首先，危机中第一时间把品牌的动态公布在网上；其次，利用链接方式把危机有关的网页链接起来；最后，利用网站的论坛、留言板等渠道及时解答利益相关者的疑问，进一步与利益相关者建立直接的交流。

三、使用电子邮件

在自己的网站上、宣传册上公布企业的电子邮箱，危机中利益相关者可能会选择邮件方式与企业沟通。因此，要及时回复利益相关者的来信，主动与一些长期客户、消费者等人联系。

四、正确使用SEO搜索引擎优化

SEO是使网站内容较容易被搜索引擎获得并接受的技术，它通过了解各词的搜索引擎如何抓取互联网页面、如何进行索引以及如何确定其对某一特定关

键词的搜索结果排名等技术,来对网页进行相关的优化,使其提高搜索引擎排名,进而提高网站访问量,最终提升网站的销售能力和宣传能力。作好网站的SEO,对危机中的品牌意义非常大,通过排序的优化,更容易发出自己的声音,获得危机状态下的话语权,有效地引导网络舆论。

资料来源:余明阳、张慧彬:《危机管理战略》,清华大学出版社,2009年。

危机处理策略的起点

一般而言,所有的危机都具有以下几个基本属性:一是时间紧迫,二是信息不明;三是威胁严重,并且管理资源匮乏。它们正是规划危机管理策略的现实起点。

一、如何争取更多时间

在危机状态下节约时间,主要有以下几种方式:

1. 周密部署

强调无形和有形两个层面的部署。无形部署是指对危机决策者和执行者心态、观念的动员和调整,以及对危机处理指导思想的规划和灌输。有形部署是指要制定一个科学、高效的危机管理流程。这一流程应当包括应变的优先顺序、所需执行任务的分类及承担人的权责、各种资源的整合和调配等。

2. 迅速反应

有研究显示,组织内部在危机发生的3~6小时内对内部做出反应是最适宜的时机;而在6~72小时内对外部做出反应是最适宜的时机。

3. 事件延迟

这一方法旨在通过控制危机事件的发展速度,以缓解危机造成的瞬间压力,为更有效地处理危机争取时间。延迟策略包括对事件本身的延迟和对事件影响的延迟。

二、如何获得更多信息

信息是危机管理中最可宝贵的资源之一。获得充分、有效的信息,是成功克服危机的重要保证。

罗伯特·希斯提出了获得危机信息的"吸管式"策略和实情调查策略。所谓吸管式策略,就是像吸管系统能把水从容器中吸出来那样获取信息。企业可以通过监测报纸、杂志、电视、电台和互联网对危机的报道,了解媒体和公众对危机的态度、观点和行动,并将媒体信息在组织内部进行团体交流,以洞察内部员工对危机的感知、忧虑和信念。企业也可以采取实情调查策略，面向危机利益相关者，特别是受害者和目击者直接获取信息。

三、如何最大限度降低损失

企业可以通过保护型策略，避免危机损害企业的资产和品牌形象。建设型策略是指尽可能获取组织内外的各种必需资源，以对抗危机的冲击——这实际上是组织的能动力量与危机的冲击力量展开博弈的一种方法。

资料来源：胡百精：《危机传播管理》，中国人民大学出版社，2005年。

第六章 品牌危机的议题管理

学习目标

知识要求 通过本章的学习，掌握：

- 议题的概念
- 议题管理的任务、原则和核心
- 议程设置理论和设置方法
- 意见领袖概念、特征和作用
- 意见领袖的识别和引导
- 议题管理的整合模式

技能要求 通过本章的学习，能够：

- 识别议题
- 掌握设置媒体议程的方法
- 掌握影响意见领袖的方法
- 使用议题管理的整合模式

学习指导

1. 本章内容包括：议题与议题管理，媒体的议程设置，影响意见领袖，品牌危机议题管理的整合模式等。

2. 学习方法：独立思考，抓住重点；并通过分析品牌的媒体议程设置、媒体应对情景模拟、观察意见领袖的表现等，掌握议题管理的主要方法。

3. 建议学时：4学时。

本章知识逻辑结构图（见图6-1）

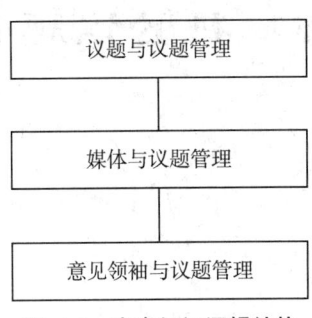

图6-1　本章知识逻辑结构

第一节　议题与议题管理

引导案例

富士康跳楼事件

自2010年1月23日富士康员工第一跳起至2010年11月5日，深圳富士康公司已发生14起跳楼事件，富士康连环跳事件成为媒体和公众关注的热点。

从第一个跳楼者开始至第十一个，富士康危机处理措施：第一，对跳楼者给予赔偿；第二，与每个员工签订"生死状"，由员工承诺自杀与公司无关，公司不予任何赔偿（这份生死状下发以后受到质疑，后又收回）；第三，在宿舍楼布置150万平方米的安全防护网，阻止员工跳楼；第四，聘请心理咨询师，给员工实施心理辅导；第五，给全体员工加薪；第六，鸿海集团董事长郭台铭鞠躬道歉；第七，广邀媒体进厂区参观，以正视听。

但是这些措施效果不尽如人意，没能阻止富士康14跳的悲剧，也无法赢得公众的谅解。"富士康连环跳"事件之所以引发了媒体和公众对富士康的口诛笔伐，是由于富士康在管理上存在的一些非人性化做法，点燃了舆论引爆点：富士康=血汗工厂。

品牌危机管理

在被记者追问"富士康是不是血汗工厂"时,郭台铭与记者开玩笑说:"你们(新闻媒体)是血汗行业嘛。"重复记者的话来回应,等于认同了记者设定的问题,变相承认自己是"血汗工厂",同时不恰当的幽默激起了媒体和公众更为猛烈的抨击。

此外,郭台铭在赴深圳前保证对媒体公开透明,但在记者会上又临时取消问答环节,而在被围堵时,有记者突然抛出富士康与工人签订的"自杀免责"的"秘密"协议,郭台铭表示:"不知情。"显然,富士康没有认真识别和准备"最难回答的问题",因此在媒体和公众面前的公信力大打折扣。

资料来源:史安斌:《从富士康事件看"议题管理"》,《国际公关》2010年第4期。

➡ **思考题:**
1. 为什么富士康的危机处理措施不被接受?
2. 富士康危机处理忽略了什么?

一、议题

所有的品牌危机都会出现特定的议题。这些议题在品牌危机的产生、发展、减轻和消退的过程中扮演着重要角色。它们既是推动品牌危机扩散、恶化的帮凶,也是引导、控制危机使品牌转危为安的救星。因此,如何利用议题,应对危机,维护品牌声誉和形象成为品牌危机管理的基本能力。

问题1:什么是议题?

在日常生活中,议题被理解为沟通、交往中各方讨论的主题。在公关关系领域,希斯将议题表述为:不同利益相关者之间,对于某一项涉及公共利益的问题所持有的不同意见和争论。希斯的定义指明了议题的两种属性:一是公共性,即影响的广泛;二是争议性,即利益相关者的高度参与,引发来自政府、专家、行业或舆论的广泛的争议。

议题的属性决定了议题与品牌危机的关系。

议题之中潜藏品牌危机之源。由于议题的公共性,如果不能妥善处理一些议题,容易爆发成意想不到的品牌危机。如2008年的"万科捐款门",就是因为没有处理好捐款议题,引发万科品牌危机。2008年5月12日,万科为四川地震灾区捐款200万元,一些网友发帖质疑万科捐款数额太少。面对网友的质疑,5月15日,万科董事长王石发表博客回应,"万科捐出200万元是合适的",并规定"普通员工限捐10元,不要让慈善成为负担"。王石的表态使"捐款门"议题迅速升级和扩散,更多的人参与到对此议题的再诠释和再传播。一时间,万科受到铺天盖地的指责甚至谩骂,万科"捐款门"事件最终大规模爆发。很多人表示，"万科在我们心中一落千丈"。在资本市场上，万科也被抛弃，从15日到20日，万科股价大跌12%。①

品牌危机之中充满议题之争。品牌危机的爆发，通常是因为品牌表现与利益相关者期望出现较大差距与冲突，这种差距和冲突产生相应的议题，即品牌危机事件中各方讨论的热点问题。尽管议题是以争议、冲突的形态产生、发展和消亡的，但最终促使品牌改善。因此，议题未必都是负面、消极、威胁性的，它可能是正面、积极、建设性的。这昭示了管理议题对品牌危机的重要性和必要性。

二、议题管理

议题管理是品牌危机管理的基本路径。危机中，如果放任议题发展，品牌就会滑向危机的深渊。但是议题处理得当，就能转化成一起成功的品牌形象公关，获得正面意义。

问题 2：什么是品牌危机议题管理？
（一）品牌危机议题管理的概念

议题管理目的是捕捉、引导给品牌发展带来机遇的正面议题，规避、抑制给品牌带来危机的负面议题，使议题的发展有利于品牌的生存和发展。因此，议题管理是品牌危机管理的基础。

议题管理的基本概念是指企业确认、分析和评估对品牌有影响又容易引起利益相关者广泛关注和争论的议题，并随着议题的不同发展阶段采取相应传播策略和公关手段，以有效地参与、影响和把控品牌的议题。

议题管理的概念有广义和狭义之分。广义的议题管理涵盖品牌危机事前、事中、事后三个阶段，议题管理可以分为事前管理、事中管理和事后管理。事前管理即在品牌危机爆发前监测、分析品牌可能遭遇的负面议题，未雨绸缪、防患于未然；事中管理即在危机爆发后确认、评估各类业已显现的议题，并排定其重要性等级，集中力量渐次突破，化不利为有利；事后管理即在品牌危机平息后，传播全新议题，再造品牌形象。

狭义的议题管理就是事中管理，即品牌在危机发生后，对媒体和公众关注的热点问题施加影响，进行引导，从而为品牌的危机处理创造一个有利的舆论环境。

---

① 刘秀浩：《万科赈灾信任危机自我救赎投1亿元用于重建》，《东方早报》2008年5月21日。

（二）品牌危机议题管理的任务

从本质上看，议题管理是话语权的建立和争夺，亦即"言"的管理，因此有必要配以"行"的实践。议题管理任务包括以下五个方面：

1. 议题识别

对议题发生的诱因进行查证和辨别，对议题的真伪、利害、轻重做出判断，对利益相关者可能的态度和行为做出预估。

2. 监测和分析

这部分内容包括监测和分析议题发展趋势、媒体和利益相关者对议题介入的深度与广度、事实信息和价值信息各反映什么问题，议题干预的可能性以及为此需要付出的代价。

3. 设定目标

提出品牌议题管理目标，决定议题应对的策略模式、管理重心和资源投入。

4. 选择和执行

对议题管理具体手段进行筛选，决定选用什么手段，以达到议题管理目标。

5. 反馈和修正

检验议题管理目标是否达到预期效果：一方面，通过反馈来掌握议题实施中的优劣势；另一方面，整合内、外部信息，修正议题，达到化解品牌危机、塑造品牌的核心价值的目标。

（三）品牌危机议题管理的原则

品牌危机议题管理都必须坚持以下三个基本原则：

1. 真实性

说谎是危机议题管理之大忌，你可能在一段时间欺骗一部分人，但不可能永远欺骗所有人。真相是最后的底线，诚实是最好的保护。2008年9月16日，中央电视台《新闻联播》公布了22家生产含有三聚氰胺的婴儿奶粉的企业名单，蒙牛老总牛根生第二天就在自己的新浪博客发表了一篇内部讲话《在责任面前，我们唯一的选择就是负起完全的责任》，其中说："尽管奶粉在蒙牛产品中所占份额不足1%，其中不合格婴儿奶粉所占的比重更是少而又少，但我们绝对不能容忍这种行为……对于那3个批次的问题奶粉，我们要干净迅速地全部召回。"但是，9月19日，国家质检局又公布了全国液态奶三聚氰胺专项检查结果，蒙牛液态奶同样榜上有名。牛根生被许多人视为道德虚伪的典型。[①]

2. 准确性

危机议题管理宜求有的放矢，了解和把握媒体、利益相关者的心理需求和

---

① 侯惠夫：《道德困境中的牛根生》，《新营销》2009年第9期。

行为模式，一相情愿、自说自话的议题毫无用处。

3. 价值性

品牌危机中的议题往往集中于事实澄清，忽视价值，这是造成议题管理失败之重症所在。无论怎样轰动、强势、有效的议题，都必须限定在公共利益和主流价值的框架之内。如双喜"爆锅危机"，压力锅的爆炸很多时候因为消费者操作不当或者是超期服役等原因造成的，于是双喜一方面利用各种传播方式，向大众传递"爆锅真相"；另一方面开展压力锅产品安全使用知识宣传活动，主办了"百年承诺、知识维权——双喜压力锅新安全运动"。在活动持续进展当中，制造了众多新闻关注点，形成媒体报道的热点，发挥引导议题的功能。特别是在河南发现了"20年压力锅"最具有代表性。一篇题为《使用了20多年的压力锅，是喜是忧》的报道出现在了《消费日报》的头条，文章不仅对"双喜"压力锅的品质进行了高度赞扬，同时，也揭露了大众消费意识匮乏的弊端。文章充分肯定了"双喜新安全运动"的社会价值。[1]

（四）品牌危机议题管理的核心

品牌危机的议题管理需要了解两个问题："是谁"设置品牌危机的议题？"怎样"设置品牌危机的议题？

1. "是谁"设置品牌危机的议题

找出品牌危机的议题设置者，便于采取更有针对性的议题管理方法。通过对品牌危机议题分析，议题设置者主要是媒体、公众和政府。

媒体之所以成为品牌危机议题的主要设置者，首先，媒体是议题传播的通路，品牌危机有赖于媒体的呈现；其次，媒体特性决定其会主动设置品牌危机的议题。如每年"3·15"消费者权益日，就是媒体为品牌设置的议题日。2009年山东移动垃圾短信危机事件、2010年惠普产品质量危机都来源于"3·15"。

公众是另一个主要的议题设置者。一些品牌危机直接来自于公众的议题。如2008年抵制家乐福事件，就是从政治议题转变成品牌形象危机。由于北京奥运会圣火在巴黎的传递遭到"藏独"分子的破坏，网友遂发起抵制法国企业的号召。之后有消息称，路易威登—莫特轩尼诗集团（LVMH）涉嫌曾予以"藏独"资金支持，而该集团刚刚成为家乐福的最大股东。家乐福一时间成为千夫所指，遭到网友的广泛抵制。[2]

政府也是品牌危机的议题设置者。2009年，委内瑞拉卫生部宣布，停止在该国市场上销售"零度"可口可乐，原因是这种可乐含有对人体有害的成分。

---

[1] 韩艳泽：《上兵伐道：解读双喜危机事件营销》，中国营销传播网，2006年3月17日。
[2] 王生升：《2008年十大危机公关案例点评》，中国总裁培训网，2009年4月27日。

与此同时,委内瑞拉相关部门已经开始对设在该国的可口可乐分公司进行检查,要求这些分公司对所有在委内瑞拉市场上销售的"零度"可口可乐产品实行召回,并保证不再销售这种产品。①

2."怎样"设置品牌危机的议题

由于议题管理并不意味着影响和改变每一个体和群体的议题,事实上也没有任何人能做到这一点。这就要求品牌找到危机议题管理的核心。通过对议题设置者的分析,来自媒体的议题,发起者是提供新闻的消息源,而来自公众的议题,发起者常常是少数权威、可信的人——意见领袖。因此,危机议题管理的核心是设置媒体议程和影响意见领袖。

根据上述对议题设置者和设置方法的分析,危机议题管理的核心是设置媒体议程和影响意见领袖。

第二节 媒体与议题管理

引导案例

美国埃克森油轮泄漏事件

美国的埃克森油轮泄漏事件,全面展现了媒体在危机中是如何向组织发起挑战,并深刻影响公众舆论的。1989年,埃克森公司的一艘油轮在桑德王子港口的封闭水域搁浅泄漏,造成很多鱼类和植物死亡。公司首席执行官劳伦斯·罗尔在事发6天内没有露面,但是他并没有躲起来,而是做了大量工作化解危机。

在事发后第10天,埃克森公司在媒体上发布了整版广告,通报事件经过和处理措施。不幸的是,罗尔和他所领导的公司缺乏有效的媒体应对机制,致使媒体的挑战几乎将他们所做出的努力化为乌有。这突出表现在以下三个环节上:

(1)媒体反复强调油轮泄漏带来"巨大损失",是"不可饶恕的罪行",而对埃克森公司的补救措施则置若罔闻。最终,几乎所有公众都认为"罗尔消极怠工","埃克森在逃避责任"。

---

① 王秋实:《可口可乐回应在委遭封杀事件》,《京华时报》2009年6月13日。

(2) 罗尔接受了哥伦比亚广播公司的采访,当被问及"如何清除水中的油污"时,他回答说:"我不清楚油污处理的技术细节。"显然,罗尔是诚实的,作为首席执行官的他的确不甚了解技术细节。但是,媒体却抓住这一点不放,评论罗尔的回答是"麻木不仁、盛气凌人"的。节目播出不久,公众认定罗尔是"一个高傲、不负责的家伙"。

(3) 法院对埃克森公司做出了初审判决:支付9亿美元民事赔偿费、1亿美元罚款。罗尔对外宣称:"这些赔偿对公司财务影响不大,对公司收益和运营无足轻重。"结果,媒体立即指责埃克森公司缺乏悔改之意,法院则以"埃克森公司可以消化更多的罚款"为由收回原判,要求提高赔偿费用。

资料来源:胡百精:《危机传播管理》,中国人民大学出版社,2005年。

➡ **思考题:**
1. 为什么媒体能向埃克森公司发起挑战?
2. 为什么埃克森公司无法得到媒体的支持?

一、媒体与品牌危机

媒体作为信息的载体,不应该、也不可能排斥在品牌危机管理之外。为议题提供传播的平台是媒体立足之本,也是品牌危机议题管理必须要正视的问题。

问题3:媒体在品牌危机中的作用是什么?

(一) 媒体在品牌危机中的作用

媒体是把"双刃剑",如果企业与媒体有共识,媒体可以成就品牌形象,但企业如果与媒体缺乏共识,媒体则会动摇品牌生存的根基。媒体在品牌危机中的作用具体表现在以下两个方面。

1. 媒体积极介入品牌危机

只要有品牌危机,就会有媒体报道。媒体会积极介入品牌危机,这是媒体的本质特性所决定的。媒体的特性主要表现在以下三个方面:

(1) 瞭望性。媒体是社会的瞭望者。著名报人普利策为媒体记者的职责做出过经典的描述:"倘若一个国家是一条航行在大海上的船,新闻记者就是船头的瞭望者。他要在一望无际的海面上观察一切,审视海上的不测风云和浅滩暗礁,及时发出警告。"因此,媒体的瞭望性,使其总是能敏感地捕捉到各种品牌危机,并及时报道,引发公众关注和讨论。在品牌危机中试图躲避、打压媒体,是徒劳无益的,只能适得其反。

(2) 反常性。"狗咬人不是新闻,人咬狗才是新闻",反常性是媒体进行新闻价值判断的基本指标之一。从这一意义上看，媒体的本质属性决定了其对品牌危机事件的高度敏感和深入挖掘。对媒体而言，品牌危机事件爆发就是机遇，是媒体重点报道的内容。

（3）合法性。由于媒体始终致力于创造社会共识，被视为社会公共利益和主流价值的代言人，因而媒体对品牌危机的报道总是以"合法挑战者"的身份出现。即使品牌危机由媒体的主观故意（如为扩大自身影响力而蓄意挑衅、造谣）或客观失误（如条件所限造成报道偏差、失真）造成，公众也往往先入为主地认为这是合法的挑战。媒体的这一合法性，使其报道在品牌危机的产生、爆发和演进的各个阶段获得了一种天然的强势。

2. 媒体引导舆论

在品牌危机中，媒体扮演了对舆论定调、转向、兴起、结束的决定性角色。许多企业深陷品牌危机事件与舆论压力的泥潭之中，与企业未能把握媒体的特性、缺乏正确的舆论引导有重要的关系。媒体对舆论的引导表现在以下两个方面：

（1）引导公众的情绪。品牌危机因其反常性、破坏性，天然地成为媒体关注的焦点，激起公众的兴奋情绪。在品牌危机管理中，公众的兴奋情绪是一道不可逾越的波涛，引导得好，会向着品牌危机有利方面发展；引导不好，则不利于品牌危机事件处理。媒体是公众情绪的"风向标"，更是公众情绪的"导航员"。

（2）设置舆论焦点。任何品牌危机的传播，总会形成一定的舆论焦点，影响公众的观念。媒体通过精心设计的报道，把品牌或好、或坏的形象展现在公众面前。如媒体不仅提供品牌危机事件零散的信息；还会随着事态的进展，分析事件的来龙去脉，对事件的发展趋势做出自己的评价。媒体对舆论的引导形式，有时以采访专家、公众的形式，借别人之口来传达媒体的态度；有时则以社论等各种言论文章的形式，直接表明态度。

（二）媒体政策

议题管理的内容是研究、制定和实施一整套媒体政策和策略，以影响议题。根据媒体在品牌危机中的作用，品牌对媒体采取的政策主要包括以下三项：

1. 公开政策

这是积极的媒体政策。既然媒体嗅觉灵敏，难以避及，任其臆测不如勇敢面对。品牌危机中，企业常抱怨媒体无中生有，煽风点火，实则是自己采取了回避的方式，没有及时、主动发布信息，迫使媒体不得不按照利益相关者的说法或媒体自身的需要"创造"出品牌的负面议题。

如2005年5月的戴尔邮件门事件，媒体曝光了戴尔公司的员工通过给客户发送邮件诋毁联想公司,以避免"支持中国政府"为由,试图劝说 IBM 的原客户采购戴尔的产品。此事件引起了中国媒体的一致谴责。但在戴尔"邮件门"事件发生后,戴尔公关负责人拒绝作出任何解释。而"邮件门"事件发生后相当长一段时间内,戴尔公关经理一直不接电话,拒绝与媒体进行任何沟通。随后,戴尔抛出了最新的"三不论":戴尔不准备再发表任何声明;对于员工的处理结果也不会对外透露;也不准备以公司名义作出任何道歉。戴尔拒绝主动向媒体提供消息,拒绝与媒体进行沟通,损害了品牌形象,并且让谣言和猜测大量产生。①

2. 底线政策

底线政策主要满足两个底线:一是满足媒体的信息需求底线。媒体对反常性的追求,决定了如果媒体对一个品牌危机事件起码的信息需求得不到满足,那么它们就会以更强烈的意志来刺探信息。二是满足品牌自身的信息输出底线。当品牌拒绝媒体时,意味着品牌放弃了表达权利和机会,在危机中会越陷越深。当然品牌不能输出虚假和无效的信息。如中国消费者投诉雀巢转基因食品事件发生后,雀巢公司始终没有与媒体进行有效的沟通,任凭媒体猜测,也没有通过任何形式发布只言片语,只是一味沉默,导致危机朝着不可预知、难以控制的方向发展。舆论的批判由原先的问题奶粉上升到了对整个雀巢公司运营体系,甚至牵扯商业道德、双重标准和歧视性经营等重大问题。

3. 对话政策

企业与媒体就品牌危机的议题展开的是对话,而不是对抗。因为话语权掌握在媒体手中,而且民众更多倾向于相信媒体的判断而非企业一方之词。

在品牌危机中,由于媒体存在主客观上的局限性,即便媒体出现判断失误及意见引导错误,企业也不能尖锐地指责媒体报道偏差,如果受指责的企业强硬地与媒体针锋相对,可能促使所有媒体团结一致,捍卫整体利益,其结果往往是凶多吉少。如"富士康索赔"事件中,因不满媒体报道其在深圳代工厂普遍存在的劳工"超时加班"问题,富士康以名誉侵权纠纷为由,向《第一财经日报》的编委提出总价 3000 万元人民币的索赔。这不仅是全国索赔金额最大的名誉侵权案,同时也首开大型企业查封个人私有财产的先例。对此,新闻界一片哗然,纷纷"讨伐"富士康,富士康把媒体逼成一个与己对立的联盟,这是品牌危机中最糟糕的结果之一。在新闻界的"义愤填膺"中,富士康撤销了对财产的冻结申请,并将索赔降为 1 元人民币。②

---

① 游昌乔:《危机管理中的媒体应对方法》,东方音像电子出版社,2010 年。
② 《富士康向记者索赔 3000 万元变 1 元风波》,考试吧,2006 年 9 月 30 日。

二、媒体的"议程设置"理论

在品牌危机的议题管理中,企业要么引导媒体议题,要么被媒体议题所控制。而议程设置则为企业引导媒体提供了有力的理论支撑。

问题 4:什么是议程设置理论?

议程设置是指媒体有意无意地建构公共讨论与关注的话题。大众媒体对某些事件或问题的强调程度,同受众对其重视程度构成强烈的正比关系。即大众媒体愈是大量报道或重点突出某个事件或问题,受众越是特别地关注、谈论这个事件或问题。这一思想是政治学家伯纳德·科恩首先提出来的。科恩认为,媒体在使人们怎么想这一点上很难奏效,但在使人们想什么这点上却十分有效。1972 年,美国学者麦库姆斯和肖在《舆论季刊》上发表了《大众传媒的议程设置功能》一文,通过实证调查研究,证实了此前科恩等人提出的议程设置猜想的成立。他们分析了 1968 年美国总统选举期间媒介内容议题的排序,同时对照当时公众舆论中诸议题的排序,发现两者的相关性极高。经过较深入地分析,他们得出结论:大众传播具有一种为公众设置"议事日程"的功能。这里的"议程"总体上指的是媒体所报道的问题的排序,具体指的是某一议题或事件的报道。大众媒介通过日复一日的新闻选择和发布,影响着公众对什么是当前最重要问题或事件的感觉,大众媒体作为"大事"加以报道的问题,同样也作为"大事"反映在公众的意识当中。①

议程设置理论的中心思想是,在特定的一系列问题或论题中,那些得到媒介更多注意的问题或论题,在一段时间内将日益为人们所熟悉,它们的重要性也将日益为人们所感知,而那些得到较少注意的问题或论题在这两个方面则相应地下降。

议程设置理论的贡献在于指出了大众媒介的"媒介议题"与公众的"讨论议题"之间存在高度对应关系,以此揭示了大众媒介潜在地在为公众设置讨论议题。从而左右着人们对周围世界的认识。

议程设置理论的启示是,在品牌危机中,企业应该通过议程设置将公众讨论的议题从危机事件的发生转移到危机事件的解决上来,与意见相左的利益相关者在解决品牌危机的议题上建立共识,实现对话,并通过议程设置,引导舆论,扭转危机中受损的品牌形象。

---

① 崔波、范晨虹:《议程设置到议题融合》,《今传媒》2008 年第 10 期。

品牌危机管理

肯德基对"苏丹红"事件的议程设置

2005年3月15日，肯德基旗下的新奥尔良烤翅和新奥尔良烤鸡腿堡被检测出含有"苏丹红1号"。

3月16~18日，肯德基要求所有门店停止销售新奥尔良烤翅和新奥尔良烤鸡腿堡。当天下午，肯德基连锁店的管理公司百胜餐饮集团向消费者公开道歉，集团总裁苏敬轼明确表示，将会追查相关供应商的责任。

报道：媒体和公众是在肯德基发表声明自报其调料含苏丹红成分后才知晓肯德基"涉红"的，所以16日报道的消息来源无一不是肯德基的声明和道歉内容。典型的报道有：

人民网：肯德基被查出含苏丹红一号发表声明向公众致歉；

新华网：如果"苏丹红一号"有害 肯德基将赔偿消费者；

东方网：因含苏丹红肯德基食品致害百胜愿承担法律责任。

虽然这三天是媒体对肯德基"苏丹红"事件报道的高峰期，但是报道却不尽是批评之声，许多媒体都对肯德基勇于认错的态度表示赞赏。

比如，云南日报网在报道中指出，河南省消费者协会的人士认为，肯德基在查出问题的第一时间就通过媒体把消息发布出去，其态度是积极的。而消费者对肯德基也仍然保持信任。

新华网报道：上海肯德基销售未受影响；

中国食品产业网报道：郑州含"苏丹红"原料已查清，肯德基生意仍兴隆。

对比肯德基的态度，更有媒体将矛头对准了中国食品监管部门，如：

新华网——江苏频道：肯德基"苏丹红"问题调料来自昆山，官方为何没说法？

北国网："肯德基苏丹红"事件期待：快制定食品安全法。

议题：肯德基"苏丹红"事件被媒体提上议程，但由于肯德基先行一步致歉，媒体的议题出现了分化。

3月19~21日：就在肯德基明确承诺重新生产不含"苏丹红"成分调料的时候，在北京的肯德基原料中又查出苏丹红。在这种情况下，肯德基连续向媒体发布了4篇声明，介绍"涉红"产品的检查及处理情况。百胜餐饮集团总裁苏敬轼发布了调查苏丹红的路径图：肯德基产品调料中发现苏丹红成分——调查这两款产品的配料来源——发现该配料来自中山基快富公司——追查所有中山基快富公司进料——锁定来自中山基快富的9批辣椒粉——9批辣椒粉中有

2批发现苏丹红成分——查实中山基快富是从宏芳香料（昆山）有限公司采购的原料。

报道：肯德基的"二次涉红"无疑让媒体抓住了抨击肯德基的好时机，如：

中国食品产业网：肯德基的承诺三天后吹破；

新华网：肯德基两次"苏丹红"危机引发四大疑问；

《法制晚报》：肯德基为何还不停业整顿。

而肯德基的失信也引发了消费者的群起讨伐，各种各样的关于消费者索赔的新闻报道纷纷出炉，一些媒体也对向肯德基索赔的相关问题发表了评论，如：

《大众日报》：告"肯德基"的理论可能与现实困境。

另外，肯德基在19日适时发布了调查苏丹红的路径图，也在一定程度上把媒体的注意力从肯德基产品转移到对"苏丹红一号"来源的关心上，如：

《东方早报》：肯德基自谈教训：我们轻信了供应商；

北方网：肯德基再次清查苏丹红来源，涉红原料源自昆山。

议题：肯德基二次涉红，肯德基索赔难，肯德基"苏丹红一号"的来源。

3月22~27日：新调料经过北京市食品安全办公室确认不含苏丹红，肯德基在全国恢复了被停产品的销售。苏敬轼向全国消费者保证：肯德基所有产品都不含苏丹红成分，完全可以放心食用。针对在索赔上的焦点问题——发票和购餐清单问题，肯德基在营业中进行了改善，同时对供货和销售环节都设置了更加严格的关卡。

报道：媒体对于肯德基的报道主要集中在肯德基被禁产品恢复销售上。另外更多媒体开始从深层次上解读肯德基"苏丹红"事件，肯德基先前设计的"供应链"的议题："苏丹红一号"来源也被更多的媒体采纳。相关报道有：

公安新网：深挖肯德基"苏丹红"供应链，扯出一串厂家；

《中国经营报》：管理出现漏洞，物流中心失职，肯德基身陷苏丹红。

另外，肯德基于细小环节中设置的议题也引起了媒体的关注，如：

京报网：肯德基面对苏丹红又设关卡不合标准退货或废弃；

《法制晚报》：肯德基开打购餐清单，索要者甚少。

议题：肯德基被禁产品恢复销售，"苏丹红"供应链及链式食品安全责任体系构建，肯德基设关拒"红"，肯德基开打购餐清单。

3月28日~4月1日：百胜餐饮集团召开新闻发布会，苏敬轼现场品尝肯德基食品。百胜集团表示决定采取中国餐饮行业史无前例的措施确保食品安全。

报道：媒体大量报道了新闻发布会的内容，主要有以下几个方面报道：

新华网：肯德基产品已经确认不含苏丹红成分，拒绝说赔偿；

《北京晚报》：问题调料全部销毁　肯德基200万元建安全检测中心；

新华网北京频道：中国百胜采取三项措施重建消费者对肯德基的信心。

3月30日~4月1日，媒体的报道延伸到了更广泛的领域。主要是三个方面：一是肯德基赔偿问题再次引起关注；二是由肯德基只在中国有"苏丹红"引发的对中国食品安全问题的思考；三是肯德基涉红的冷思考，反思中餐的安全问题。

议题：肯德基三项措施保证食品安全，肯德基为苏丹红平反，肯德基赔偿问题，中国食品安全制度问题。

4月2日~6日：肯德基开始对四款"涉红"产品进行促销活动，最高降价幅度达到3折，并及时推出了新产品，肯德基销售逐渐恢复元气。6日，肯德基主动配合中央电视台《新闻调查》和《每周质量报告》等栏目的采访，记者的关注焦点已由肯德基"涉红"转变为对原料和生产链的全方位追踪。

报道：各媒体纷纷对各地肯德基的降价促销及消费人流猛增的情况进行了报道，据此，有关媒体得出了肯德基摆脱困境的结论。

议题：肯德基降价促销，肯德基推出新产品，肯德基摆脱困境。

资料来源：《从肯德基对"苏丹红"事件的处理看议程设置理论在企业危机传播中的运用》，http://38768208.blog.163.com/blog/static/278631172008812112521213/。

三、设置媒体议程

设置媒体议程目的是通过品牌影响媒介议程，再由媒介引导公众议程。

问题5：如何设置媒体议程？

从上述案例看出，媒体通过新闻来设定议题，而新闻主要由消息来源提供。因此，企业应积极行动起来，主动地扮演信息源的角色，及时、准确、适度地向媒体提供品牌的议题。一般而言，作为消息来源的企业设置媒体议程时，通常采用下列几种方法。

（一）选择适当的媒体

在选择媒体之前，一定要分析媒体的属性：它的定位、读者群、影响力等。通常中央级媒体往往是品牌最倚重的传播渠道，但在网络时代，品牌危机出现了网友爆料——媒体跟进——危机爆发三步曲，因此网络媒体包括门户网站、博客等也是品牌关注的媒体。

危机中品牌选择单一媒体发布信息，显然力不从心，只有新老媒体交集，才能将品牌信息逐步放大。因此品牌应根据媒体的不同功能，合理选择和搭配使用媒体，满足品牌危机信息发布的需要。如杜邦公司在处理2004年的"特富龙"危机时，在媒体选择方面，就表现出很高的技巧。

阅读材料

2004年7月8日，美国环境保护署宣布：杜邦公司自1981年至2001年3月间，从未通报"特富龙"不粘锅主要成分全氟辛酸可能对人体有害，已经违反毒物管制法。

还是在部分媒体关注"特富龙"事件，危机尚处于潜伏状态的时候，杜邦就主动给每一个报道过"特富龙"新闻事件的记者传真了杜邦公司的相关产品的技术资料、相关证明材料和杜邦公司对事件的态度，希望能控制事态的进一步恶化，把危机化解于萌芽状态，但国内媒体刚刚经历过了"劣质奶粉事件"，对此类事情还是表现出异常的关注。

当国内众多媒体争相跟进"特富龙"事件后，杜邦开始意识到事件发生了变化，于是，杜邦开始利用现代最快捷的媒体力量——网络，杜邦（中国）公司常务副总经理和杜邦（中国）氟应用产品部技术经理做客新浪网络聊天室，利用网络媒体的快速传播速度和广泛的传播范围，进行网络公关。一夜之间，其聊天的内容在网络上铺天盖地传播开来。

随后，在中国最具权威的报纸《人民日报》上，刊登了美国杜邦总裁贺利得的独家专访。这个专访不断被国内其他媒体疯狂转载，犹如一个重磅炸弹，大大地遏制了事态的进一步恶化，强化了杜邦"特富龙"事件的媒体危机公关效果。

而在中央电视台、新华社、《南方都市报》、《新京报》、《中华工商时报》、《北京青年报》、《广州日报》、《羊城晚报》等国内知名媒体的全方位的出击，使杜邦在事件中占据了更为有利的位置。

7月20日，杜邦在北京举行媒体见面会，这是杜邦在经过前一轮的危机公关后，以统一、强势的力量进行的最关键和最庞大的一次出击。见面会邀请了全国150多家媒体参加，声势非常浩大，杜邦中国区总裁查布朗、杜邦公司总部氟产品技术专家的出席再次向外界传递这么一个信息：涂有"特富龙"不粘涂层的炊具不含全氟辛酸铵（PFOA），杜邦产品绝对安全！

资料来源：《讲究说服技巧　危机公关中的传播》，凤凰网，2009年。

回顾整个事件的处理过程，可以总结出选择媒体的诀窍：以权威媒体突出企业的地位彰显重要性，以影响较大的地方媒体加深影响力，以网络快速扩大认知面。

显然，选择媒体应遵循四项原则：一是选择中央媒体，发挥其权威性；二是选择网络媒体，发挥其覆盖面和影响力；三是选择"专业对口"的媒体，增加专业性；四是选择与品牌长期保持联系的媒体。

（二）利用资讯津贴的方式

资讯津贴是新闻学上的术语，意指消息来源以各种方式主动提供消息给媒体，降低记者选稿及寻找新闻来源所需要花费的时间、金钱、心力等成本，协助记者完成新闻工作，并借此影响记者选稿的方向、内容或态度，进而获得针对特定议题的发言权、诠释权。

新闻讲求时效性，媒体在时间、预算极度有限的条件下，通常无法轻易掌握所有的新闻来源，所以会乐意使用消息来源提供的资讯津贴，资讯津贴以多种方式出现：

1. 提供新闻稿

新闻稿件最常见的写作体例可以分为消息和专稿两大类。品牌危机在原因及事实尚未调查清楚的情况下，可以采用消息稿来向公众告知危机信息，表明对品牌危机处理的认真态度。专稿需要经过周密的构思和深入的调查，适合于品牌危机调查结果全部出来时采用，向利益相关者说明危机的详细状况、处理经过和处理结果。

一篇典型的新闻在结构上，一般包括标题、导语、主体和结语四部分。在品牌危机的报道中，标题和导语是对品牌危机事件的概述，即对品牌危机事件提供核心解释，确定事件基调。为媒体提供新闻稿的目的，使品牌的解释能直接成为新闻报道的标题或纳入导语。主体、背景和结语则提供品牌危机事件的标准版本。新闻主体的内容由情节、引语、背景组成。情节和背景呈现了品牌危机的事实，引语则是可选择、截取专家学者、权威机构等第三方的话语支持。由于新闻本身涵盖事实和价值两个因素，因此，新闻稿一方面向媒体提供品牌危机事实层面的情节和背景，另一方面也输出品牌危机价值层面的"意见"和"态度"。

2. 提供危机事件的参考资料或背景说明

当品牌发生危机的时候，在第一时间将专业人士、机构的专业意见以参考资料、背景说明的方式传递至记者或媒体。例如品牌的特点、质量、造成的影响等，或提供采访上的专业协助，通常记者会觉得无限感激。而第一时间过后，还可以召开记者会、投书媒体，进一步获得该事件的发言权。

3. 接受记者采访

接受记者采访是设置媒体议程的重要方法之一，通过接受记者的采访，以口头叙述的方式提供品牌危机的事实信息，以口头反映的方式承载情绪、态度等价值信息，如对品牌危机事件表态度、做结论等。

4. 举办新闻发布会

新闻发布会的优点是效率高、影响大。但新闻发布会的策划和实施包括以下几个步骤：一是确定主题。主题要简洁、明确，撰写新闻通稿、准备新闻通稿的背景材料。二是选择时机。综合考虑自身需要、媒体意愿和外部环境等因素。是否有其他手段比发布会更有效？能否引起媒体和利益相关者的关注？三是设计流程。新闻发布会要设计一个严谨、可控的运作流程。四是启用发言人。选择合适的发言人，对成功召开发布会至关重要。五是邀请参会者。参会者主要包括两类人群：记者和嘉宾。六是布置现场。现场布置要与主题相适应，同时要满足各具体流程的需要。七是彩排。彩排的目的既可熟悉现场和流程，也可发现问题及时修正。

5. 泄露消息

蒙牛特仑苏牛奶事件进入公众视野的，是一起面向记者的泄露事件。2月11日，一份由国家质检总局发出，责令蒙牛公司禁止向特仑苏牛奶添加OMP物质的内部公函，被匿名发到了很多记者的邮箱里，第二天迅速成为舆论焦点。

6. 购买广告版面

即购买媒体版面，刊登广告将品牌议题告知利益相关者。蒙牛特仑苏事件发生后，制作了表现蒙牛企业高品质生产工艺和管理流程的企业形象的电视广告片《每一天，为明天》，同时在户外和纸制媒体投放了表现蒙牛品质承诺的平面广告。[①]

7. 引导议题

如上面提到的2008年抵制家乐福事件，家乐福在《广州日报》第20版做了半版形象广告，题为"我们一如既往，立足中国，积极参与，共同发展"，称永远做中国企业公民。[②]

（三）邀请专家写稿

邀请专家写稿争取品牌议题建构的机会。在企业资源不足的情况下，可动员专家学者向媒体写稿，来转达企业的正面信息，增加企业意见在媒体报道的机会。

---

① 许伟杰：《企业危机公关下的广告策略调整研究》，《新闻界》2009年第4期。
② 《家乐福刊登广告称永远做中国企业公民》，《广州日报》2008年4月25日。

(四) 以道德诉求赢得媒体的认同

企业要灵活运用媒体，在议题发展过程中提出道德诉求。如以消费者利益为目标，制造具有新闻价值的行为，取得媒体对企业立场、态度的认同，使品牌的议题正面化，就有较多的机会来影响利益相关者。[①]

第三节 意见领袖与议题管理

成都华为"跳楼门"事件

2008年2月26日，成都华为研发中心一员工从四楼纵身跳下，当场死亡。对于华为这是第37位非正常死亡的员工。华为再次被推上了舆论的风口浪尖。围绕其自杀动机业界展开了热烈的讨论。舆论迅速分成两派，一派质疑华为的企业文化，认为华为竞争性过强的用工制度和企业狼性文化"逼"死了死者；另一派则呼吁外界客观评价"华为"，不应该乱扣"帽子"、妖魔化华为。而为华为"鸣冤"者中，有不少业内知名人士以及专家学者。

如知名电信专家项立刚第一时间在博客中发表一篇《妖魔化华为就是妖魔化奋斗精神》的文章。文章认为，华为的个别员工因为感情或这样那样的原因出现问题，社会关注也是正常的，但是我们必须用公正的心态看待这一切。不能因为这些问题存在妖魔化华为、妖魔化华为的理念和华为的精神，华为发展到今天，它的企业精神的核心是坚韧、积极、勤劳和远大的理想，妖魔化华为，其实也在妖魔众多华为人追求的奋斗精神。

这篇博文引来不少指责，项立刚随后又发表了一篇文章《我为什么为华为说话》再次表明态度。而通讯世界副总编闫跃龙也强调，华为的奋斗史是中国在世界崛起的缩影，其中表现出的坚韧不拔和艰苦奋斗值得我们中国人学习。应该帮助企业发现其问题并提出可行性建议，不应刻意创造恶劣的舆论环境。

由于网络媒体速度比传统媒体快，当行业知名人士把事件定位以后，左右了后面传统媒体的声音、影响公众意见的走向。抑制华为的"跳楼门"事件的

[①] 初琦：《企业借由媒介进行议题管理策略探析》，知网空间，2007年。

发酵，使事态很快平息下来。

资料来源：陶国睿：《华为员工自杀忧思录》，《南方日报》2008年3月4日。

> **思考题：**
> 1. 分析成都华为"跳楼门"事件平息的重要原因。
> 2. 为什么行业知名人士支持华为？

一、意见领袖

品牌危机议题管理的另一个核心问题是影响意见领袖。每当品牌危机事件发生，意见领袖总是在第一时间迅速提出自己的观点，引导利益相关者展开讨论，其观点、意见乃至情绪直接影响利益相关者。因此，议题管理的核心是，争取意见领袖对议题的认可，发挥意见领袖在议题中的功能，使议题朝有利于品牌危机解决的方向发展。

问题6：何谓意见领袖？

（一）意见领袖的概念

"意见领袖"一词最早出现于20世纪40年代，是由美国著名社会学家拉扎斯菲尔德在《人民的选择》（1944）中最先提出的。拉扎斯菲尔德在1940年美国总统大选期间，对大众媒体竞选宣传如何影响选民投票进行了实证研究。研究结果让人意外：大多数选民获取信息并接受影响的主要来源并不是大众传媒，而是一部分其他选民。这部分选民经常接触媒体，热衷选举、关心政治问题，对相关事态了如指掌，并且能够在人际交流中对周围选民态度产生这样或那样的影响，这些活跃的选民被称为意见领袖。①

CNKI概念知识元库将其解释为：意见领袖是一种非正式领导者，是在团体中构成消息和影响的重要来源，并能左右多数人态度倾向的人。尽管他们不是社团正式领袖，但他们往往消息灵通、精通时事，或足智多谋、在某个方面有出色的才干，或有一定的人际关系能力而获得大家认可并成为群体的意见领袖。

因此，意见领袖是活跃在人际传播网络中，经常为他人提供信息、观点或建议并对他人施加个人影响的人物。

品牌危机中的意见领袖，是指在品牌危机状态下分散在不同的利益相关群里，对利益相关者的认知、态度和行为有重要影响的少数权威者。

---

① 刘坤、尤永：《"意见领袖"理论研究综述》，《青年记者》2009年第16期。

（二）意见领袖的特征

意见领袖作为观点的引领者，大致有以下三个方面的特征：

1. 平等性

意见领袖来自群体，从所处的地位来看，意见领袖与被影响者是平等关系。他们是群体成员生活中所熟悉的人，如亲友、邻居、同事等，正因为他们是群体成员所了解和信赖的人，因而他们的意见比其他信息源更具说服力。

在议题管理中，意见领袖和利益相关者进行直接的互动，深入、及时的信息反馈都有助于互信的达成。尤其是意见领袖与利益相关者有着共同的利益，从根本上确保了彼此之间达成议题共识的可能性。总之，"自己人"的认同感使意见领袖在议题传播的信度和效度方面有着不可替代的优势。

2. 广泛性

意见领袖并不集中于特定的群体或阶层，而是均匀地分布于社会上任何群体或阶层中。这一群体是人群中首先或较多接触媒体信息，并积极、主动将经过自己再加工的信息传播给其他人的人。

这意味着，在品牌危机状态下，每一个利益相关群体中都有少数人扮演着意见领袖的角色。他们对品牌的议题关注度高，兴趣强烈，由于意见领袖位于媒体、企业和利益相关者之间的中心，他们总能够获取比一般人更多的品牌危机信息。

3. 权威性

意见领袖最主要的特征，在于其对特定问题的理解和评价的权威性。由于信息源丰富，加之既有的知识背景和生活经验，意见领袖总比其他人更全面、深入地理解和评价这些问题，使之掌握了对这些问题的话语权。他们对这些问题的理解和评价，将成为群体其他成员意见形成的指导性因素。

在品牌危机状态下，意见领袖对品牌危机根源、诱因的看法，对品牌危机发展、变化的分析，对品牌危机损害的估量，影响着利益相关者对品牌危机的认识、预期和判断。尤其是他们对引起品牌危机的企业的评价，影响着利益相关者对企业的影响，他们对企业所发布信息的态度，影响着利益相关者对这一信息是逆反、抵御还是理解和接纳。因此，品牌危机中的议题如果能赢得意见领袖支持，在一定意义上看也就赢得了利益相关群体中更多人的支持。

（三）意见领袖的作用

意见领袖不仅要影响利益相关者在品牌危机中想什么、看什么、做什么，而且还要引导他们怎么想、怎么看、怎么做。其作用具体表现在以下四个方面：

1. 扩散和传播品牌危机

在品牌危机中，企业解释常常伴随着一些专业术语和知识，这会对利益相关者造成理解的障碍，进而强化排斥品牌、对抗企业的情绪。但如果是意见领袖来解释，情况就会不同。由于意见领袖与利益相关者有大体相同的生活经验和文化背景，熟悉利益相关者生活和交流方式，因此会选择利益相关者容易听懂、容易理解的语言和习惯、灵活的方式来传播。譬如，可能是在公开场合的议论，也可能是私下聊天，还可能是人际间的电话、书信和 E-mail 的往来等，以便利益相关者能深入了解和掌握品牌危机事件。

2. 加工和解释品牌危机意见信息

信息按其属性可划分为两种类型：一是满足认知需求的事实信息；二是提供观点、评价和指导的意见信息。尽管在品牌危机事件中，企业会提供事实信息和意见信息，但在危机状态下，利益相关者只是愿意接受反映事实状态的事实信息，对企业提供的意见信息持观望、批判和抵制的态度。

意见领袖重要任务是从媒体或企业获取品牌危机的事实信息，然后根据自己的认知结构、价值观念、个人利益对事实信息进行加工与解释，将事实信息转化成意见信息，再将自己加工的意见信息传播给利益相关者，引导利益相关者对品牌危机事件的态度和行为。而意见领袖的自己人效应，使利益相关者更乐于向意见领袖寻求意见信息。

3. 协调或干扰品牌危机议题

意见领袖的权威性使其对议题进行引导。如果品牌危机中的议题是意见领袖可以接受的观点和主张，意见领袖会积极协调，发挥议题正面的效果。如果议题的观点不能为意见领袖所接受，那么意见领袖就可能实施干扰，指责和攻击议题，使议题成为对品牌不利的负面议题。

4. 掌握品牌危机舆情

品牌危机管理的本质是品牌危机信息的沟通。在品牌危机中，企业只能与少数核心利益相关者沟通，一旦沟通不畅便会陷入僵局。而意见领袖则能弥补这方面的不足，他们是企业与利益相关者沟通的把关人。意见领袖一方面对媒体和企业提供的品牌危机信息进行选择、判断和演绎，然后传播给利益相关者；另一方面对利益相关者的意见、舆论进行汇总、归纳和补充，然后反映给媒体和企业。这就意味着如果企业在品牌危机中能够找到意见领袖，并有效地利用他们，便能准确掌握舆情。并在此基础上，设置正确的议题，引导品牌危机中的公共意见及其走向。

二、影响意见领袖

既然意见领袖在影响利益相关者态度和行为中居于重要地位，那么在品牌危机中影响和争取意见领袖，对企业来说是非常重要的问题。

问题 7：如何影响意见领袖？

影响和争取意见领袖的首要步骤就是从利益相关者中寻找出意见领袖。

（一）识别意见领袖

品牌危机状态下，对意见领袖的确认，最主要的方法是观察法、调查法和优选法。

1. 观察法

意见领袖通常是品牌危机中少数表现活跃的人，用观察法来辨别意见领袖主要依靠活跃度指标，即深入利益相关者群体，观察他们在品牌危机中的表现。一般而言，基于安全的天性，大多数人在品牌危机中抱着从众的心理，遵循群体行为。但少数意见领袖的行为则与大多数人的行为截然不同，他们总是积极奔走，四处打探，为自己和群体的利益大声疾呼。因此，活跃度是发现和确认利益相关群体中意见领袖的一个重要指标。

2. 调查法

通过多渠道主动寻访，让利益相关者提供意见领袖的线索。企业可以利用见面会、现场沟通、热线电话、BBS、信函等渠道，主动向利益相关者询问他们所相信的意见领袖。譬如：谁是你们当中的代表？你们更愿意相信谁？他在哪？能否让他与我们对话？当然，对企业来说比较理想的方法是，利益相关群体在品牌危机中自发推举自己所属群体的代言人。

3. 优选法

由于品牌危机影响范围较大，涉及很多利益相关群体，要着重从核心利益相关群体入手寻找意见领袖。在议题管理中，旨在改变利益相关者态度和行为的意见信息，无法像事实信息那样可以通过媒体实现瞬间、广泛的传播。而且意见领袖也并不是一个人，而是一群人。因此意见信息的传播，需要将这些意见领袖从利益相关群体中识别出来以后，对意见领袖群体进行更深入的分析，寻找到那些具有核心地位的"核心意见领袖"。找到那些最有价值，能够影响其他"意见领袖"的"意见领袖"。

（二）引导意见领袖

识别出意见领袖后，应当为意见领袖建立资料库，制定一系列针对意见领袖的品牌危机传播策略，来引导意见领袖在品牌危机中的观点和言论。

引导意见领袖是建立在分析意见领袖的基础上的，即在了解意见领袖对于品牌危机事件的观点和态度基础上，采取有针对性的传播策略。首先，加强与意见领袖的双向互动和沟通。秉持真实、真诚的原则，采取多样化沟通方法，既可选择意见领袖经常接触的媒体与其进行沟通，也可采用直接接触的方法进行沟通。通过主动、即时的沟通以缓解或消除意见领袖对品牌形象的负面态度，从而阻断不利于品牌的言论。其次，选用适当措辞、选择适合的人出面进行沟通，与意见领袖建立良好的关系，使意见领袖愿意为品牌稀释负面信息，发表理智、客观言论，影响舆论，为企业解危。①

三、品牌危机议题管理的整合模式

完成议题管理两个核心问题的论述——设置媒体议程、影响意见领袖。在此基础上，结合事实—价值二分法的主要观点和结论，提出品牌危机议题管理的整合模式，②如图 6-2 所示。

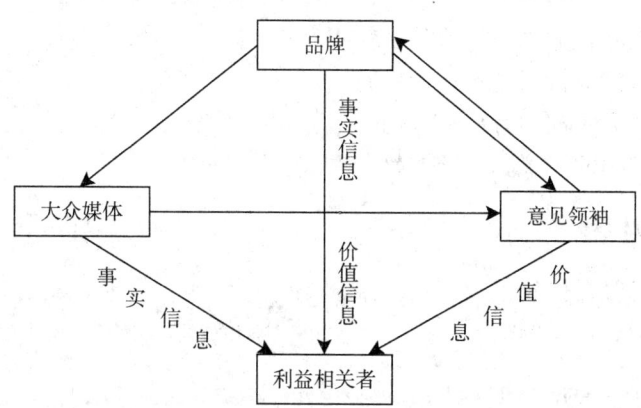

图 6-2　品牌危机议题管理的整合模式

问题 8：品牌危机议题管理的整合模式是什么？

这一模式充分揭示了品牌危机议题管理对象和任务上的整合。

首先，揭示品牌危机管理对象的不同。在危机中，品牌分别向大众媒体、意见领袖和利益相关者输出有关事实信息和价值信息的议题，通过对大众媒体和意见领袖的传播，争取他们的同情、理解和支持；通过热线电话、见面会等方式向利益相关者直接传播意见信息和事实信息，争取利益相关者的认同。

其次，揭示大众媒体和意见领袖在议题传播中承担了不同的任务。大众媒体向危机利益相关者发送事实性的信息，大众媒体可以在很短的时间内将事实

---

① 薛可、陈晞、王韧：《基于社会网络的品牌危机传播"意见领袖"研究》，《新闻界》2009 年第 4 期。

② 胡百精：《危机传播管理：流派、范式与路径》，中国人民大学出版社，2009 年，第 192 页。

信息规范、有序地传播给利益相关者，保证议题传播的广度；意见领袖对品牌输出的事实信息和意见信息进行解读和加工后，再向利益相关者输出意见性信息，意见领袖是通过人际传播方式来传播的，保证了议题传播的深度。

考试链接

一、名词解释

议题　议题管理　议程设置　意见领袖

二、简答题

1. 媒体在品牌危机中起着什么作用？
2. 简述品牌危机议题管理的核心。
3. 简述意见领袖的特征和作用。
4. 简述品牌危机议题管理的整合模式。

三、论述题

1. 如何设置媒体议程？
2. 如何引导意见领袖？

四、案例分析

创维黄宏生事件

2004年11月30日，香港媒体爆出"创维董事局主席黄宏生及一干人等被香港廉政公署逮捕"的消息。创维集团面临巨大挑战，倘不能迅速处理好危机，产品市场和股市将面临严峻挑战。此间，曾经红极一时的新疆得隆、广东健力宝等公司都因领导人危机而陷于泥潭。

当天晚上，创维就开始广邀全国各地的大媒体齐聚深圳。第二天下午5时，新闻发布会在深圳创维大厦召开，所有董事会高层手挽手集体亮相。董事会副主席张学斌对媒体表示：由于事起仓促，事件尚处具体调查之中，他们对事件也是从香港媒体报道中知晓的，难以提供更多详情；希望媒体朋友能够给予配合，一旦有任何最新消息，公司将及时对外发布。

由于时间紧迫，许多外地记者赶到深圳后，新闻发布会已经结束。但是，创维为这些记者播放了新闻发布会现场录像，并安排他们与创维高层人员进行沟通。

在发布会上，创维还明确由董事会副主席张学斌负责对事件表态，由公司品牌中心负责人孙伟中负责动态信息发布。

在掌握媒体报道主动权后,创维着力寻找新的危机应对突破口,争取了上、下游合作伙伴和银行、政府等部门的支持。

上游供应商。以彩虹集团为代表的8家彩管供应企业纷纷表态支持创维渡过难关。彩虹集团公开表示将预留3200万港元应对创维危机,保证创维彩管的正常供应。

下游流通渠道。国美、苏宁、永乐和大众四大连锁巨头分别向创维领导人表示:"无论发生什么情况我们力挺创维,不为所动。"这些表态,有效控制了危机对创维终端销售市场的影响。

广发、兴业、民生、工商、深发展、招商以及农业7家银行深圳分(支)行行长或副行长也集体出现在创维大厦,向媒体表示要支持创维集团。

此后,对于黄宏生被捕一事,深圳市主管副市长专程赶往创维集团了解情况,并表示:创维作为深圳市的名牌企业,将会继续得到政府在宏观环境和相关产业政策上的大力支持。

黄宏生事件发生不久,创维集团在深圳的一项重大投资项目全面开工建设,当地政府高官、行业代表、媒体记者出席了开工仪式。通过媒体对这一新投资项目的报道,创维向社会全面展示了自身实力和良好的发展趋势。

与此同时,一系列关于创维近期市场销售业绩的报道也纷纷出现。为了让消费者进一步感受到实际情况,创维还先后与国美、苏宁、永乐等家电连锁卖场推出主题为"色彩大革命,创维六基色"的大型签售活动,大搞终端促销活动。

创维新CEO参加了几家家电连锁卖场的终端签名售机活动,还利用自身作为创维新CEO上任的新闻效应,召开新闻发布会。接着,《中国经营报》刊出一篇文章:《后黄宏生时代,创维何去何从》;《经济观察报》刊出一篇文章:《某某执掌帅印,创维路在何方》;《21世纪经济报道》刊出一篇文章:《某某执掌帅印,创维又将如何》。十几家主流财经媒体一哄而上,都在追问谁将成为创维的新掌门。媒体把舆论焦点从先前的两个话题转移到新的话题,即"黄宏生为什么被逮捕?""谁出卖了黄宏生?"转移到"谁将成为创维的新掌门?"

通过这一系列活动,一个健康、有实力的创维形象得以重塑。

资料来源:胡百精:《危机传播管理》,中国传媒大学出版社,2005年。

➡ **问题讨论:**

1. 分析创维如何利用媒体设置议题?
2. 分析创维如何寻找意见领袖?

本章小结

本章着力探讨品牌危机管理的基本路径之一：议题管理。引进议题概念，介绍议题管理的概念、任务；揭示议题管理的核心：设置媒体议程和影响意见领袖。围绕议题管理的两个核心，重点介绍两部分内容：一是对媒体议题管理。分析危机中媒体对品牌的作用，设定媒体议题管理的政策；从议程设置理论出发，寻找设置媒体议程的主要方法。二是影响意见领袖的议题。从意见领袖概念入手，通过对意见领袖特征、作用的分析，正确识别意见领袖，掌握引导意见领袖的方法，最终实现影响意见领袖议题的作用。

深入学习与考试预备知识

议题管理的模式

一般而言，议题管理主要有两种模式：

1. 主动模式

主动模式，即主动组织设置一些结合自身发展需要的议题，并通过各种传播手段和管理机制，使之成为目标利益相关者所关注的公共议题。

2. 借力模式

借力模式，即组织针对外部的一些议题，特别是社会改革和发展中的一些重大议题，进行于己有利的引导和控制，实现"外部议题——组织议题——目标公众议题"的良性互动，最终形成有利于组织生存和发展的舆论环境。

在实践当中，议题管理的主动模式和借力模式往往是组合使用的，以何者为重要视具体环境而定。

资料来源：胡百精：《危机传播管理》，中国传媒大学出版社，2005年。

知识扩展

意见领袖确定原则

确定意见领袖一般要遵循以下六个原则：

1. 习性相近原则

意见领袖通常与受其影响的人有着相似的价值观和处世态度。但同时，意见领袖又与受其影响的群体，在个人兴趣与专业技能上有差异。有研究发现，如果意见领袖与某个群体比较相似，则意见交换的频率通常更高。

2. 社会地位原则

就社会地位来说，意见领袖的社会地位，通常比其影响群体要略微高一些，但不会高出太多。地位的差异，对意见领袖施展其影响力非常重要，因为地位的略微高出，会使意见领袖在说服他人的时候更有力量。

3. 教育程度原则

意见领袖通常是某个领域的专家或准专家，因此意见领袖受教育程度，往往高出其影响群体一等。此外，意见领袖获取信息的渠道，也比其影响群体更多元，更频繁地参加各类自身圈子之外的活动。

4. 信用原则

和专门从事销售或推广的商务人士不同，意见领袖并不代表某个特定公司的利益。正因为如此，意见领袖能够赢得他人的信任。意见领袖通常也花更多的时间来研究产品，而由此增加的产品知识，也使得他们获得更多的信任。

5. 个性化原则

值得注意的是，意见领袖的个性化程度，并不能使之与受其影响的群体相差太大。不管其实际的动机是什么，个性化总是使意见领袖容易赢得别人的注意。因此，意见领袖在自己的群体中，通常表现得比较外向和自信，而且对他人的批评比较宽容。

6. 创新原则

意见领袖的创新能力，并不表现为他们能够创造新产品或类似的东西，而在于他们能根据自己的经验、常识来把握新的消费机会，而比较少受社会上现有的消费习惯影响。因此，意见领袖通常都是新产品或新服务推向市场初期阶段的最早尝试者。

资料来源：《中国消费者口碑传播影响力调查》，http://www.glzy8.com。

第七章 品牌危机的沟通管理

学习目标

知识要求 通过本章的学习,掌握:

- 沟通的概念
- 沟通的过程及沟通的原则
- 企业内部的沟通
- 企业外部的沟通

技能要求 通过本章的学习,能够:

- 在品牌危机发生后做好企业内部的有效沟通
- 掌握与受害者和媒体等的外部沟通

学习指导

1. 本章内容包括:沟通的概念、沟通的原则、企业内部的沟通和企业外部的沟通。
2. 学习方法:独立思考,抓住重点;抓住重点,理解记忆。
3. 建议学时:4学时。

本章知识逻辑结构图（见图7-1）

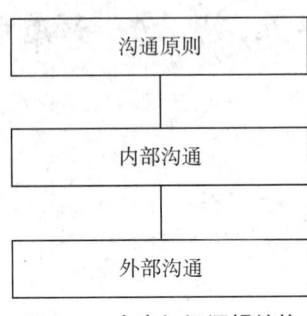

图7-1 本章知识逻辑结构

第一节 沟通原则

引导案例

Valuejet坠机事件

1996年5月11日，Valuejet航空公司的一架班机坠落到佛罗里达州南部爬满鳄鱼的沼泽中，机上110人全部遇难。Valuejet航空公司的首席执行官路易斯·乔丹接到这个信息的时候，迅速成立了紧急任务小组并决定尽快将自己所知道的一切信息告诉公众。虽然这样做很容易陷入太早面对公众、对媒体公开等诸多的陷阱，但他决定不遮掩任何问题，坦然面对事故。如果问及Valuejet航空公司是如何看待这次危机的话，有一点对他来说是非常肯定的，那就是Valuejet航空公司永远会将对人的关爱置于所有事情之上。乔丹对于此间的"对这件事匆匆下结论"的新闻报道特别愤怒。他强烈要求媒体表现克制，少对空难原因进行臆测。尽管媒体报道存在很多错误，Valuejet航空公司和乔丹本人在与媒体打交道的时候还是采取了开放和合作的态度。

在整个危机过程中，Valuejet航空公司发动了所有员工，鼓励他们积极参与，共同帮助公司渡过危机。公司从一开始就采取了内部通信、内部传真以及实时更新的语言信箱留言等多种形式,迅速及时地让公司主要经理们能随时了解相关信息。乔丹指出,是公司4000名员工的鼎力支持,才使得Valuejet航空公司能在"大难临头"之际仍能维持运作。到了1997年夏天,Valuejet航空公司的业务又恢复到了空难发生前的一半规模,全部航线恢复正常运营,公司2000名员工、31架飞机,提供着往返24个城市的航空服务运营。即使是最为苛刻的产业评论家也不得不承认,Valuejet航空公司和乔丹本人在面对极其险峻的形势和可能招致公司崩溃的危机时所采取的措施是正确的。

Valuejet航空公司发生空难仅2个月后,悲剧再次降临到航空业。1996年7月12日,刚从长岛肯尼迪机场起飞没有多久的环球航空公司的一架航班发生爆炸。与大家公认的Valuejet航空公司处理空难时的积极态度相反,环球航空公司的应对被认为是很不负责的。在空难报道发布后的最初几个小时里,环球航空公司的新闻发言人衣衫不整,面带倦容。当被问及"是否为恐怖分子所为?"、"是否还有生还者"以及"驾驶员及机组人员是否为新手?"等一系列问题时,他并没有提供太多的答案,只说了声抱歉就走开了。

资料来源:《浅谈品牌危机》,http://wenku.baidu.com/view/2ee5776fb84ae45c3b358cf6.html。

思考题:

1. Valuejet坠机事件发生后,其内部沟通和外部沟通是怎样展开的?
2. 对照Valuejet航空公司的危机沟通,环球航空公司在空难后的沟通存在什么问题?

沟通是人与人之间的思想、情感、信息的交换,是信息在个人与群体间传递、交流和散播。随着现代企业组织规模的扩大,其组织机构趋向复杂化,沟通随之复杂,难度加大。基层一些有意义的信息不能及时反馈到高层领导者,相反高层决策的传达,常常也无法以原貌展现在所有人员面前。因此,有效沟通在管理的过程中起着重要的作用。

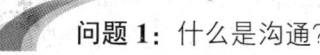

问题1:什么是沟通?

一、沟通的概念

管理学中的沟通指信息的交换和意义的传达,是人和人之间传达思想观念、沟通感情的过程。这个定义包含两层意思:一是指信息的传递;二是指感情的沟通。而感情的沟通远比信息传递更普遍;两者是相辅相成的。同时,从管理的效果来讲,沟通是对信息的理解和执行过程,组织管理中的沟通不仅强调信息的传递和理解，更重要的是执行的结果。①

根据沟通对象的不同，沟通又可以分为企业内部沟通和企业外部沟通。

（一）企业内部沟通

企业内部沟通是企业内部员工、部门之间的信息沟通。只有当企业的每一名员工都能对品牌危机形成一致性的认知并最终融入到全力支持品牌的文化氛围之中、成为品牌的忠实保护者和传播者，品牌才有可能以一致的形象被传播并被外界所理解和支持，从而有利于渡过危机。另外，对内的品牌沟通是一种跨越职能、跨越部门、跨越级别的全面沟通，这种沟通势必要打破传统的企业内部沟通模式，创建旨在使所有员工都成为品牌的拥护者、忠实者和传播者的内部沟通模式。这种内部沟通，应通过保障信息交流系统公开、利用正式和非正式渠道发布真实且明确的信息、关注内部传言、利用标准格式发布信息等方法最大限度减少不良小道消息的影响。为此，企业可以从以下四个方面展开工作：

1. 把听取内部意见列为首要任务

听取企业员工的意见能使企业员工树立主人翁意识，在企业和员工之间建立紧密的联系。当员工的意见被视为对企业发展前景至关重要的时候，员工的积极性会得到极大的提升。

2. 使用多种渠道进行内部沟通

沟通渠道通常有正式渠道和非正式渠道两类。正式渠道就是通过组织明文规定的渠道进行信息传递和交流。如组织规定的汇报制度、会议制度、上级的指示按组织系统逐级传达，下级的情况逐级上报等。非正式渠道就是正式沟通渠道之外进行的信息传递与交流。例如企业中员工的私下交换意见、议论某人某事等。这些不同的渠道所起的沟通效果不尽相同，各有长短，不可偏废。在正式渠道中，有一些属于自上而下的沟通渠道，如各种会议、报告、通告、公司手册、公司刊物等。这种沟通的作用是，为有关工作下指示，给下属反馈工作绩效，对员工介绍企业发展的最新动态、阐明组织目标、增强其任务感和责任心。此外，这种沟通方式还可以协调组织各层次之间的活动，进而加强各层次之间的联系。同时，还要重视对非正式渠道的引导。由于种种原因，有些员工不愿意与直接主管进行面对面的交谈，企业就应该设置一些保密的双向沟通渠道，如24小时免费录音电话、电子邮箱等供员工反映问题。

---

① 何海燕、张晓甦：《危机管理概论》，首都经济贸易大学出版社，2006年，第176页。

3. 鼓励平等双向交流

有效地沟通应建立在平等的基础上，如果沟通者之间无法做到平等，那么之前的沟通很可能产生负面的效果。从一些成功企业的实践来看，组织成员间的互相尊重，是有效沟通的基础。上级管理人员放下架子，充分表达尊重的意愿，才能打消下级的顾虑，使之愿意进行交流。在具体操作上，建立企业中的"建议制度"、"厂长接待日制度"、"企业信息公开发布制度"等做法，对内部沟通是大有裨益的。GE 公司前总裁杰克·韦尔奇平时最痛恨那些摆"经理架子"的管理人员，他创立了一种风气，坚决将那些摆"架子"的管理人员赶出公司。

4. 及时反馈

在沟通过程中，及时反馈信息是很重要的一个环节。如果员工未能及时得到信息反馈，往往会把之前的沟通视作是一次不当的冒险，这样不但没有达到预期的效果，反而引起不必要的误会。

（二）企业外部沟通

企业外部信息沟通是在危机情境下，企业与外部利益相关者之间的信息互动，目的是向外部利益相关者披露企业应对品牌危机的态度以及采取的措施，维护品牌以及企业形象。同时，向有关部门和组织寻求精神上和物质上的支持，共同应对危机，渡过难关。当品牌危机发生时，处于危机中心的企业在利益相关者心中的合法地位和存在意义都会有明显的动摇。利益相关者同时也会质疑自身与企业之间长期以来形成的已经制度化的契约关系。危机处境中，企业面临着时间紧迫和媒体曝光强度攀升两项挑战。危机沟通往往由于后者对企业的怀疑态度而变得更为困难。此外，利益相关者对自身涉嫌与不良企业相勾结的担心也会大大降低危机企业获得外部舆论和资源支持的机会。鉴于危机公关具有相当大的不确定性和风险性，如果处理不当，企业可能会出现"多米诺骨牌"效应，使危机产生扩散式恶化。因此，企业应以正式信息交流渠道为主，以非正式信息交流渠道为辅，开展危机沟通，及时满足利益相关者和公众的信息需求和情感需求。

如何更好地进行外部沟通呢？

第一，在信息时代，网络是最佳也是最迅捷的信息交流渠道，也是企业与利益相关者沟通、互动的主要渠道之一。在品牌危机发生后，企业要充分利用网络传播的即时性和互动性，一方面，传达企业对危机的方针、政策和应对措施，通报危机管理的进展情况；另一方面，了解利益相关者的态度、意见和要求，通过 BBS、聊天室、电子信箱等双向沟通手段化解冲突，谋求共识。

第二，设立接待来访室也是危机发生后与外部进行沟通的重要手段。企业应当在危机发生后及时设立专门的接待机构，其职责在于接待各方面来访的利益相关者，如记者、受害者、经销商、司法部门，等等。接待人员应由危机管理小组进行统一的培训。对于来访人员，可单独接待，也可通过座谈会的形式集体接待，要视来访人员的身份、情绪和沟通话题而定。身份特殊、情绪激动、话题重大的来访人员，比如记者或者产品使用者适于单独接待，而经销商则可以座谈会的形式进行统一的沟通。

第三，争取权威机构和人士的支持和认同，通过他们来和利益相关者进行沟通和对话也是危机发生后进行外部沟通的重要方式。2002年，一篇名为《莫忽视微波炉的危害》的小文章悄然出现在某媒体上，大意是长时间待在微波炉旁会对人体造成严重的危害，这篇文章开始在各大媒体蔓延，对微波炉行业产生很大的影响，很多微波炉企业如格兰仕的品牌受到很大的危害，为了挽回品牌的知名度，格兰仕请到了国家工商管理局、国家质量技术监督局、中国家电协会等权威部门的领导和专家，在北京召开了一次关于"正确引导消费、规范竞争环境"的研讨会。与会专家从专业的角度反驳了"微波炉有害论"。格兰仕的这一举动不仅消除了消费者对于微波炉的误解，也挽回了人们对"格兰仕"专业微波炉品牌的信任。

二、沟通的方式

常用的沟通方式有口头沟通、书面沟通、非语言沟通及电子媒介方式沟通。各种沟通方式都有各自的特点。

（一）口头沟通

口头沟通是人与人之间最常见的交流方式。不论是一对一的面对面交谈，还是一人对多人的演讲，都属于口头沟通的范畴。口头沟通的特点是快速传递和快速反馈。但缺点也很明显，不易进行多人次传递，因为信息在多人次传递的过程中会发生失真的现象。

（二）书面沟通

书面沟通的特点是持久、可考。信息的发送者和接受者双方都有沟通记录，对信息存疑时，可以进行查询。书面沟通可以使信息得到更全面、更有条理的呈现，避免了信息的失真。

（三）非语言沟通

非语言沟通是借用非语言媒介来实现的沟通。比如利用人的姿势、声调、语调或者面部表情、肢体动作等都可以传达某种信息。再比如十字路口的红绿灯和刺耳的警笛都可以告诉人们准确的信息。

（四）电子媒介沟通

电子媒介沟通是指利用各种电子媒介传递信息的方法，常见的有电子邮件、手机、电话等。

三、沟通原则

问题 2：有效沟通的原则是什么？

信息沟通是联系企业共同目的和企业中有协作的个人之间的桥梁。如果没有信息沟通，企业的共同目的就难以为所有成员所了解，也不能使协作的愿望变成协作的行动。沟通有效，则双方会迅速得到准确有用的信息；反之，有可能花费大量时间，而只得到一些模糊甚至错误的信息。在品牌危机发生后，各方尤其需要及时有效地进行沟通。有效的沟通必须遵守以下原则：

（一）时效性原则

前面我们谈到过，品牌危机有一个显著的特点——突发性。品牌危机事件事出突然，时间急，影响大，往往置企业于仓促应战的尴尬境地，如果企业延缓危机管理的速度，企业很可能从此一蹶不振。所以品牌危机发生后，在沟通的过程中要注意时效性原则，如果信息的发送者出于某种意图（如控制危机蔓延）。而对信息交流进行适当的控制也是可行的，但在达到目的后，必须及时进行信息的传递。

（二）准确性、完整性原则

准确性原则要求信息在传递的过程中必须全面，防止接受者断章取义。这就要求信息的发布者努力提高自身的文字和语言表达能力，沟通的内容要有针对性、语义确切、条理清晰、观点明确，避免使用模棱两可的语句，否则很容易造成接收者理解上的偏差。此外，信息发布者对所发表的意见、观点要深思熟虑，不可朝令夕改，更不能用空话、大话对信息接收者敷衍搪塞。若处理不当，会引起接收者的逆反心理，形成沟通中不必要的壁垒和障碍。[①]

（三）双向互动性原则

双向互动是指沟通双方互相传递、互相理解信息。品牌危机发生后，很多相关者会关注企业的后续危机管理行动，尤其是企业发布的信息。如果企业在发布信息时无视社会大众对信息的反馈，则很可能将事态恶化。相反，如果企业及时关注社会大众对信息的解读和反应，则会准确了解事态的发展程度，从

---

① 何海燕、张晓甦：《危机管理概论》，首都经济贸易大学出版社，2006 年，第 181 页。

而掌控危机处理的节奏和方向。

Open-door 政策

Open-door 政策建立了一种员工可以随时到主管或更上一级主管的办公室，与公司的管理人员直接进行沟通的渠道。它给每位员工都创造了及时与老板平等对话的机会，使任何潜在的不满和抱怨在还没来得及充分积蓄之前就被扼杀在摇篮里。

Open-door 政策被众多全球 500 强公司所采用，开放式的沟通氛围为每一位优秀的公司老板所推崇。在摩托罗拉，各级主管、经理办公室的门永远是敞开的，Open-door 政策使每位员工都可以直接找主管谈话，及时交换意见，也可以找直接主管的上级去沟通。对另一企业巨头 GE 来说，它也是奉行 Open-door 政策最坚决、最彻底的公司。前 CEO 杰克·韦尔奇最"痛恨"的就是那些平时摆出一副官僚主义、"经理架子"的人，坚决将那些"摆经理架子"的人赶出公司。所以 Open-door 政策在 GE 得以坚定不移地实施，成为上级倾听员工想法的有效渠道。

资料来源：邵梅：《著名外企的沟通渠道》，《中国人才》2004年第9期。

第二节　内部沟通

"可口可乐"的内部沟通

1999年6月初，比利时发生了可口可乐中毒事件，为了减少此事件对中国市场的影响，可口可乐中国公司充分利用中国本土员工的才智，安然渡过了危机。几乎在比利时政府卫生部决定禁止销售所有在比利时生产的可口可乐和芬达等饮料的同时，可口可乐公司北京办事处的全体员工被电话告知此事。6月15日一上班，北京办事处的全体员工的电脑里，通过公司内部互联网络就传来了关于危机事件的所有消息、发现的问题及统一对外的原则。这样员工不仅了解了事件的情况、公司的境况，更有一种被尊重的感觉，因而在后来的对外公关中，可口可乐中国公司步调一致、声音统一，企业内部信息总是保持快速有效、和谐一致的流动，通过各方面的努力，最终安然渡过了危机。

资料来源：何海燕、张晓甦：《危机管理概论》，首都经济贸易大学出版社，2006年。

➡ **思考题：**
危机发生后可口可乐的内部沟通有何可取之处？

一个组织的沟通效果决定了组织管理效率，在企业的经营管理过程中，如果能做好组织沟通，对促进企业绩效目标的实现起到事半功倍的效果。畅通而有效的组织沟通，有利于信息在组织内部的充分流动和共享，有利于提高组织工作效率，有利于增强民主管理，促进组织决策的科学性与合理性。

一、企业内部沟通的重要性

在许多成功的企业中，沟通已不再局限于简单的信息传递和交流，而成为联系员工与企业战略目标的纽带，成为影响员工工作态度和行为的纽带。

（一）促进企业战略目标的实现

任何一个有长远发展思路的企业都会制定未来的发展战略。战略决策是企业经营管理能力的最高综合体现，不仅在做出战略决策时需要大量沟通，而且在战略决策做出后，也需要解释和分解战略决策，将其转化为所有相关部门、人员和所有战略决策执行者都能够深入理解的业务信息。企业战略目标的实现需要全员的群策群力，员工作为企业最重要的财富和资源，他们的意见和建议是企业战略发展目标得以实现的最重要保障。企业内部良好的沟通机制是员工的建议和意见得以表达的前提，是企业负责人不能忽视的重要管理内容。

（二）促进企业文化的建设

企业文化是全体员工在企业运行过程中所培育形成的与企业行为相关联的、并事实上成为全体员工主流意识而被共同遵守的最高目标、价值体系、基本信念及企业组织行为规范的总和。优秀的企业文化不仅能使员工产生使命感和责任感，而且能激励员工积极工作，使员工对未来充满希望，反之则会使员工产生消极、悲观。一个内部沟通顺畅无阻的企业，才能营造良好的企业文化。

（三）有利于处理危机

在危机发生的情况下，企业内部沟通工作的好坏决定着能否有效消除危机带来的影响。如果沟通不畅，信息交流就很难快速而准确，从而不利于管理者迅速处理危机。反之，如果企业内部信息沟通顺畅，则很快能在内部形成合作机制，有利于后续的危机管理过程。

二、企业内部沟通的主要内容

（一）信息沟通

危机发生后，企业应当就危机的全过程以及相关的重要信息迅速向员工进行传达，在传达的过程中不要避重就轻，应当言简意赅，突出重点。

（二）思想沟通

危机事件对社会公众或者员工及家庭生活的影响程度越高，就越容易令员工产生不安的情绪。而适时的思想沟通能振奋员工的精神，凝聚人心，避免人心惶惶。

（三）目标沟通

目标沟通是强调企业危机处理最终要实现的目的，使企业员工认识到自身的利益与企业的整体目标是一致的，从而减少危机管理过程中不必要的冲突发生。

三、企业内部沟通的主要途径[①]

问题 3：企业内部沟通的主要途径是什么？

（一）员工大会

企业通过员工大会向员工介绍企业发展的最新动向，加强员工对企业发展的了解，使得企业在执行某项决策时能得到员工的理解和支持。同时，员工在大会上提出的问题得到企业重视会使员工感觉到企业的发展离不开他们的参与。员工投入感、合作性不断提高，合理化建议越多，企业的生产成本和危机处理成本就会相应地降低。许多著名企业都以自己独特的方式举行员工大会。譬如 GE 定期通过卫星直播、网上直播等方式举行员工大会。网上直播每隔 1~2 个月就进行一次，针对不同的问题，在不同的地区或在全球范围内进行。

（二）委托专业的调查公司进行员工调查

员工有时可能对向企业内部人员反映存在的问题有所顾忌，那么借助专业的调查公司进行调查就可以尽量使员工放下心中的顾虑，说出对问题的真实看法与建议。通过对调查结果的分析，诊断出目前阻碍企业以及员工个人发展的障碍，制定改进方案，从而提高整个员工的士气。使企业更富有效率。比如柯达经常委托专业的咨询公司为公司设计相关问卷，在柯达全球范围内进行员工

---

① 邵梅：《著名外企的沟通渠道》，《中国人才》2004 年第 9 期。

调查。每个地区的分公司、工厂及业务部门都会总结成正式报告，根据这些报告，柯达会组织小组讨论，分析员工提出的意见，并及时给员工一个答复，不能及时做出回应的，也会与员工进行沟通。

（三）员工与最高层直接沟通

如果员工对自己与上层的沟通感到不满意或者需要企业的总裁才能解决的问题，那么可以通过电话或电子邮件等方式给总裁或总经理等最高领导直接反映。在IBM，一个普通员工的意见完全有可能到达全球总裁的信箱里，这可以使员工在毫不牵涉其直接上司的情况下直接获得高层领导对员工关心问题的回答。在柯达，员工可以直接给CEO的电子邮箱写信。柯达在全球每个地区的总裁都设有"总裁信箱"，他们会定期查收员工的邮件，回答员工的问题。

（四）保密的双向沟通渠道

利用保密的双向沟通渠道，员工可以向他们愿意沟通的人员倾诉。定期或限时地反馈使他们感觉到企业真正考虑了他们的想法，有问必答可以增强他们对企业的向心力。例如，百安居设立了24小时免费录音电话，供员工反映问题。除了直接来找上层主管反映问题外，如果员工觉得有些问题当面谈比较尴尬，或者他们离总部比较远，不方便前来，还可以写信到专门的电子邮箱或者打电话。这样，员工可以向总裁或总经理反映任何问题。公司人力资源部的人每天都会去接听、整理员工反映的问题，汇报给高层，并定期回馈。

阅读材料

双向互动的沟通

沟通无处不在，是双向互动的。我们每一个企业都应该高度重视沟通，重视沟通的主动性和双向性，如果任何一方积极主动，而另一方消极应对，那么沟通也是不会成功的。如果一个组织内部缺乏沟通氛围，其管理者是有很大责任的。沟通是领导的基本素质，是管理工作的基本内容。沟通文化的交流，是情感的共鸣，在价值取向多元化和性格气质个性化的今天，沟通更需要科学的技巧和正确的方法。成功的企业家和领导者们总是知道他们的局限，并会充分利用各方面的沟通来解决问题，寻找出路。用正确的方法做正确的事，事半功倍；用正确的方法做不正确的事，事倍功半。

企业要搞好内部沟通，其一，要通过现代企业文化建设，打破等级制度，树立全员沟通理念，创造人人能沟通、时时能沟通、事事能沟通的良好氛围。其二，要建立健全有效的沟通渠道。企业领导人、部门主管要带头沟通，有民主作风，定期开展接待日、开展座谈会、开展企业形势通报会、开展联欢活动。尽可能与下属员工多联系、多谈心，增进了解和信任，通过双方交流和信息互动反馈，使内部沟通渠道畅通无阻。其三，用同理心思想沟通。遇到沟通障碍时，不管是个人与个人之间，还是部门与部门之间，双方要批评与自我批评，换位思考，对方的长处，善于聆听各方面的看法和意见，即使自己有理有据也要谦让三分，不要得理不饶人，要给别人一个改正错误、统一认识的机会，要帮助辅导，而不是打击报复。企业领导人、部门主管要放下架子、将心比心，感同身受，设身处地站在对方立场为他人着想；领导的心胸要开阔些，品德要大度无私，就事论事，避免人身攻击，不要与下属斤斤计较，工作作风要正派，以自己的人格魅力去影响下属。下属要壮起胆子，主动就自己的疑惑、不满，以坦诚平等的心态交流各自的思想和看法。其四，公正的解决问题。要及时掌握事态的来龙去脉，分析原因，对症下药。当问题出现时，不要急于判定谁是谁非，不要让它扩散传播，尽可能控制在一定范围内，否则只会进一步扩大问题。在解决问题时，要尊重事实、尊重人性和个性差异，要有理有据有节，争取双方都能接受，不计前嫌，握手言和。其五，有效运用手中掌握的文化网络。企业文化网络是企业内部一种非正式的联系手段，网络中人没有等级的界限，他们通过非正式渠道传递、解释、共享企业的各种信息，有机而无形地把企业的各部分员工联系起来。可以起到上情下传、下情上达、左右辐射的信息载体作用。

资料来源：张浩：《巴比伦塔的启示——浅谈企业内部沟通》，《四川有色金属》2008年第2期。

第三节　外部沟通

"美的"电磁炉爆炸事件

2008年8月8日早上，在一家IT公司上班的白领阿美（化名）在家中做早饭时，使用的美的牌电磁炉突然爆炸，她自称当时被炸飞1米多远，身受重伤。

11日下午4时许，美的公司相关部门的负责人来到天河区中医院，向阿美送上果篮，并向其家人了解伤情。美的客户服务部高级经理丰文平表示，公司方面愿意垫付伤者目前的医药费，但同时必须对爆炸电磁炉进行检测，以证明是否为产品质量问题，给消费者一个交代。

11日下午5时许，美的公司相关部门负责人看望阿美，并表示，如果鉴定结果证实是产品质量问题，公司愿承担所有责任；即使不是产品质量问题，公司也愿意承担部分责任。

美的公司顾问律师陈万忠说，公司的每项产品都是经过严格检测的，"目前我们还没有对产品进行鉴定，难以判断是什么原因导致电磁炉爆炸"。不过他同时表示，如果检测结果证实是公司产品质量问题，他们愿意承担全部责任；即使不是产品质量问题，他们也愿意从人道主义上进行补偿。

11日，美的公司市场部新闻发言人刘经理在接受采访时表示，单从图片来看，技术人员分析认为，不会是因为产品质量问题引起的爆炸。因为图片中电磁炉的内部结构完好无损，表面破碎的陶瓷板，可能是由于外力所致。刘经理说，美的代理维修服务商第一时间去往现场，没有发现有烧焦的味道，该机型从2002年上市到现在，也没有发生过类似的情况。刘经理表示，他们希望能通过相关的质检机构进行检测，进一步调查事故的真实原因。

昨天下午，阿美的叔叔邓先生代表家属与美的公司的相关人员就事故进行协商。双方经过两个多小时的协商，最终无果而终，争论的焦点是爆炸的电磁炉质量检测现在能否进行。双方各执一词，阿美的家属认为应该等阿美的伤情稳定下来之后，再来检测电磁炉是否存在质量问题；而美的方面表示治病与电磁炉的检测同步进行。

邓先生认为，阿美是在使用美的生产的电磁炉过程中受伤的，因此美的公司必须对整个事故负责。"在医院治疗的费用、伤者的误工费等，希望美的公司能够赔偿。以后等病情稳定后，再讨论一系列的赔偿问题。"

据阿美的主治医生黄医生介绍，经过几天观察治疗，他们发现阿美的左额骨出现6厘米长的洞，同时深入颅骨表面，右额骨有4~5厘米出现骨折，刚入院时还常吐血，目前还没有脱离生命危险。

面对第一次谈判的破裂，美的客户服务部高级经理丰文平表示："现在受害者家属的情绪还比较激动，等他们明天情绪缓和以后，双方再商量赔偿和鉴定的事情。"

阿美的家属认为，美的表现怠慢，并没有表现出谈判的诚意，并表示准备聘请律师，不排除通过法律途径解决问题。

资料来源：陈海生、谌煌、何小庆：《美的和受害者初探破裂》，http://www.cs.com.cn/lcsh/03/200808/t20080812_1553049.htm。

➡ 思考题：
1. 危机发生后，美的与受害者的沟通有何可取之处？
2. 美的与受害者的沟通仍然存在哪些不足？

品牌危机发生后，不可避免地要和很多利益相关方进行沟通。品牌危机外部沟通的基本任务是根据危机信息传播的规律，采取管理策略，尽快阻止或减缓品牌负面信息的恶性传播，消除传播中的虚假信息或谣言等的影响，引导正确信息的传播，改变消费者等品牌利益相关者对品牌危机过程中的误解，阻止或减少人、财、物的继续损害，阻止危机的蔓延和"传染"引起的连锁反应。在此基础上，可以通过深度沟通，恢复品牌与利益相关者之间的关系，重建品牌信誉度，增强品牌竞争力。

一、与主管部门的沟通

企业是社会性的组织，运行在一个特定的区域政治环境中。与相关主管部门保持良好的沟通，不仅能够使企业获知产业的发展政策和发展前景，还能及时反映企业发展中存在的问题以争取主管部门的支持。所以与主管部门的沟通对于企业来说是一个重大的课题。

（1）认真收集和研读国家及主管部门的有关产业的方针政策，领会其精神实质，必要时调整企业的发展方向和经营策略。比如说强调低碳、环保的今天，高耗能、高污染的行业必然面临整顿、淘汰，企业应当及时调整发展思路适应趋势。

（2）了解政府机构设置、职能结构、工作范围和办事程序，并与主管部门的工作人员保持经常性的联系，避免出现危机事件爆发后，像无头苍蝇一样不知联络哪个部门协调工作。

（3）危机发生后应该及时向有关部门汇报，不要文过饰非，刻意掩盖，坦诚向有关部门汇报事情的经过和真相，力争有关部门的支持，以便更好地开展危机管理活动。

二、与受害者的沟通

在危机发生的情况下，企业对受害者的态度和采取的做法不仅影响着大众对企业的看法，同时也是企业树立形象和信誉的一个关键所在。面对受害者，企业应当从以下三个方面展开沟通工作：

（1）了解情况，主动承担责任。企业可以派遣专门人员去看望受害者，表示慰问，并认真了解受害者的情况，冷静倾听受害者的意见，诚恳地表示歉意，主动承担相应的责任，即使有时受害者也有一定的责任（比如因产品使用不当而导致身体伤害），一般也不要追究。

（2）赔偿损失，表明态度。受害人一般都会要求赔偿，企业负责沟通的人应该主动了解和确认受害者的赔偿要求。在沟通时应将企业的赔偿标准向受害者解释清楚,如果受害者提出超过赔偿标准的要求,避免在现场与之争执,可以在适当的场合单独与受害者进行沟通,有分寸地让步。

(3)提供善后服务,给受害者以安慰和同情,并尽可能提供其所需要的服务与物质补偿,尽最大努力做好善后处理工作。

三、与媒体的沟通

当危机发生时,企业不可避免地要与媒体打交道,对外发布信息无一例外地需要借助媒体的力量,而大众对企业危机的了解,几乎全部来自各种新闻媒体的报道,这就使得企业一旦发生危机,就会被迅速公开,广泛传播,成为公众关注的焦点。新闻媒体是社会公器,负有对社会活动进行舆论监督和客观报道、服务公众和维护公众利益的责任,它对社会公众的感染力、吸引力和影响力是任何其他社会力量都无法超越的。正因为如此,新闻媒体也是企业向公众发布信息的重要渠道,是企业与公众沟通的桥梁。从某种意义上说,在危机事件发生时,媒体对于企业有着"一言可以兴企,一言可以毁企"的巨大影响,因此,在危机处理过程中,与新闻媒体的沟通居于核心地位。

企业在与媒体沟通方面应做好以下四个方面的工作:[①]

(1)要迅速并主动地对媒体提供情况。一般而言,"主动出击是最好的防御"这一原则总是适用的。在与媒体的沟通中,要掌握主动权,以企业为第一消息发布源。曾经闹得沸沸扬扬的SK-Ⅱ"氢氧化钠"事件和肯德基的"苏丹红"事件就很能说明问题。从危机发生后两家企业的不同反应我们可以看出,由于肯德基一直以主动的方式出现,从"道歉"到"追查货源",再到"愿意赔偿",媒体对肯德基的正面报道呈增加的趋势。而宝洁公司缺乏与媒体沟通的主动权,媒体对宝洁公司的质疑越来越多。另外,危机发生后如果长时间听不到企业的声音,公众就会不满,就会怀疑企业解决问题的诚意,就会批评指责,而且对企业不利的消息越容易流传。时间拖得越久,品牌的形象就越会受到伤害。

(2)要与媒体建立良好的关系。为了与媒体建立长久的良好关系,在媒体心目中建立良好的形象,企业举办各种活动时应该告诉媒体并邀请媒体来采访。同时,企业要善于发掘自身的新闻点来吸引新闻媒体,例如企业产品技术新、售后服务好、热心公益事业、职工做了好事等,都可以为媒体创造新闻价值,吸引媒体对企业做正面报道。平时与媒体保持良好的关系,当企业发生危

---

① 周永生、陈小金:《浅谈企业危机中与媒体的沟通》,《商场现代化》2007年第22期。

机时，更容易争取媒体的帮助。以上述肯德基与宝洁公司的案子为例，由于SK-Ⅱ平时很少在平面媒体和网络媒体上投放广告，因此在和媒体沟通的时候也有怠慢这两种媒体的嫌疑，但这两种媒体却可以用非常从容的姿态质疑宝洁，宝洁的公关经理承认公司与平面媒体和网络媒体的沟通与合作不够。而肯德基在与诸多媒体的沟通方面却显得游刃有余，不仅利用电视媒体转播新闻发布会，并让高层主管在新闻发布会上大嚼汉堡，还让网络媒体和报纸媒体报道了类似"肯德基：我们没有隐瞒真相"为题的新闻。

（3）面对媒体要真诚坦率。通常情况下，任何危机的发生都会使公众产生种种猜测和怀疑，有时新闻媒体也会有扩大事实的报道。因此，危机企业要想取得公众和新闻媒体的信任，必须采取真诚、坦率的态度。英国危机公关专家里杰斯特尤其强调实言相告的原则。他指出，越是隐瞒真相越会引起更大的怀疑。2005年5月，"雀巢奶粉碘含量超标事件"被媒体曝光，给雀巢公司带来一场危机。而早在2005年5月25日浙江省工商管理部门公布这一结果的15天之前，雀巢公司就已经得知这一检测结果，但却未采取任何措施，让不合格产品又在市场上销售长达半个月之久而没有及时警示消费者。在事情发生后，雀巢公司一方面承认碘超标，另一方面又说"产品是安全的"，并且宣称不知道不合格的这批奶粉的生产量和销售地，而后又一度公开道歉再到表示只换不退的几次"变脸"。在危机发生期间，雀巢公司不仅没有及时向媒体通报情况，而且一味回避沉默，甚至几次极不礼貌地中断央视采访。回避新闻媒体是危机公关的大忌，这使得雀巢奶粉危机由浙江地区扩展到全国范围内，全国媒体的批评指责声像潮水般涌向沉默的雀巢，每天各媒体的重要版面都有关于雀巢奶粉事件的大篇幅深度报道，而且全是负面新闻。这样一来对品牌伤害的程度就可想而知了。

（4）要选好与媒体沟通的领导者。凡中外成功的危机公关案例都有一个共同的特征：企业领导人亲自出马，展现敢于负责、有能力、有决心、有诚心解决危机的形象。这种做法容易得到公众的同情和理解，取得公众的信任。"博帕尔"毒气泄漏事件发生时，美国联合碳化物公司开始采取漠视的态度，舆论大哗。公司总裁不得不冒险去印度亲自处理，印度政府当即逮捕了他，然后又释放。总裁首先宣布的是要对受害者进行治疗和赔偿，这一行动大大缓和了当地政府和公众的对抗情绪，也缓解了危机。

四、与经销商的沟通

经销商是企业获取利润、扩大销售的重要合作伙伴，品牌危机发生后随着消费者对品牌产品的不信任从而减少消费，经销商会因此而受到巨大的损失，如果在危机发生后忽视经销商的存在，甚至无视经销商的利益则会被经销商抛弃，从而影响到企业以后的发展。

（1）迅速召开全国经销商说明会。出现危机的企业应该迅速召开全国经销商说明会。说明会就是说明情况，解决问题，团结大家——推心置腹地表达，用真诚温暖经销商的心，确保本企业的营销"大团队"在全国市场上保持团结与发展状态，这是至关重要的一步。当然，由于品牌、产品发生危机，一般可以分为两种：一种是因为品牌、产品本身问题而导致的危机；另一种则是非品牌、产品本身问题而导致的危机。针对不同的危机，说明会内容理应有所不同。

若是对于非品牌、产品本身问题而导致的危机，说明会的主要内容建议为：阐明事实的真相，可以通过权威新闻报道、行业权威专家、行政部门或技术部门合格产品确认书等来做例证；出具权威部门对产品品质检验合格的报告，让经销商放心；对产生危机影响了经销商的销售作出诚恳的道歉，并作出完善企业品牌危机管理系统的决议；为减免经销商的损失，重振本品牌在各市场的销售，作出对经销商优惠的多种措施；热情鼓励经销商，携手共渡难关。若是对品牌、产品本身问题而导致的危机，说明会的主要内容建议为：对发生此类事件的诚恳道歉；分析事情发生的原因，把问题实实在在地"呈现"在经销商面前（千万不要强词夺理，否则事情会变得更加糟糕）；解决问题，尤其是要提供企业对产品质量等方面采用的新操作制度和产品品质等全部合格的报告（由权威部门人员在会上发言证实）；对以后产品品质等方面确保不再发生类似情况的誓言（由董事长或总裁宣读此誓言），让经销商放心；作出完善企业品牌危机管理系统的决议；对事件发生造成了经销商销售的损失表达歉意，并且为了减免经销商的损失，重振本品牌在各市场的销售，作出对经销商优惠的多种措施；热情鼓励经销商，携手共渡难关。

（2）合理优惠措施的全面确认与执行。在经销商说明会上，如果作出了对经销商优惠的多种措施的宣告，会后就应该马上把这些措施的具体内容一一告知经销商（文件资料发放），落实到位。这些优惠措施，可以由这么几个方面来支撑：一是在一定时间内，产品出厂价根据不同型号或产品种类进行合理调低，把更多的利润留给经销商；二是对于新加盟的经销商或经销商新开设的专卖店以及新铺货进入的超市，对其综合推广费的比例进行合理的提高，使经销商能更有效率地进行推广和有效地节省资金的支出；三是对经销商的库存过期产品进行全价或半价的优惠回收和统一销毁；四是推出一些特价产品，利于经销商同样以特价形式进行市场推广，为重新赢取当地市场打"头炮"；五是拟定一个月或者两个月内，若经销商在产品出厂价优惠的前提下，订货量达到什么级别，将获得相关的奖励或优惠，更好地拉动经销商对本品牌、产品推广与销售的信心。

 考试链接

一、名词解释

内部沟通　外部沟通

二、简答题

1. 企业内部沟通的主要途径有哪些？
2. 品牌危机发生后应当如何与媒体沟通？
3. 品牌危机发生后应当如何与经销商沟通？

三、论述题

请结合具体案例谈谈品牌危机的外部沟通。

四、案例分析

强生药片中毒事件

1982年9月，在美国芝加哥发生了病人吃了泰诺药片后中毒死亡的事件。事件发生后，泰诺的市场份额曾一度下降。强生公司迅速采取了一系列措施。

首先，电告全国的医院、医生和销售商停止使用、销售这种药片，并立即抽调大批人员对所有的药片进行检验。经过公司各部门的联合调查，在全部800万片药剂的检验中，发现所有受污染的药片只源于一批药，总计超过75片，并且全部在芝加哥地区，不会对全美其他地区有任何影响，而最终死亡的人数也确定为7人。但强生公司仍然把价值1亿美元的3100万瓶药片全部收回，以防止悲剧重演。

其次，派人与食品医药管理局全面合作，对导致芝加哥中毒事件的原因进行调查，向警方提供证据，找出凶手，并拿出一笔费用安抚死者家属和受到惊扰的市民。

最后，利用大众媒体和传播手段与公众进行交流沟通。董事长在电视节目中公布了事件的原因，并对受此事惊扰的市民表示慰问，回答了记者和公众的各种询问，打消了公众对药品质量的疑虑。通过电视向公众宣布将对泰诺包装瓶结构进行改进，保证包装的安全性，并向全美医生、护士和药剂师寄出200万份相关宣传材料。

强生公司处理这一危机的做法成功地向公众传达了企业的社会责任感,受到了消费者的欢迎和认可,赢得了公众和舆论的广泛同情,强生公司还因此获得了美国公关协会颁发的银钻奖。后来,仅用了5个月就夺回了原市场份额的70%。

资料来源:何海燕、张晓甦:《危机管理概论》,首都经济贸易大学出版社,2006年。

问题讨论:

1. 危机发生后,强生公司分别和哪几个方面进行了沟通?
2. 强生公司是怎样实施沟通的?

本章小结

危机沟通是以沟通为手段,通过与企业各利益相关者进行信息及情感的交流活动,以解决危机的过程。危机沟通是影响危机管理成功与否的主要因素。品牌管理的根本是人对人的沟通与互动。从品牌危机中信息传播的规律可知,无论是真实信息还是虚假信息,都具有人际传播、大众传播相结合的特点,传播速度很快,对于品牌危机的扩散、发展影响极大,因此必须建立有效的危机沟通体系,利用危机信息传播的规律,扬长避短,通过信息传递实现与各利益相关者的沟通,修正利益相关者对品牌的扭曲性理解,以达到品牌危机管理的目的。

企业内部沟通是企业内部员工、部门之间的信息沟通。只有当企业的每一名员工都能对品牌危机形成一致性的认知并最终融入到全力支持品牌的文化氛围之中、成为品牌的忠实保护者和传播者,品牌才有可能以一致的形象被传播并被外界所理解和支持,从而有利渡过危机。另外,对内的品牌沟通是一种跨越职能、跨越部门、跨越级别的全面沟通,这种沟通势必要打破传统的企业内部沟通模式,创建旨在使所有员工都成为品牌的拥护者、忠实者和传播者的内部沟通模式。这种内部沟通,应通过保障信息交流系统公开、利用正式和非正式渠道发布真实且明确的信息、关注内部传言、利用标准格式发布信息等方法最大限度缩小不良小道信息的影响。

企业外部信息沟通是在危机情境下,企业与外部利益相关者之间的信息互动,目的是向外部利益相关者披露企业应对品牌危机的态度以及采取的措施,维护品牌以及企业形象。同时,向有关部门和组织寻求精神上和物质上的支持,共同应对危机,渡过难关。当品牌危机发生时,处于危机中心的企业在利益相关者心中的合法地位和存在意义都会有明显的动摇,利益相关者同时也会质疑自身与企业之间长期以来形成的已经制度化的契约关系。危机处境中，企业面临着时间紧迫和媒体曝光强度攀升两项挑战。危机沟通往往由于后者对企业的怀疑态度而变得更为困难。此外，利益相关者对自身涉嫌与不良企业相勾结的担心也会大大降低危机企业获得外部舆论和资源支持的机会。鉴于危机公关具有相当大的不确定性和风险性，如果处理不当，企业可能会出现"多米诺骨牌"效应，使危机产生扩散式恶化。因此，企业应以正式信息交流渠道为主，以非正式信息交流渠道为辅，开展危机沟通，及时满足利益相关者和公众的信息需求和情感需求。

深入学习与考试预备知识

根据沟通内容确定沟通方式及方法

我国的管理沟通学者郑文斌（2003）在他的《管理沟通新论》中将管理沟通内容分为情感沟通，操作性业务信息沟通，责任、权利、利益沟通，决策性业务信息沟通，制度沟通，企业战略沟通，企业文化沟通，企业外部沟通八大类。在以上所提出的八类沟通内容中，责任、权利、利益沟通在管理实际中可以与制度沟通合并，而企业战略与决策性业务信息沟通同属企业决策，区别仅在于前者是长期决策，后者同时包括长、短期决策。基于此，笔者认为企业内部沟通的内容可归纳为：情感沟通、业务信息沟通、战略决策沟通、制度沟通、企业文化沟通五大类。

1. 情感沟通及其沟通方式

在企业中，不良的情绪和感觉会干扰员工的正常积极性和生产能力的发挥，而优良的情绪、情感，如信任感、愉快感等正面感觉和情感，有助于发挥企业员工的最大潜能，从而间接地改善和提高生产效率和效益。因而，情感沟通是企业创造和维持良好的人际工作环境，提高企业员工的工作热情和绩效的基础性内部沟通工作。在企业的情感沟通上，为创造良好的团队氛围，可以鼓励员工之间互相合作，通过举办生日宴会、旅游活动、体育活动及各类竞赛，通过这样的对身心有益的健康活动，促进员工之间的充分的情感交流，也可以提高员工的团队精神，增强归属感；可以创建企业内部杂志，与员工分享企业资讯，报道员工工作与生活，于微小之处体现情感沟通。

2. 业务信息沟通及其沟通方式

操作性业务信息沟通是企业管理中每时每刻发生的工作，是人们对关于自己怎么工作和应该怎么工作及目前工作得如何的基础、基本业务信息的沟通。

企业每天日常的运行，要依靠它来正常有效地维持。目前企业此类沟通主要是正式的上司对下级的指令，通过培训及操作指导书以书面来完成沟通。我们在构建内部沟通体系时，应该加入口头、双向、非正式的沟通方式，如恳谈会、分享会、座谈会等，会上大家互相介绍各自所从事的工作或业务情况，先进经验；还可以设立合理化建议奖，根据员工所提建议的成效，给予不同金额的奖励，这也可以提高员工的积极性，同时也可以作为员工参与管理的一个有效沟通渠道。

3. 战略决策沟通及其沟通方式

战略决策是企业经营管理能力的最高综合体现，不仅在做出战略决策时需要大量沟通，而且在战略决策做出后，也需要解释和分解战略决策，将其转化为所有相关部门、人员和所有战略决策执行者都能够深入理解的业务信息。只有在所有执行者之间，战略决策信息被深入传达、领会了，战略决策的执行力才能有真实可靠的保证。目前，企业中的战略决策性业务信息沟通大多以通告的方式来传达，在构建内部沟通体系时，首先，应增加如杂志、广播、内部网站等多种渠道；其次，可以开展"与总经理对话沙龙"的活动，让总经理面对员工解释和分解战略决策，促进员工领会战略决策；再次，还可以通过组织培训来帮助员工，深入了解企业的业务发展及业务计划，实现企业战略沟通深入性；最后，还可以组织研讨会，邀请各层次的员工参与，让员工自己来阐释企业战略决策的背景及意义，并由高层适时在研讨会中进行引导，从而让企业战略决策真正深入人心。

4. 制度沟通及其沟通方式

由于企业的动态发展，在企业管理中，制度发生变化，需要及时地进行深入的沟通。制度沟通需要严谨认真，因此企业进行制度沟通时，大多采用的是通告方式传阅，为保证制度沟通的准确理解，及时传达，应该增加邮件及内部网的沟通方式。同时为保证准确和及时执行，在制度沟通中增加人性化的因素，可以由各级经理通过"经理与你零距离"活动将制度解释给基层员工，增强员工对制度的理解与执行，或由资深员工或各级主管主持分享会。制度沟通的最终目标是使企业员工通过合理方式，人人知所当知，并为所当为。

5. 企业文化沟通及其沟通方式

企业文化是企业经营管理过程中提倡或形成的独特价值观和行为规范，在企业文化熏陶之下，员工个体的个性受到了某些同化和改造，其目的也是为了更轻松容易地达成管理沟通。为了让员工体验企业文化的精髓，应该以各种丰富多彩的方式，让员工铭记在心，领悟精华所在。如开展"老友记"活动，在员工进入企业之初，指定一些对企业文化有深刻体验、积极向上的优秀员工成为他们的领路人——"老友记",可以更生动地向新员工解释企业文化;也可以联合工会或者通过以班组为单位组织工作竞赛,开展各项非正式文化沟通活动,使员工在竞赛中体会到企业文化中讲求团队、奖励优质服务的精神;还可以通过定期的教育日和纪念日帮助员工重温企业价值观、企业历史、管理理念,使企业文化历久常新。除此之外,还可以采纳、推广诸如专项文化培训、员工委员会等沟通方式,以保障全方位的沟通。

资料来源:乔云莉:《试论企业内部沟通体系的构建》,《现代商贸工业》2007年第7期。

知识扩展

危机事件刚爆发的时候,也是公众对信息需求量最大的时候,如果企业在这时候隐瞒事实,封锁消息,将引起新闻界和公众的猜疑与反感,各种流言就会成为主流渠道信息的代用品,进入非正式的传播渠道,从而更有可能给企业的处理带来麻烦,产生传播危机。这时企业必须做到迅速开放信息渠道,将必要的信息公之于众,让公众及时了解到危机事态和企业正在尽职尽责地进行处理的情况,在第一时间主动与媒体沟通,争取沟通的主动权,主动寻求与作为信息传播载体的电视台、广播电台、报社、专业网站和门户网站等媒体合作,通过新闻发布会等形式,想方设法提供能够满足媒体和公众需要的权威信息,这样,企业将成为危机信息的主要信息源。开放信息传播渠道并不是让企业危机事件及其处理情况的有关信息放任自流,而是要让其有秩序地通过一定的信息传播渠道传播。由于媒体和公众对企业危机事件所持的态度不同,可能使信息传播向着不利于企业危机传播、品牌形象恢复的方向发展,要求企业利用传播学中的议程设置机制,主动组织新闻稿件通过媒体向广大公众传播企业处理危机事件的过程及相关情况的信息,引导整个事件关注焦点的发展。

第八章 品牌危机的恢复管理

知识要求 通过本章的学习，掌握：

- 品牌危机恢复管理的概念、任务、内容和步骤
- 品牌形象恢复和改善的基本原则和策略
- 品牌危机的利用

技能要求 通过本章的学习，能够：

- 掌握品牌危机恢复管理的框架
- 运用品牌形象恢复和改善的策略
- 利用品牌危机中的机会

1. 本章内容包括：品牌危机恢复管理的概念、任务、内容、步骤，品牌形象恢复和改善的原则、步骤和策略，品牌危机中机会的利用等。

2. 学习方法：独立思考，抓住重点；通过分析实际案例，掌握恢复管理的框架，以及重塑品牌形象的方法。

3. 建议学时：4学时。

第八章 品牌危机的恢复管理

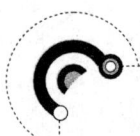

本章知识逻辑结构图（见图 8-1）

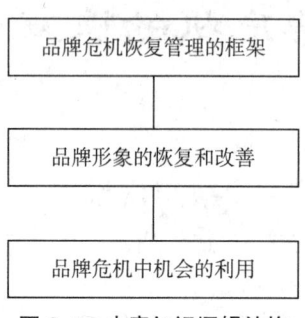

图 8-1 本章知识逻辑结构

第一节 品牌危机恢复管理的框架

"抵制雀巢产品"

1977年，著名的"抵制雀巢运动"在美国爆发。美国婴儿奶制品行动联合会劝说美国公民不要购买"雀巢"产品。批评这家瑞士公司在发展中国家有不道德的商业行为。对此雀巢公司只是一味地为自己辩护，结果遭到了新闻媒介更加猛烈的抨击。整个危机持续了10年之久。

瑞士的一个社会活动组织指责雀巢产品"杀婴"，雀巢公司以"诽谤罪"起诉该组织并且打赢了官司。然而，这场法律上的胜利并没有消除人们对雀巢产品的指责。一些政治活动家号召大家抵制雀巢产品，教会领袖和一些社会团体也加入进来，他们中的一些人把雀巢问题看成是严重的社会政治问题。雀巢作为第三世界婴儿奶制品的最大供应商，当时成了社会活动家批判商业社会的靶子，成了"以剥削来赚取利润"的反面典型。

雀巢美国分公司在这次运动中蒙受巨大损失。在抵制运动初期，雀巢美国分公司未能很好地处理与批评者的关系，对人们所提出的问题也没有给予真正的关注。它过分强调这些团体所采取的策略及其政治动机,结果使得这些团体结成联盟,发起成立了一个基金会,以"对雀巢公司进行毫不妥协的斗争"。这场源自"杀婴"诽谤案的后遗症,其焦点已由单纯的产品质量问题转移为"公司道德与社会责任"问题。

1980年底,雀巢公司终于意识到法律手段并不能解决所有问题,它需要一种能更好地恢复各方关系的策略。1981年初,公司在华盛顿成立了雀巢营养协调中心,负责在北美开展一系列营养研究项目。中心汇集了公司管理骨干、公关人员、第三世界营养问题研究专家、具有政治和国际公共事务经验的专家,以及那些与宗教领袖、教师和卫生保健专家共过事的人。中心策划并实施了一系列恢复管理策略,主要包括:

(1)信息收集。第一项活动就是以真诚的态度倾听所有的批评意见。雀巢发现,有两类群体对自己的批评最激烈,影响也最大:一类是政治活动家,他们中的许多人拿雀巢问题当作政治斗争的砝码;另一类是宗教团体和那些关心社会问题的人们,他们反对把获取利润作为经营活动的首要目的,主张跨国公司应优先考虑解决第三世界的贫困问题。在了解各方意见后,雀巢决定实施一项全新战略:与批评者合作。公司停止了与这些政治和宗教活动分子的斗争,努力寻求对话机会,以重建信任。

(2)抓住机会。1981年5月,世界卫生组织通过了《经销母乳替代品建议准则》。雀巢当即发表声明,支持该准则的宗旨与原则,并在一个月后的美国国会听证会上再次重申了这一立场。利用这一契机,雀巢公司开始与美国最大的,也是最受人尊敬的社会道德组织之一——美国卫理公会教会联合会启动谈判。

(3)开诚布公。卫理公会教会联合成立了一个特别工作组,专门调查雀巢市场行为的真相。雀巢认识到,有必要主动向工作组公开其市场行为并做出相应调整。公司向工作组提供了大量内部机密文件,以使对方确信公司正以积极态度对待批评意见。尽管这些文件为一些有敌意的批评家提供了新的证据,但雀巢早已准备好如何答复他们,并以自己的真诚换取了信任。

1982年2月2日,雀巢公司的两个重要人物——新任执行总裁莫切尔和执行副总裁安斯特飞到夏威夷,与特别工作组进行会谈。会谈取得了成功,双方高层建立了良好的个人关系。这次会谈成为双方终结对抗关系最重要的转折点。

(4)履行承诺。1982年3月,公司给所有销售雀巢婴儿奶制品国家的卫生部长写信,保证尊重其国家主权,遵守这些国家的法规。公司还采取了一项适合第三世界国家的政策:即使一些国家的法定产品标准低于世界卫生组织制定的标准,雀巢也严格执行后者。

雀巢认为，有必要在公司外部成立一个公正无私、受人尊敬的社会监察机构来检查自己的生产情况，因为这将极大地提升公司在公众中的信任度。同年5月，雀巢婴儿奶制品审查委员会宣告成立，委员会由无争议的独立教会领袖、科学家、教育专家组成，主席为美国前国务卿、参议院爱德蒙德·马斯基。这一举动被许多学者和记者描述为"企业历史中一个真正的、史无前例的行动"。

（5）最终解决。1983年1月，抵制运动中的最大组织——美国卫理公会教会联合会决定撤销对雀巢产品的抵制决定。此后，越来越多的抵制运动组织开始信任雀巢。1984年1月24日，雀巢公司和国际抵制雀巢产品运动委员会在纽约签署了一个联合声明，正式结束了双方长期的对峙。

资料来源：胡百精：《危机传播管理：流派、范式与路径》，中国人民大学出版社，2009年。

➡ **思考题：**
1. 雀巢危机管理最后成功的原因是什么？
2. 分析雀巢是如何进行危机管理的？

一、品牌危机恢复管理的概念

从管理角度出发，管理活动包括了事前、事中及事后整个过程。因此，品牌危机管理就是危机预警、危机处置与危机恢复的全程一体化管理。这就意味着，品牌危机事件的平息并不是品牌危机管理的终结，作为品牌危机管理体系的一个重要范畴，恢复管理也决定了品牌危机管理的成败。

品牌危机的恢复是个复杂过程，没有一个合理的管理框架，做好这样一件复杂的工作是不可能的。而品牌危机恢复管理的框架必须围绕其定义而设置，因此，明确品牌危机恢复管理的概念是搭建框架的基础。

问题1： 品牌危机恢复管理的概念是什么？

根据第二章"品牌危机的利益相关者"的论述，品牌危机之所以爆发，是因为品牌与利益相关者的核心关系——沟通关系、利益关系出现异化。品牌危机管理的主线是围绕如何修复和重建这两个关系而展开的，恢复管理亦不例外。恢复管理就是在品牌危机事件平息后，重建品牌与利益相关者稳定关系的管理行为，因此，品牌危机恢复管理有两个基本原则，一是理顺沟通关系，需要重建良性的沟通机制；二是重建利益关系，需要弥补利益损害和再造品牌价值。

循此思路，所谓品牌危机恢复管理，指品牌危机事态得到遏制后，企业利用各种资源和措施来恢复和改善品牌与利益相关者的沟通关系和利益关系，以重塑品牌形象的管理行为。

这一定义表明，品牌危机恢复管理有以下两个主要目的：

首先，恢复关系，回归常态。在品牌危机恢复期，尽管品牌危机事件被平息了，但诱发品牌危机的问题可能并未彻底解决，危机容易死灰复燃。因而，品牌与利益相关者恢复到常态关系，恢复管理需要总结并消除品牌危机的诱因，以避免品牌危机的再次发生或升级。这表明品牌危机管理的重心由遏制危机事件本身，转移到品牌危机根本问题解决上来。

其次，改善关系，超越回归。恢复管理追求螺旋式的恢复，恢复管理并不是对此前品牌危机管理中的诸多环节进行简单的延续，也并非简单地恢复品牌危机前的形象，它是对品牌危机管理计划—实施的提升，是对品牌与利益相关者依存的价值系统的完善。

明确了品牌危机恢复管理的概念及其目的，搭建品牌危机恢复管理的框架需要确定：实现目的的任务有哪些？包括哪些具体内容？

二、品牌危机恢复管理的任务和内容

理顺沟通关系，重建利益关系是品牌危机恢复管理的两个基本原则，也决定了品牌在危机恢复阶段面临着双重任务：补救型任务与改善型任务。这两条主线和双重任务构成了品牌危机恢复管理的内容体系。

问题 2：品牌危机恢复管理的内容包括哪些？

下面的表格明确了品牌在危机恢复管理中的基本原则和任务，以及相应的内容。①

表 8–1 品牌危机恢复管理的任务与内容

原则＼任务＼内容	补救型任务	改善型任务
理顺沟通关系	1. 恢复沟通渠道 2. 恢复沟通环境	改善沟通机制
重建利益关系	1. 恢复常态运营秩序 2. 补偿利益相关者	改善利益机制和价值系统

---

① 胡百精：《危机传播管理》，中国传媒大学出版社，2005 年，第 217 页。

品牌危机管理

(一) 补救型任务

补救型任务以恢复品牌与利益相关者的关系为中心诉求。它主要包括以下内容：

1. 恢复沟通渠道

品牌危机干扰、破坏了品牌与利益相关者的沟通渠道，这种沟通渠道的不通畅表现在两个方面：一是渠道充满噪音，使品牌信息发生变异和扭曲。如见面会变成批判会、热线电话变成出气筒、信息公告变成谣言场所。二是可用的渠道减少。危机中，一些媒体就是品牌的挑战者，而一些意见领袖也明哲保身，要么旁观，要么划清界限，甚至落井下石，这就导致可用的大众传播渠道和人际传播渠道减少。

针对危机中沟通渠道的不畅通，大致有三个途径恢复沟通渠道：一是恢复品牌自有的沟通渠道。如各种面对面的沟通、电话沟通、信函沟通等，使之重新发挥功能。二是选择广泛的沟通渠道。对大众媒体和意见领袖展开危机后的公关，恢复彼此间的合作关系，增加大众传播和人际传播渠道。三是开发临时应用渠道。如品牌危机信息控制中心、品牌危机管理网站和热线电话等。

2. 恢复沟通环境

恢复沟通环境，是指营造一种正常的沟通氛围，使沟通渠道有效地运转、沟通双方平静地对话。具体方法包括：一是实施议题转换。通过媒体或意见领袖发布品牌最新的信息，引导舆论从高度紧张向渐趋平缓转化。二是从事公益活动，以吸引利益相关者的注意力，冲淡、消除对品牌危机的记忆。

3. 恢复常态运营秩序

恢复常态运营秩序是补救型任务的一项基本内容。在危机事态平息后，迅速恢复品牌正常的管理和运营，是减少品牌危机损失的重要手段。恢复常态运营秩序，对内恢复员工对品牌的信心和自豪感，振奋人心，对外重塑品牌形象。

4. 补偿利益相关者

危机过后，必须承诺对利益相关者的补偿。这是恢复与利益相关者利益关系的必由之路。也是品牌在法律和道德框架内必须承担的责任。恢复管理中的补偿分为两种形式：有形补偿和无形补偿。有形补偿是就品牌危机给利益相关者造成的生命、健康和财产损害进行物质和资金方面的赔偿或救助。如2002年由于没有说明制作炸薯条和薯饼的食用油中含有牛肉调味成分，美国麦当劳公司宣布将向印度教徒、素食主义者和其他一些相关组织赔偿1000万美元。[1]

---

[1] 余明阳、张慧彬：《危机管理战略》，清华大学出版社，2009年，第68页。

赔偿或救助的数量与具体方式，可参考品牌自身的可承受能力、利益相关者的需要、第三方仲裁机构的评估和裁决三个原则执行。无形补偿是对品牌危机给利益相关者心理状态和生活状态带来的负面影响进行化解和消除，主要的形式是精神抚慰，包括定期或不定期的座谈、走访、探望等，解除利益相关者的恐慌和困惑。

（二）改善型任务

改善型任务以完善品牌与利益相关者的关系为中心诉求。它主要包括以下任务：

1. 改善沟通机制

沟通机制包括沟通原则、沟通内容、沟通渠道与沟通技巧在内的综合体系。在品牌危机的恢复阶段，品牌应汲取经验教训，改善沟通原则，使之更具科学性、开放性和可操作性；要修正品牌的新闻内容发布模式，与特定的沟通渠道相配合，使之更适合品牌危机管理的需要；要总结在品牌危机中形成的沟通技巧，将其纳入沟通机制中。

2. 改善利益机制和价值系统

改善品牌与利益相关者依存的价值系统，即一个品牌在危机结束之后，应当体现出公共价值，譬如真诚、关爱、美好、平等、人与自然的亲善等。2005年8月，麦当劳炸薯条等食品因疑似含有化学物质丙烯酰胺而遭到起诉，"炸薯条危机"爆发，并迅速波及中国。中国麦当劳迅速与消费者等利益相关者进行了公开、透明的互动沟通：举办"厨房开放日"活动，邀请部分媒体记者和消费者全程参观麦当劳食品制作过程；举办"供应商开放日"，邀请媒体记者和消费者参观麦当劳的原料供应基地，还建立"请问我"食品安全网等。这一系列危机沟通活动取得了良好效果，舆论一致认为麦当劳时刻以消费者利益为中心，产品质量安全可靠，是负责任的企业。[①]

三、品牌危机恢复管理的步骤

在品牌危机恢复管理的框架结构设计中，确定了恢复管理的任务与内容，还需要落实实现任务的步骤。

问题3：品牌危机恢复管理有哪些步骤？

品牌危机的恢复管理包括以下六个步骤：

[①] 冯春海：《乳业企业"后三鹿时代"的危机恢复管理》，中国公关网，2008年11月9日。

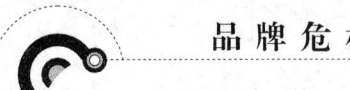

（一）建立品牌危机恢复小组

恢复小组的主要职能是负责品牌危机恢复管理的决策、监控和协调。品牌危机恢复小组区别于品牌应急危机管理小组。首先，人员不同。根据不同阶段的不同需要，恢复小组中有些人来自应急管理小组，而有些人则是新吸纳进来的。其次，任务不同。恢复小组要适合"补救—改善"型任务框架，解决危机诱因；而应急管理小组适合"应急—控制"型任务框架，控制危机。

（二）开展品牌危机管理效果评估

全面调查和检讨品牌危机管理的得失成败，为品牌危机恢复管理提供决策依据。

（三）制定品牌危机恢复计划

在实施品牌危机管理效果评估的基础上，研究和制定恢复管理计划，以便指导恢复阶段的管理行为。恢复计划包括以下几个项目：

（1）恢复管理的目标和任务。
（2）恢复管理的基本原则。
（3）品牌危机恢复对象及重要性排序。
（4）沟通机制的恢复和改善策略。
（5）正常运营秩序的恢复策略。
（6）利益相关者的补偿策略。
（7）形象恢复和改善策略。
（8）恢复阶段的内部沟通与外部传播策略。
（9）恢复管理的预算。

（四）执行品牌危机恢复计划

按照恢复计划规定的目标、原则和策略，推进品牌危机恢复计划的实施。在恢复计划的执行中也应充分考量各项影响要素：利益相关者、媒体、竞争对手、合作伙伴等对恢复计划的反应。

（五）恢复中改善

在品牌危机恢复管理中，品牌既要恢复，也要建设。一方面弥补品牌危机带来的损害，另一方面利用危机带来的转型和机会，对品牌的运营机制、形象系统和价值系统进行优化和改善。完成了品牌危机恢复管理框架的搭建，接下来的任务就是修复和改善危机中受损的品牌形象。

（六）制定合理预算

在危机爆发后，制定危机管理计划之际要考虑恢复管理的预算，以提前规划恢复管理在资源使用上的可支配空间。但实践证明，真正进入恢复阶段后，恢复管理的预算往往要视危机的损害程度、品牌的管理成效和具体恢复任务做出调整。一旦品牌危机损害超出预期，管理成效不是特别显著或需要相当一段时间才能显现出来，那么恢复管理的预算也可能受到限制。通常，恢复管理需要获得财务部门的支持，以保证恢复计划实施。尽管会增加企业财务负担，但不能因此放弃或削弱恢复管理计划。

第二节　品牌形象的恢复和改善

引导案例

圣元"激素门"事件

2010年8月5日，《健康时报》报道了武汉三女婴疑食用圣元奶粉致性早熟。报道再次引发人们对食品安全的高度关注，各界对奶粉是否会导致婴儿"性早熟"众说纷纭。圣元先是否认婴儿奶粉添加激素，接着表示绝不退货，并称是竞争对手的恶意诽谤。8月8日，当全国多个地方均发现此类病例，嫌疑直指圣元奶粉时，圣元却在同一天委托律师事务所准备对最先刊播此事的两家媒体提起诉讼。起诉的理由是媒体的断章取义。这无疑使圣元又陷入另一个舆论。8月15日，卫生部发布声明，湖北婴幼儿性早熟与圣元奶粉无关。但圣元在消费者心目中的高端品牌形象跌至谷底。

在"激素门"危机发生之初，圣元的危机处理方式可以用"相当糟糕"四个字来形容。幸运的是，圣元随后的危机处理手段开始显得越来越专业。

首先，道歉。就在8月15日，圣元集团董事长张亮在其官方网站发布致消费者署名日期为8月12日的公开信，向消费者道歉。这封道歉信，措辞恳切、到位，同时并没有急于为圣元奶粉辩白，而是站在消费者的角度，理解消费者的困扰和担心。对于为何自己不将产品送往权威机构检测的理由阐述，看起来比较理智和客观，容易赢得消费者心理的认同。

其次，感谢。就在卫生部通报"圣元奶粉导致婴儿早熟门"调查结果后，圣元公司第一时间进行公开回应，称感谢政府向全社会澄清了基本事实，"非常感谢政府部门展开调查和及时公布调查结果，感谢媒体的关注，圣元将一如既往为广大消费者提供更加优质的服务，让广大消费者放心，并表示，祝愿患儿能尽快查明致病真实原因并早日治疗康复"。一个表现得很感恩、很温情的企业，无疑会在公众心目中树立良好形象。

最后，做慈善。在得到检测结果后的第一时间里，圣元公司对外发布信息，公司决定立即设立一千万元专项慈善基金，在北京、上海、湖北、广州、重庆等地，与专业科研和医疗机构合作，深入开展病因研究、普及科学喂养知识，为中国广大婴幼儿的健康成长减少"性早熟"病患。与此同时，圣元公司还声称，会把这次事件作为公司进一步苦练内功、提升产品质量的契机。

资料来源：杨阳：《圣元危机公关的手段分析》，世界工厂网，2010年。

思考题：

1. 圣元是如何恢复和改善品牌形象的？
2. 分析圣元的做法，你能得到什么启示？

一、品牌形象恢复与改善的基本原则

在品牌形象恢复与改善的执行中，必须坚持形象恢复与改善的基本原则。只有坚持原则才能保证执行。

问题4： 品牌形象恢复与改善的基本原则是什么？

品牌形象恢复与改善应遵循四个基本原则：

（一）新与旧的适度

"新"指危机后推出的品牌形象，"旧"指危机前的原有品牌形象。为了转变危机时期利益相关者对品牌的负面印象和评价，企业会推出一些新的形象建设策略，如投放品牌形象广告、推出新的服务、引进代表新形象的高层人物、公布新的市场拓展计划等。这些策略一方面有助于增强利益相关者对品牌的信心，另一方面也面临风险。如果新的形象要素与品牌原有的形象有冲突，会导致利益相关者对品牌形象认知失衡，从而引发品牌新的形象危机。

新与旧的适度，就是既要保留原有品牌形象系统中的核心要素，以保持相对的稳定；同时也要为品牌形象注入新的要素，二者之间的度是建立在利益相关者接受的基础之上，特别是新、旧要素之间必须在核心利益相关者主张上保持一致，在表现形态上大体接近。否则，突然改变品牌的价值观和利益诉求、更换形象的符号表现都可能引发利益相关者的认知混乱。

（二）内部努力与外部参与的结合

在形象的恢复管理中，品牌一厢情愿地改善形象，往往是无功而返。品牌的形象恢复与改善必须与利益相关者反应结合起来。这体现在两个方面，一是品牌的形象恢复与改善和利益相关者对品牌形象恢复与改善的期待相结合。一方面，在讨论品牌危机管理得失的基础上，明确"品牌如何做得更好？"和"品牌如何获得更好的评价？"另一方面，了解和把握利益相关者的心理期待，

"他们现在如何评价品牌？""品牌如何做会使他们满意？""他们需要品牌做出哪些改变？"等。二是品牌形象恢复与改善的行动和利益相关者对这些行动的参与相结合。无论是一次新闻发布会还是一次慈善活动的筹划，这些品牌形象修复活动必须吸引利益相关者参与，只有他们的参与才能使活动更加有效进而获得利益相关者的高度认同。使恢复期的形象管理成为一个开放的管理过程。

（三）与第三方权威建立同盟

无论是危机处理还是形象修复都离不开权威的第三方。第三方包括权威机构和权威人士。利益相关者总是愿意倾听第三方权威的意见和看法，因为第三方与品牌危机责任与利益损害无关，因而相对诚实可信，同时，第三方的权威性，能够对问题做出专业分析和解答，增加了信任度。因此，在品牌形象的恢复与改善中，找到适宜的第三方权威为品牌代言，能起到事半功倍的效果。

（四）兼顾自身利益和社会责任

品牌危机后，企业总是竭尽所能恢复正常运营和管理，这对品牌形象的恢复和改善会造成正面或负面影响。从正面影响来看，恢复正常发展秩序，重新创造利润是增强利益相关者对品牌信心的重要方式，一个一蹶不振、不能自救的品牌显然无法获得良好的社会评价。从负面影响来看，如果品牌只专注于自身利益的实现，而忽略社会责任，则会加重利益相关者的刻板成见：品牌是不负责任的。因此，品牌形象恢复和改善需要平衡对自身利益的追逐和对社会责任的承担之间的关系。

阅读材料

宝洁SK—Ⅱ"金属门"危机后的恢复管理

宝洁SK—Ⅱ在"金属门"事件的危机管理中，呈现出明显的事前管理、事中管理、事后管理三个阶段。

2006年10月23日，中国国家质检总局和卫生部再次发布联合声明，称"经专家评估，正常使用含微量铬和钕的化妆品对消费者的健康危害风险较低"；10月24日，宝洁宣布恢复在华销售。自此，"金属门"事件初步平息，宝洁进入了漫长的危机恢复管理期。按照上文所述品牌形象恢复与改善中的四个基本原则，对宝洁的形象恢复和改善行为划分如下：

（1）"旧"品牌，"新"元素。2006年11月18日，被誉为"中国经济晴雨表"的央视广告招标会在梅地亚中心举行，宝洁以4.2亿元第三次蝉联标王。业内人士认为宝洁争取标王与SK—Ⅱ"金属门"事件有关，宝洁可能为恢复销售加大对SK—Ⅱ的广告投放。宝洁公关经理梁云说，宝洁公司会根据市场的变化以及各个品牌的市场情况调整自己的广告投放策略。

（2）改变形象，换取利益相关者的信任。宝洁SK—Ⅱ想尽各种办法，加大促销力度，希望能够尽快恢复消费者的信心：在恢复销售后的专柜显著位置放着一些常规宣传材料和一些普及微量元素与化妆品安全性知识、为宝洁SK—Ⅱ正名的《中国美容时尚报》；销售人员还随时为消费者耐心解答对于产品安全性的疑虑。在北京，中友百货采取买200元返201元的强力促销，迎来了SK—Ⅱ"金属门"事件后的第一个客流高峰。宝洁放下了一贯的高傲姿态，为消费者提供微笑式服务，还"下了血本"，促销力度大大超过从前。促销小姐面带微笑地迎接消费者，提供价格不菲的赠品让消费者试用。宝洁以"大中华区总经理"的名义，向宝洁每位SK—Ⅱ会员发放了信函，重申SK—Ⅱ是安全的，希望继续得到消费者的支持，SK—Ⅱ将继续为消费者提供更优质的产品和服务。

（3）参与社会公共事务，获取第三方支持。2006年11月8日，中国香料精化妆品工业协会、全国工商联美容化妆品业商会、中华医学会皮肤科北京专业委员会联合举办题为"微量元素与化妆品安全性"的专家研讨会，就化妆品中微量元素残留问题进行探讨。宝洁对外事务部公关经理汪骏和SK—Ⅱ技术交流部高级经理董美仙在会上发言并重申SK—Ⅱ产品是安全的。业内人士认为，宝洁积极参加这样一次研讨会，为恢复销售营造了有利的舆论环境。

（4）兼顾自身利益和社会责任。2006年10月24日，宝洁SK—Ⅱ"金属门"尘埃落定后的第二天，宝洁CEO兼总裁雷富礼即现身北京，拜访了时任北京市市长王岐山。在与王岐山的会谈中，雷富礼自始至终无一字提及SK—Ⅱ"金属门"事件。他表示，自1988年进入中国以来，宝洁公司始终为中国市场提供优质的产品与服务，18年来业务发展良好；北京始终是宝洁公司的创新与研发中心；最后他祝愿北京2008年奥运会成功举办。

资料来源：胡百精：《危机传播管理》，中国人民大学出版社，2005年。

二、品牌形象恢复与改善的步骤

品牌形象恢复与改善的实施，需要通过一些必要的步骤。

问题5：品牌形象恢复与改善的步骤有哪些？

品牌形象的恢复与改善需要两个步骤：

（一）品牌形象的评估

在危机中，品牌形象取决于危机的诱因、形态、影响、管理成效以及利益相关者据此做出的评价等因素。品牌危机事态平息后，企业要对危机中的品牌形象做出客观的评估，以对形象现状有所了解和把握。唯此，才能制定针对性的形象修复和改善策略。评估包括以下几项内容：
（1）危机发生前的品牌形象状况。
（2）危机爆发和演进过程中的品牌形象状况。
（3）危机结束后的品牌形象状况。
（4）分析危机发生前、演进中、结束后品牌形象的变化。

（二）品牌形象的修复和改善

根据品牌形象的评估分析，进行品牌形象修复和改善。而危机恢复期品牌形象的修复和改善，是品牌危机恢复管理中的核心任务，其内容主要包括以下几项：

（1）列出品牌形象恢复和改善的任务清单，按照优先序列对品牌形象恢复和改善的工作环节进行统一规划。
（2）培训员工，提高维护品牌形象的技巧和能力。
（3）完善沟通机制，改进沟通，拓展沟通渠道。
（4）制定品牌形象恢复和改善的计划。
（5）了解利益相关者危机后的状态和需要。
（6）重点解决恢复管理中的主要矛盾。
（7）举行特定活动，通过特定的活动，来振奋人心、调整情绪。

三、品牌形象恢复与改善的策略

形象修复理论的代表人物班尼特提出形象修复策略存在的重要前提是：利益相关者的态度以及他们对品牌责任的认定是影响品牌形象的关键因素。这也成了品牌形象管理策略研究的出发点。

问题6：品牌形象恢复与改善的策略有哪些？

品牌形象恢复与改善的具体策略如下：

（一）推行品牌社会责任

所谓品牌社会责任的概念最早产生于英国，其主要观点是认为主动承担社会责任来完成品牌营销的使命，是品牌打造的更高阶段和最前沿手段。品牌社会责任是品牌形象恢复和改善的核心。品牌不仅要为企业负责，更要为所有的利益相关者、社会负责。履行社会责任的过程正是品牌赋予自身形象、完善价值的过程，也日益成为利益相关者借以评价品牌形象的重要尺度。而可口可乐公司一位行政总裁早年就大胆断言：假如可口可乐的所有工厂在一夜之间被大火全部烧毁，但它能一夜之间起死回生。这就是可口可乐公司多年来推行社会责任策略并由此获益的秘诀，是品牌社会责任所体现出来的实力与魅力所在。

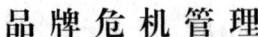

（二）实行有效的公关

采取积极的公共活动是品牌形象恢复和改善的主要手段。恢复期的品牌公关方式包括媒体公关、领导人公关和成员公关。媒体公关是通过召开新闻发布会、记者见面会、安排媒体专访、投放新闻稿的方式输出品牌行动和价值主张。领导人公关是设计企业领导人的活动，通过其在公共场合恰如其分的言行举止，树立良好的品牌形象。如企业领导人在适当的时期去看望受损的利益相关者更能显示出品牌的形象，获得利益相关者的好感。成员公关是让企业每位成员都认识到品牌形象恢复与改善的意义，积极加入到与利益相关者的沟通中来。

（三）重返社会公共空间

重返社会公共空间，参与社会公共事务，通过出色的表现向利益相关者展示品牌的实力和形象。这类策略包括主动出席各类社会公共活动，发出自己的声音；主动加入社区、行业建设，树立负责任的品牌公民形象；主动发起慈善、赞助活动，传播品牌的价值观。

品牌危机形象的修复和改善，还可以从危机事件本身入手，寻找品牌重生和超越的机会。

第三节 品牌危机的利用

英特尔浮点危机

1994年底，英特尔面临着一个危机，这个危机是由一个数学教授引起的，这位教授向外界透露了英特尔芯片的一个问题：他在研究一些复杂的数学运算时，机器出现了除法错误。英特尔对此的解释是，这是由于芯片的设计上有一个小错误，使计算机在90亿次除法运算中会出现一次错误。从概率上讲，这是一个微小的甚至可以忽略的问题。

可是令英特尔没有想到的是，好事的CNN制作了一个短片，详细而准确地报道了这件事，随后美国各大媒体开始大规模报道此事，一个月之后，IBM宣布停止将装有奔腾芯片的计算机出厂。

英特尔处于被指责和怀疑之中，不得不承认一种现实：自己面对的，不再是一个处理器的运算缺陷,而是整个业界与消费者对英特尔的信心。

英特尔意识到这一点后,立即调整了它的应对措施,不再去解释这种错误有多大,而是果断做出决定:免费为所有用户更换问题芯片。在花掉英特尔近5亿美元之后,这场风波平息下来了。

危机过后,英特尔对自己提出了两个问题:第一,是什么因素使一个小小的浮点错误最终导致5亿美元的损失?第二,奔腾处理器的浮点问题是一个孤立的事件,还是发展道路上遭遇的转折信号?

一年之后,英特尔的总裁格鲁夫对这两个问题做出了正确的回答:

第一,"Intel Inside"策略改变了用户与英特尔的关系。消费者相信,只有装了英特尔处理器的计算机才是"最优"的,结果当处理器出了问题的时候,用户不去找IBM这样的计算机制造商,而会直接找英特尔。

第二,英特尔的快速增长使它成为世界第一大处理器制造商。过去是英特尔受控于生产商,而现在则是英特尔在控制生产商。

将这两大因素结合在一起看,英特尔已经不再是一个简单的"芯片制造商","Intel Inside"已经成为一个消费品牌,因此一旦出现问题就不再是产品问题,而是对品牌信心的危害。

清楚地意识到这种"新规则"的存在,英特尔总裁格鲁夫感到"出了一身冷汗",他向英特尔的员工大声呼喊:浮点问题不是一个孤立的事件,而是英特尔忽略了但却正在发生的重大转变的一种征兆。

这个征兆就是计算机产业从IBM通吃硬件软件的"纵向一体化",转向了由多家专业化公司专注于某一部分的"横向一体化",从专为公司服务的大型机转为为个人服务的PC机,即PC消费化。

对英特尔来说,它处理浮点危机,就是将浮点危机作为发展道路上遭遇的征兆或转折信号,主动地进行战略转折,从而避免了英特尔的衰亡。

资料来源:南昌市质量技术监督局信息中心:《从危机中寻找转折点》,《动感南昌专刊》2004年9月8日。

➡ 思考题:

1. 英特尔从浮点危机处理中得到什么启示?
2. 你从英特尔浮点危机处理中得到什么启示?

一、"危"与"机"的辩证关系

品牌危机管理的核心是寻找正确的方法来解决危机。而正确的方法来自正确的思维。什么是正确的思维方式呢?用辩证的思维看待危机,危机是"危"也是"机"。

问题7："危"与"机"的辩证关系是什么？

对立统一规律认为：事物是普遍联系和发展的，这种联系和发展归根结底取决于事物内部矛盾性，矛盾的双方既对立又统一，在一定条件下会互相转化。用唯物辩证法的观点来看，"危"与"机"就是矛盾的对立统一体，既互相区别、互相制约，又是互相联系、互相转化的。

"危"与"机"的辩证关系，指的是机中有危，危中藏机，而且只要方法得当，危机可以转化为机遇；若做得不好，机遇也可能转化为危机。

用辩证的方法分析危与机的关系，为品牌危机管理增强信心。既然危机与机遇不是孤立、静止的，而是可以互相转化的，那么，在危机面前就没有理由灰心丧气、悲观失望；相反，应当信心倍增，正确判断形势，既要充分估计困难，也要乐观面对困难，努力战胜困难，有效化解危机，把危机带来的损失降到最低，乃至把危机转化成机遇。

品牌危机管理既要管理"危"，也要管理"机"，只有"危"与"机"一起管理才叫真正的"品牌危机管理"。而品牌危机恢复管理也必须抱着利用危机的心态才能真正解决好危机。

二、品牌危机中的机会利用

品牌危机的危险与机会是可以相互转化的。正如诺曼·R.奥古斯丁所说："每一次危机本身既包含导致失败的根源，也孕育着成功的种子。发现、培育，以便收获这个潜在的成功机会，就是危机管理的精髓。"因而，在恢复管理中，品牌要善于发现和抓住危机带来的机遇，使自己得到新的发展。

问题8：品牌危机恢复管理中有哪些机会可利用？

一般来说，在恢复管理中品牌可以利用以下机会：

（一）借势造势，转危为机

所谓借势造势，指企业及时抓住广受关注的危机事件，结合品牌在传播上欲达到之目的而展开的一系列相关活动。如康师傅"水源门"危机，是一个经典的化危转机的范例。康师傅"水源门"危机，从消极角度来看，是个信誉危机；然而从积极角度来看，可能是个市场机会。用自来水作原材料生产水产品，无关安全。之所以讲这是危机，是因为消费者在厂商的有意引导之下，将矿物质水与矿泉水概念混淆了。所以，危机爆发后，消费者的第一反应就是：原来矿泉水是自来水做的！

康师傅借此危机，展开"矿物质水"概念的传播攻势，广告、公关齐上。

做了一次矿物质水的市场传播与教育,强化地告诉消费者矿物质水就是自来水加矿物质,这是一个区别于矿泉水的水产品品类,而且矿物质水生产厂商进一步要将概念上升为标准,这样一来,水源危机本身不存在了,而且康师傅很可能就成了矿物质水这个品类的代名词,从而成功地区隔出了一个细分市场。①

（二）强化品牌抵抗危机的能力

品牌可以利用危机来培养和强化品牌自身抗危机能力。抗危机能力已成为品牌的一种重要资源。这种资源体现在三个方面：

1. 战略规划能力

战略规划能力指有效地利用危机建立起品牌持续发展机制的能力。危机使品牌受到洗礼和历练,使之对市场、竞争和资源等各类影响生存和发展的要素有了深刻的认识和评价,促使品牌不断反思其战略方向,及时规划新的发展目标,避免品牌在危机中衰落。

2. 营运管理能力

前车之鉴成后事之师,通过总结品牌危机管理的教训和经验,保持品牌在业务流程、管理流程上的规范和通畅,提高执行能力。一旦爆发品牌危机,能够在最短的时间、以最低的成本、最大限度地控制并扭转危机事件。如在2004年禽流感肆虐亚洲之际,以炸鸡、鸡肉汉堡为主打产品的肯德基在疫情严重的越南被迫关闭,但在短暂4天后,肯德基改用鱼肉汉堡填补空白,重新开张。②

3. 品牌危机管理能力

即通过危机的学习,采取一系列"未雨绸缪"的措施,包括不断地进行评估事先制订危机管理预案,对全体员工进行危机意识培育和模拟训练等等。如"二恶英"事件后,可口可乐在全球范围内展开了员工危机管理知识和技能培训,使公司每一名员工在发现危机后,都知道自己向谁通过什么渠道进行汇报,知道应该做什么,说什么。

（三）改进与研发产品的契机

品牌危机中,可以发现并解决品牌暴露出的产品缺陷方面的问题。如强生公司在"泰诺"中毒事件中,致力于研制药品的抗污染包装,重新将有抗污染包装的这种产品投向市场,不仅在高达12亿美元的止痛药市场上收回了失地,还以该事件为契机,利用倡导无污染药品包装的优势赶超了竞争对手,事故发生后的5个月,就夺回了该药原占市场的70%,也重新树立了良好品牌形象。③

---

① 丁来峰：《康师傅"水源门"剖析与建议》，中国公关网，2009年9月22日。
② 关中梅：《化危为机——危机管理的任务》，《中国经贸导刊》2010年第13期。
③ 许安心：《品牌危机中的机会捕捉与利用》，《科技和产业》2010年第4期。

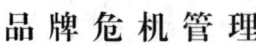

(四)重构品牌价值观

品牌价值观是指品牌对自我存在的意义和对社会存在意义的根本观念,其直观反映是品牌如何定位自己的使命。危机的巨大冲击迫使品牌进行自我反省、修正和重构自身的价值。事实上,多数品牌危机的根源在于其价值观出现问题,即利益相关者对品牌倡导、推广的主流思想或主流理念的不认可、不接受和不信任。如三鹿公司对三聚氰胺事件的处理,反映了其"不关心人,不尊重人"的价值观,导致其破产倒闭,这就是品牌价值观出现偏差带来的恶果。反之,一些品牌在危机处理上的成功,就是其"人的价值高于一切"的品牌价值观的胜利。如潘石屹的"现代城危机事件"处理,就是一个经典的化危转机的范例。几年前,许多客户入住北京知名房地产楼盘现代城后,发现屋子里有一股尿的味道,开发商经过仔细调查,发现是由于在冬季施工的时候水泥里都放一种添加剂,它在夏天的时候会释放出氨气,从而使整个房间几乎成了WC,这对于想要良好空气环境的消费者来说是无法容忍的,很快100多家业主集体要求开发商给予一个妥善的解决方案。《北京青年报》等媒体迅速曝光此事,现代城危机事件被逐渐放大。事件发生后,现代城开发商SOHO中国公司总裁潘石屹立即举行新闻说明会,主动向媒体和公众解释原因。在此基础上,潘石屹提出愿意接受消费者无理由退房:任何一个买了现代城房子的客户,如果想退房,开发商将连本带息再加上10%的回报全部退给客户。同时又向业主们写了一封信诚恳道歉,在几家主要媒体上刊登。潘石屹对危机事件的反应之快,姿态之高,赢得了舆论的好感,最终平息了众怒。经此一事,现代城名声大噪,潘石屹的"连本带息无理由退房"的做法在社会上引起了很大的轰动,一拨又一拨的客户涌向现代城。一场原本重大的品牌危机就这样转变成了机会。① 可见,价值观也决定一个品牌的兴衰。危机后,品牌可以重新审视自己的价值观,纠正偏差,使之步入正轨。

一、名词解释

恢复管理　品牌价值观　品牌社会责任

---

① 滦福田:《危机管理6F原则与经典案例》,中国价值网,2006年3月23日。

二、简答题

1. 简述品牌危机恢复管理的任务。
2. 简述品牌危机恢复管理的步骤。
3. 简述品牌形象恢复与改善有哪些策略，执行这些策略的原则是什么。

三、论述题

1. 品牌如何在危机后恢复和改善形象？
2. 品牌在危机中可以利用哪些机会？

四、案例分析

丰田危机后品牌恢复管理

丰田危机后，采取了多种措施，开始了品牌复苏恢复管理。

成立"质量特别委员会"。2010年1月，丰田全球召回第一辆车，揭开了事件的大幕。随后的两个月间，丰田汽车全球召回数量突破汽车行业历史之最，达到800万辆之多，比丰田汽车2009年全球780万台的总销量还要庞大。频繁而数量巨大的召回事件让丰田成为了全球舆论的众矢之的，演化成一场致命的企业危机。

3月1日，丰田总裁丰田章男从华盛顿听证会上直接奔赴北京，向中国消费者公开致歉。至此，丰田汽车全球危机公关正式开启。在随后的一个月间，丰田汽车全球价格"放血"，展开全球促销活动，并对召回事件的受害者展开直接的经济补偿。同时，丰田在全球还成立了由总裁丰田章男挂帅的"全球产品质量特别委员会"。该委员会的成立改变了丰田汽车长期以来存在的决策迟缓与决策只能层层上报、上情下达的单线沟通机制。

短期大规模促销。丰田在全球的直接"价格"行为取得了立竿见影的市场效果。持续至4月30日的大规模促销使得日本车在美国、日本、中国等市场再次"畅销"一时。其中，在美国市场销量同比增长24.4%，在日本销量也飙升了5成。然而短期市场只是一时的繁荣，经历了"大非"后的丰田还有更长的路要走。

公益活动。3、4月份促销之战，可谓"破冰"之举，让怀疑丰田的人重新走进丰田的店面。而5月份以来持续的公益活动，频频善举，说明丰田开始向着"企业社会良民"发起冲刺。

丰田普锐斯车主与北京高校学生在北京八达岭共植绿化林；广汽丰田向混合动力凯美瑞车主赠送丰田绿化林；"一汽丰田爱心图书室"向江西、山东、广东等省的近20家贫困小学进行了密集式的图书捐赠活动;地震之后的第一所一汽丰田希望小学在四川落成;广汽丰田南沙增殖放流活动,放流水产种苗140万尾;广汽丰田希望小学在肇庆落成;丰田中国冠名赞助教育部、交通部组织的维修工技能大赛,并捐赠教材书籍等大量物资⋯⋯

虽然丰田汽车在之后的危机公关中逐渐到位,但是前期的缺少作为还是让其难以迅速恢复消费者的信任,或许这将是一场马拉松。不过从销量来看,渐有回暖之意。5月份销量,在中级轿车中,凯美瑞以13252辆位居第一;在中高级、高级轿车中,皇冠也以5540辆成绩夺得亚军;而在SUV战场,一汽丰田RAV、广汽丰田汉兰达分别获得第三、第四名的成绩。

说服中国消费者。丰田正在改变其广告投放与宣传的策略。以丰田在华的合资厂广汽丰田为例。其前任总经理葛原就曾明确表示:"广汽丰田以前的广告都是对空的,以后都要对地的。"根据葛原的分析,以前丰田自有一个消费群体,丰田的广告就是服务这些潜在客户群及车主的。而丰田事件后,丰田的宣传变成了将大篷车开到县级市,变成了社区类的活动,"丰田需要面对面地将自己的正面形象传递给更广泛的消费者,或者说公民、市民"。

据《华尔街日报》的分析,"全球大规模的召回事件将在2010财年(从2010年4月1日至2011年3月31日)期间给丰田汽车带来超过50亿美元的损失"。这对丰田甚至日本都是很大的打击,而此刻选择什么道路对其未来起绝对影响。是追求利润,还是保住销量,还是稳住人心、修复口碑,这几项选择之间相互矛盾、不可兼得,又有着千丝万缕的联系。从开始的"迷失"到如今主动出击,丰田道路似乎正逐步明确。

资料来源:林憬文:《丰田危机之后品牌修复功课任重道远》,《南方都市报》2010年6月28日。

问题讨论:
1. 丰田危机后品牌恢复管理的重点是什么?
2. 分析丰田车品牌形象恢复和改善的策略。

本章小结

在品牌危机平息后,需要进入管理的下一个阶段——品牌危机恢复管理。实施恢复管理,首先,搭建品牌危机恢复管理框架,即明确恢复管理的概念、目的、原则,确定恢复管理的任务、内容,设计合理的恢复管理的步骤,在此基础上渐次执行。其次,恢复和改善品牌形象。由于危机中品牌大伤元气,品牌形象的恢复和改善成为恢复管理的重要内容,具体包括品牌形象改善的原则、步骤和策略。最后，利用品牌危机中的机会。危机既是危险，也是机会，如何从危险中寻找品牌重生和超越的机会，需要很高的技巧，需要有效的策略。

深入学习与考试预备知识

威廉·班尼特的形象修复理论

班尼特的理论建立在这样的假设之上：个人或组织最重要的资产是它的声誉。他认为，就像其他有价值的资产一样，声誉或公众形象应该从战略高度去维护。任何社会组织必须最大限度地提高其声誉和形象。修复形象的危机应对模式分为五大战略方法。

第一个战略是否认。他把否认分为简单否认和转移视线两种。转移视线的好处在于它可以把个人或组织描绘成不公正环境的牺牲品，以引起人们对替罪羊的直接责问。

第二个战略是逃避责任。这是最复杂的策略。这个策略有四个方面的战术差异。①不可能性：由于信息不对称，危机的发生并不是由组织内部自身的原因而导致的。②刺激：行为自有害因素产生的起始而发生，这样，这种行为天生具有防御性。③偶发性：危机发生时往往不被人注意，总存在缓和敌对行为的可能。④良好意图：坏的事件发生，但它总预示着好的真挚的解决意图。此战略又包括四种不同的战术：不可能性、刺激、偶发性、良好意图。

第三个战略是减少敌意。为使组织减少责任，保护声誉和形象，可采用援助、最小化、区分、超脱、反击、补偿等方法，目的是从各个方面减少错误行为传播的范围和程度。援助是指为了补偿受害者的损失而采取的救助措施。最小化包括减少或者轻描淡写错误行为，以使负面影响降到最低。区分是指把人为错误与社会大环境的深层次矛盾区别开来。超脱是指向人们描绘一种美好前景或新的发展机会，而不是局限于危机事件。反击法就是进行申辩和分散公众注意力。补偿包括直接向受害者提供帮助，以减轻其痛苦。

第四个战略是亡羊补牢。此战略通过制定相关法律、规定来减少以后类似事件的发生。

第五个战略是自责。自责的内容包括道歉、忏悔和寻求公众的宽恕。

资料来源：高世屹：《美国危机传播研究初探》，中华传媒网，2002年。

品牌价值观的种类和作用

美国著名管理学家、现代企业文化学派的主要代表人物劳伦斯·米勒在《美国企业精神》一书中，将品牌价值观分为以下八类：

1. 目标价值观

品牌经营须有崇高的目标，并把这种目标传达给全体员工，使全体员工在追求这种崇高目标时，得到自我价值的实现。

2. 共识价值观

品牌管理者应改变传统的发号施令式的"指挥型决策"，实行"共识型决策"。建立共识是时代的要求，因为广大员工有足够的知识和智慧，也有参与决策的民主意识，让他们参与决策是对他们的尊重和肯定，可以激发他们的忠诚心和创造力。

3. 卓越价值观

追求卓越，攀登高峰，永不自满。这是关于杰出工作信念的理想境界，是一种精神、一种动力和一种工作伦理。

4. 一体价值观

品牌管理者和全体员工必须组成一种同舟共济的利益共同体。这是一种强文化的标志。

5. 成效价值观

行为是结果的函数，这是人类行为的基本法则。成效价值观是讲求效果的价值观。它要求把员工的工作和利益联系起来，付出与获取联系起来，成绩与奖励联系起来，使员工在成就需要不断得到满足的情况下把自身的能量最大限度地释放出来。

6. 实证价值观

用统计方法去衡量效益，是一项基本的管理技能。品牌管理者必须学会思考的方法，把基本数学观念应用于决策之中。因为品牌经营的成败全在于管理者和其他人员是否善于思考。

7. 亲密价值观

亲密感作为一种给予或接受爱的能力，是一种普遍的、基本的人性追求，它有助于提高信任和忠诚的程度。品牌管理者应努力营造一种和谐亲密的文化环境，使每个员工的积极性和创造性得到充分发挥。

8. 正直价值观

品牌管理者具有正直的人格和品质，才能赢得下属的信任和支持。

价值观对品牌具有以下作用：

1. 定位作用

价值观将品牌追求的目标与社会价值联系起来，为品牌在整个社会中定位；价值观将员工个人的追求与品牌的经营目标联系起来，使个人在品牌的发展中适当定位。品牌与个人要有合理的定位，就必须有合理的价值观。

2. 决定作用

价值观对品牌的生存和发展起着重要的决定作用。作为品牌文化中最深层的要素，价值观决定着品牌的基本特征，决定着品牌的经营风格和管理特色，决定着员工的行为取向。

3. 支柱作用

价值观是品牌最重要、最强大的精神支柱，是全体员工的精神依托，可以满足其精神追求的需要。在品牌面临困境时，价值观将转化为无穷的力量，使品牌战胜艰险，保持不败。

4. 激励作用

价值观灌输一种坚定信念，是员工积极向上的精神源泉。价值观激励员工靠信念的力量去努力工作和实践，获得丰厚的回报。有时，价值观的激励比物质的激励要重要得多。

5. 整合作用

价值观提供了整合的基础和纽带，因此，品牌运作过程中的矛盾冲突、人际情感等都可以通过共同的价值观实现整合。矛盾和冲突得到调整和化解，人际情感得到进一步强化。

6. 教育作用

共同价值观具有先进性和进步意义，一旦形成就会产生一种无形"势能"，施加一种无形的压力，对全体员工起到感化和暗示的作用，从而使员工自觉地、有意识地按照共同价值观来塑造自我。

资料来源：谭小芳：《品牌价值观的种类和作用》，慧聪网，2009年。

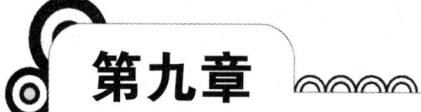

第九章

品牌危机管理计划与实施

知识要求 通过本章的学习,掌握:

- 制定危机管理计划的原则
- 危机管理计划书的内容
- 品牌危机管理计划的实施过程
- 品牌危机管理效果评估的内容和标准

技能要求 通过本章的学习,能够:

- 制定品牌危机管理计划书
- 对品牌危机管理效果进行评估

1. 本章内容包括:品牌危机管理计划的制定,品牌危机管理计划的实施,品牌危机管理效果评估。

2. 学习方法:独立思考,抓住重点;抓住重点,理解记忆。

3. 建议学时:4学时。

品牌危机管理

本章知识逻辑结构图（见图9-1）

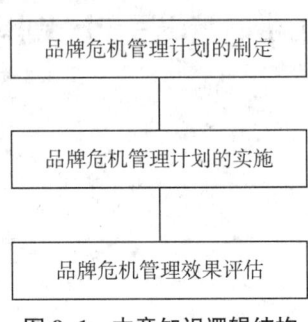

图9-1 本章知识逻辑结构

第一节 品牌危机管理计划的制定

埃克森失灵的危机管理计划

1989年3月24日，埃克森公司瓦尔迪兹号（The Exxon Valdez）油轮搁浅并泄出267000桶共1100万加仑的油，油污进入阿拉斯加威廉王子海峡，此次意外是美国有史以来最严重的漏油事件。当时，人们的第一反应是震惊，因为这种灾难性事故在技术如此发达、人们如此关注环保的情况下发生，对所有人来讲都是难以接受的。但是，人们也知道没有哪个行业不存在风险。如果公司能够采取合适的行动并及时向公众沟通事故处理情况，就会赢得人们的理解。埃克森有危机管理计划，吹嘘说原油泄漏在5个小时内就将得到控制，但其最大的问题是这项计划从未被试验过。当油轮船体裂开时，两天过去了还未见公司采取计划中的根本措施。如果埃克森公司以前曾做过危机模拟试验的话，并使全体船员熟知危机情况的严酷性和重要性，计划本身的缺点在真正的危机发生之前就应该被发现了。如果及时得以掌控和修正，埃克森的计划或许能够实现其允诺的5个小时内解决问题，原油就不会那样汩汩地流，就不会污染阿拉斯加纯净的海水。因为埃克森的计划没经过验证，其行动反应的时间就显得太慢了，因此在危机发生的第一时间并没有掌握第一手材料。公司被事件发生的迅速程度和严重程度吓呆了。事情已过去一个多月了，埃克森似乎还在危机中。

资料来源：《知名品牌危机管理案例分析》，http://www.focusmc.com.cn/boring/shownews.asp? id=178。

 思考题：

1. 埃克森公司早该预料到可能会发生这种事故，但是发生后有没有尽可能快地采取补救措施？是否尝试并阻止事故蔓延？

2. 埃克森的危机管理计划为什么没有帮助公司很好地处理危机？

在所有行业或服务中的各种企业都需要为组织中自然会发生的不可避免的问题和危机做好计划和准备。企业成功的关键就是能在不同问题和危机之间游刃有余。那些最成功的企业几乎经常是那些为无法避免的危机做好计划准备并沉着应对的企业。根据一项对美国《财富》杂志500强公司的调查发现，不具备危机管理计划的公司所经历的事件及造成的后遗症是具备危机管理计划企业的2.5倍，可见危机管理计划的重要性。

问题1：什么是品牌危机管理计划？

一、品牌危机管理计划的定义

品牌危机管理计划是一个能够帮助企业完成危机管理任务，具有普遍意义和一致性观点表达的步骤和方案，是克服危机的基石和纲领性的具体内容。为了能够拟定出出色的品牌危机管理计划，企业至少要符合以下一些基本要求：

（1）明确负责人或者责任人。除非有明确的指定人选，否则不会有人来做。

（2）为危机管理计划做必要的预算，为将来的危机执行提供必要的支持和便利。危机管理预算和营销预算同等重要，制定危机管理计划时必须以自身的人力、物力、财力资源为依据，而不能以危机事件性质为依据，否则危机管理计划只会成为摆设而缺乏可操作性。

（3）危机管理计划必须保证其灵活性、通用性和前瞻性。由于企业所处的环境瞬息万变，加之品牌危机发生时的情形充满未知，因此危机管理计划不能过于僵化和教条，不要把重点放在细节上，不要把精力放在描述特定的危机事件上，从而确保企业在遭遇没有预知的紧急状况下，能够在遵循总体原则的前提下，采取针对性的策略和方法。

（4）危机管理计划的制定应建立在对信息的系统收集和系统传播与共享的

基础上。负责制定和实施危机管理的人员应充分了解企业内部及外部的信息,并及时充分地沟通。同时应和相关利害关系(如政府部门、行业协会以及紧急服务部门等)各方加强联系。企业如果没有系统地收集制定危机管理计划的信息,就会在制定危机管理计划时顾此失彼,漏洞百出。

(5)把危机管理计划的制定囊括进企业年度的规划和经营计划中,以彰显其重要性。企业每半年要进行一次查漏补缺式的集中危机排查,以消除危机隐患。制定好危机管理计划后,并不是万事大吉,束之高阁,而是应定期组织外部专家及内部责任人员定期核查和更新,否则就可能发生用过时的计划去应对新的事件。

(6)进行必要的危机模拟和应对训练,以提高企业的危机反应能力。

二、品牌危机管理计划的制定原则

企业在研究和制定危机管理计划的过程中必须遵循以下基本原则:[1]

(一)系统性

危机管理是一个以系统化的努力,减少破坏、降低损害的过程。与此相适应,危机管理计划也必须保持系统性。这种系统性表现在三个方面:一是明确的目标体系,计划要列出危机管理的总体目标和阶段性目标;二是清晰的角色描述,计划要规定危机管理组织中每一团队、个体的权责,对人员进行有效配置;三是规范的作业流程,计划要指明危机管理任务的执行程序和步骤,主次分明、渐次推进。

(二)具体化

系统性强调危机管理计划要着眼全局,而具体化则重在计划的操作和落实。危机管理计划必须是可操作的,不应有任何的模棱两可。所谓细节决定成败,危机管理中的某一环节出现偏差,便可能导致全部努力功亏一篑。但是具体化并不是过于繁琐,这其中要把握一个度。我们强调的具体化是指那些关乎全局、影响进程的关键细节。

(三)民主参与

危机管理计划的制定应该是全员参与的,是决策者和执行者精诚合作的结晶。决策者和执行者的上下融通对于制定危机管理计划至关重要——没有决策者的重视,或者缺乏执行者的响应,计划只会沦为无用的摆设。因此,要在民主参与的前提下,集纳组织上下的智慧和经验使计划成为建设性的行动方案。

---

[1] 胡百精:《危机传播管理》,中国传媒大学出版社,2005年,第138~139页。

三、品牌危机管理计划的功能

（一）预防危机的发生

制定危机管理计划的目的就是尽可能避免危机的发生，所以制定的危机管理计划要将品牌的营销环境考虑周全，采取科学的方法进行危机的诊断和预测，并加强对危机的预警。另外还要注意平时的培训和演习，使企业成员提高危机防范意识。

（二）减少危机损失

虽然很多企业采取了措施来防范危机的发生，但在实践中几乎没有企业能够完全避免危机。所以，危机管理计划还有一个重要的作用就是危机发生后，能尽量减少危机给企业造成的损失。而且，制定了科学的危机管理计划后，一方面加强了平时的监控，另一方面在危机发生后，也能使企业在最快的时间里做出反应，尽可能减少损失。

（三）提高危机决策质量

危机来临时，企业会面对很多纷扰，决策压力增大，事前制定好的危机管理计划可以帮助危机管理者周密思考，将危机处理过程程序化、明晰化，使管理者迅速采取行动，及早控制危机，从而提高决策质量。

（四）使危机管理工作条理分明

危机管理计划能给管理者和企业员工指明方向，避免出现慌乱无序的情况，有了危机管理计划，企业的危机管理部门的成员能按部就班明确职责，有条理地开始行动，稳定局面。

四、品牌危机管理计划的内容[①]

问题 2：危机管理计划的内容有哪些？

危机管理计划是危机管理工作的全面反映，是从整个管理工作中总结和提炼出来的关于危机预防和危机处理的书面计划。一个完整的危机管理计划包括四方面内容：

（一）危机管理计划总论

总论是综合性的整体思考。首先，总论要分析目前所处的形势或情况，从内、外部形势的分析中说明为什么要制定危机管理计划。其次，总论要确定危

---

① 乔河旺著：《破解危机——学习型组织与危机管理的艺术与实务》，济南出版社，2003 年，第 47~51 页。

机管理的指导思想及明确危机管理工作的地位和所起的作用。最后，总论要说明企业对危机管理工作的重视程度。

（二）预测可能发生的危机

预测可能发生的危机是危机管理的重要一环，危机预测的准确性决定着危机管理计划的有效性。为了准确地预测危机，首先，必须遵循事物发展的客观规律，分析事物发展趋势及意外现象，而不是从主观愿望出发，也不是从条条框框出发，必须做到主客观相一致。其次，要全方位地考虑可能出现的各种危机，以及各种危机之间的联系。最后，要用更科学的程序和方法将预测工作规范化和常态化。

（三）对隐形危机的防范措施

隐形危机是指造成危机的原因已经形成，但危机并没有爆发。对于这种危机应做到防患于未然，可以采取以下措施：

第一，运用系统思考的方法，经常不断地诊断当前市场环境中潜在的对品牌极可能造成危害的各种情况，找出薄弱环节，制定有针对性的应对措施。

第二，建立完善的危机处理部门，加强各个部门之间的联系，综合分析各种潜在危机的信号，力争将其消灭在萌芽状态。

第三，加强对企业员工的教育，增强员工的危机防范和应对意识，共同参与到危机预防中来。

（四）对突发性危机的防范措施和处理

突发性危机亦称显性危机，制定这类危机的计划有三个方面需要重点强调：

第一，关于和新闻媒体合作的计划。当突发性危机爆发后，首先与企业打交道的就是媒体。如何开好新闻发布会或记者招待会是重要的环节。

第二，确定企业员工及危机管理部门工作人员在危机发生时应共同遵守的准则，以此确保整个危机管理过程的统一性和协调性。

第三，对危机管理人员及工作方法、程序进行监督。在制定危机管理计划时，要强调在计划贯彻实施过程中的监督执行问题。没有监督、检查的计划是不完整的。

五、危机管理计划书的构成

一份完整的危机管理计划书应包括以下三个部分：

（一）序言部分

1. 封面

包括计划名称、生效日期及文件版本号。

2. 总裁令

由公司最高管理者致言并签署发布，确保该文件的权威性。

3. 文件发放层次和范围

明确规定文件发放层次和范围，确保需要阅读或使用本计划的人员能够正确知悉本计划的内容。同时文件接收人应签署姓名和日期，以表明对本计划的认可。

4. 关于制定、实施本计划的相关管理制度

包括保密制度，制定、维护和更新计划的方案，计划审计和批准程序以及启动本方案的时机和条件。

（二）正文部分

正文部分通常包括 12 个方面的内容：

1. 危机管理的目标和任务

主要是对建立危机管理体系的意义、在企业中的地位和要达成的目标进行描述。

2. 危机管理的核心价值观和企业形象定位

这是企业进行危机管理的纲领。强生公司在"泰诺"中毒事件中成功的关键是因为有一个"做最坏打算的危机管理方案"。而这一危机管理方案的原则正是公司的信条，即"公司首先考虑公众和消费者的利益"。这一信条在危机管理中发挥了决定性的作用。再比如希尔顿饭店为长远发展订下了两条原则：一是顾客永远是对的；二是即使错了，请参看第一条。希尔顿把顾客摆到了绝对没有错误的位置上，真正体现了消费者至上的理念。

3. 危机管理的沟通原则

危机管理的核心是有效的危机沟通，是保持对信息流通的控制权。危机管理的沟通原则包括内部和外部沟通原则，为危机管理的沟通定下基调。

4. 建立危机管理小组

5. 危机管理的财物资源准备

①危机管理计划的预算：包括危机管理小组的日常运转和费用、危机管理设备的购买、维护和储备的费用以及危机管理计划实施的费用。

②财物资源的管理：由谁管理，通过何种途径获得，如何使用等。

③财物资源的应急措施：即当企业所储备的资源用完后，应如何获取相应资源。

④财物资源的维护制度：如定期检查、修理或更换制度。

⑤财物资源的使用制度：由谁使用，如何使用等。

6. 法律和金融上的准备

紧急状态下在法律和金融方面的求助程序。

7. 危机的识别与分析

①识别危机：对企业的薄弱环节及内外部危机诱因进行列举。

②分析危机：对危机发生的概率、严重性进行分析和评估。

8. 危机的预控措施

①预控的政策。

②检查和督促。

9. 危机的发现、预警和报告程序

①建立危机预警体系的程序。

②由谁建立、改进和维护危机预警体系。

③如何界定危机信息。

④危机信息汇报的原则和程序。

⑤危机预警后的反应措施。

10. 危机的应变指挥程序

界定不同的危机应变的方式和危机管理人员的应变职责。

①启动危机管理程序。

②确定危机应对方案：如何减少损失和消除负面影响。

③危机管理小组成员工作的原则和程序。

④信息汇报制度。

⑤决策制度。

⑥人、财、物的调度制度。

⑦内部和外部沟通制度和程序。

⑧求助程序：向哪些机构或组织寻求帮助。

11. 恢复和发展计划

①恢复和发展的原则。

②危机带来哪些长期影响？如何消除影响？

③如何恢复正常的组织运营程序和经营活动？

④危机管理小组成员在危机后的工作安排。

⑤回答员工关心的问题，统一员工思想。

⑥解除外部公众和媒体的疑问。

⑦稳定债权人、股东、供应商和经销商队伍，争取他们的支持。

⑧积极与政府部门配合。

⑨赢得竞争对手的尊重。

12. 危机管理的评估

危机结束后，对危机管理的评估程序。

①文件存档。

②评估损失。

③检讨危机管理行为。

（三）附录部分

罗伯特·希斯把附录部分称为 PACE 清单。P 指 PREPARATION，即准备；A 指 ACTION，即行动；C 指 CONTACT，即联络；E 指 EQUIPMENT，即装备。我们把这部分内容分为流程图、应用性表单、内部联络表、外部联络表四块。

1. 流程图

危机管理各流程的图表。

2. 应用性表单

整个危机管理程序中所涉及的环节中必须应用的表单，如危机记录和监控表单、危机汇报表单等。

3. 内部联络表

危机管理人员的姓名、职位、联系方式及职责。

4. 外部联络表

在危机应对过程中，外部相关组织（如政府、行业协会、银行、保险公司、供应商、经销商等）的联络方式。

第二节　品牌危机管理计划的实施

品牌危机管理计划从制定到实施，是一个把品牌危机管理提到议事日程上来并逐步进入一种新的管理状态的实践过程。

问题 3：贯彻实施危机管理计划的原则是什么？

一、贯彻实施品牌危机管理计划的指导思想

（一）"平时"与"战时"相结合

品牌危机管理计划是在危机爆发前制定的，是对危机的一种预防、假设。如果想提高危机管理计划的有效性，必须把危机发生后的实际情况纳入编制视野。但问题是，一份制定于危机爆发前的计划如何才能结合危机发生后的实际

情况呢？这看似有些矛盾，但是作为企业完全可以借鉴同行在危机方面的应对措施。品牌危机实际上有很多的共性，分析其他企业在危机处理中的优缺点，总结其经验形成自己的危机管理措施是很有效的间接经验。

（二）不断加强对企业员工的教育

加强对企业员工的教育，一方面可以提高员工在危机到来时的应对能力；另一方面可以加强企业的团结意识，更好地应对危机。

二、贯彻实施品牌危机管理计划的原则

（一）及时性原则

如果危机管理计划经审定确定下来，应当尽快落实，不能束之高阁。它是关于危机管理的纲领性文件，必须得到贯彻落实，从而发挥其应有的作用。

（二）灵活性原则

由于品牌危机产生原因的多样性和复杂性，所以危机管理计划很可能与实际情况有些出入，因此危机管理计划要在实践中根据不断变化的实际情况进行修正。为此，必须坚持灵活性原则，不能教条主义。

（三）全面性原则

所谓全面性原则，就是在危机计划实施的过程中，努力使所有涉及到的方面达到和谐、合理、配合、互补和统一的状态。实施危机管理计划既不能顾此失彼，也不能厚此薄彼，而要通观全局，要重视相关人员的选拔、培训，又要重视物资的配备，还要重视关系的疏通、矛盾的化解等等。

（四）进度控制原则

进度控制原则，是指根据整个危机管理工作的目标和需要，按照一定的秩序和流程，把控计划实施的节奏和速度，以尽量避免顾此失彼。危机管理计划的实施，不可能像常态管理工作和公关活动一样单线、稳步推进，不同岗位分工的人们各自应对复杂局面，不同步、不协调现象极易出现。进度、时效一乱，危机状况应之而生，任务主线也会遭到动摇，因此对计划实施进度的控制，实质上就是对危机管理工作总体秩序的把握。

三、危机管理计划的演习

演习是贯彻实施危机管理计划的重要步骤。遇到火灾时，有过火灾逃生演习经验的人往往更有逃生的机会。没有任何准备和经验的人则很容易在火灾中丧生。同样的道理，企业想在危机中挺立不倒，必要的危机演习也是必不可少的。通过演习，可以强化企业员工的危机意识，可以检视应对危机的准备工作的质量和协调性。麦当劳的危机管理团队就在平时共同接受危机管理的演练，

比如广告牌被风吹倒，砸伤了行人，这时该怎么处理？一些人员考虑是否把被砸伤者送入医院，如何回答新闻媒体的采访，当家属询问或提出质疑时如何对待？另外一些人要考虑的是如何对受伤者负责，保险由谁来出？麦当劳品牌能历经风雨而岿然不倒和平时的演练有很大的关系。

危机管理计划演习的基本程序如下：

（1）做好演习的准备工作。在演习前要根据危机管理计划的要求，认真做好各项准备工作，比如思想动员、成立指挥机构、设计演习步骤及其检查标准和方法、落实物资的准备工作等。

（2）执行演习。执行演习就是把计划变成实际行动。

（3）总结演习。演习结束后，要对整个过程进行评估，以确定危机管理计划的有效性和可行性。最重要的是通过演习发现不足，以做修正，使计划更好地服务于危机管理。

第三节 品牌危机管理效果评估

一、品牌危机管理效果评估的意义

当危机管理计划得以全面实施，危机逐渐消除后，危机管理效果的评估工作便提上了议程。所谓危机管理效果评估，是指按照特定的指标和方法，对危机管理的当期和长远成效进行检查和评价，以总结得失成败、发展危机应对能力的过程。它既是一次危机管理活动的结束，也是下一次危机管理活动的起点。

问题4：品牌危机管理效果评估的意义是什么？

效果评估是品牌危机管理必须完成的一项工作，其具体意义在于以下几个方面：

（一）改进品牌危机管理工作的重要手段

在管理领域，工作是按照四步框架来展开的，即研究—计划—实施—评估。评估是所有管理活动的一个基本环节，品牌危机管理也不例外。在整个危机管理流程中，效果评估承担着对其他环节进行反馈和指导的任务。它对品牌危机管理计划实施的各个方面进行审查和评价，而后提出改进意见，促使品牌从危机中汲取教训，维护品牌形象，重建与利益相关者的共识。

(二) 开展后续品牌危机管理工作的必要前提

从品牌危机管理工作的连续性来看，任何一项新的计划和任务都不是孤立存在和产生的，它总是以先前的管理效果、经验教训为现实起点。缺少先前危机管理效果的有效评估，新一轮计划制订和实施的合理性便会大打折扣。只有借鉴先前的经验，新一轮的品牌危机管理的战略原则和战术策略才能更明晰、更可靠，应对危机的能力才能实现螺旋式上升。

(三) 激励内部利益相关者的重要形式

品牌危机管理是一项复杂的工程，往往涉及多元利益的重新调整和布局。由于内部利益相关者——员工，很难全面、客观地认识和评价品牌危机管理实施后的处境。同时，品牌危机往往还会给员工带来巨大压力，造成心理阴影。系统的评估可以帮助他们深入了解品牌危机管理计划的实施程度、目标实现情况、利益相关者的总体反应，使他们能够认清组织的利益和实现途径。因此，评估同样也可以起到调整员工心态的作用，使他们一扫阴霾，恢复到正常的工作和生活状态。

二、品牌危机管理效果评估的内容

开展有效的品牌危机管理效果评估，首先要解决的问题是：要评估哪些内容？

问题 5：品牌危机管理评估的内容有哪些？

(一) 品牌危机管理过程的评估

品牌危机管理过程的评估是对品牌危机管理效果的动态考察，即从危机预警到计划研究与制定、计划实施与调整、再到危机恢复管理的全过程的评估。这并不意味着评估内容要覆盖品牌危机管理的所有细节，而应着眼重要问题和关键环节进行有效评估。这些主要问题和关键环节包括：

1. 危机源

危机源即危机产生的诱因或必要条件，包括挑战者、起因事件、导火线等。评估工作对危机源的考察，在于回答以下几个问题：危机源是如何产生的？当初对它的分析、判断和决策是正确的吗？今后如何规避危机源的再度出现？

2. 危机预警

主要考察前期的预警工作是否充分、及时？后来影响品牌危机演进和变化的重要信息在预警阶段是否被纳入监控范围？内部预警和外部预警的效果如何？基于预警的危机评估是科学的吗？如何改进和完善危机预警体系？

3. 计划的研究与制定

计划被证明是合理的吗？不合理之处主要表现在哪些方面？为什么？计划中的关键性决策是正确的吗？正确或不正确决策的原因是什么？如何构建合理的计划决策机制？

4. 计划的实施与调整

计划确定的原因是否得到有力贯彻？最大的难题是如何克服的？还有哪些缺憾？在面对计划外品牌危机时，调整了哪些计划内容？调整效果明显吗？

5. 恢复管理

恢复管理的任务是清晰的吗？指标是科学的吗？步骤是合理的吗？周期有多长？

6. 重大管理漏洞

在整个品牌危机管理过程中，存在哪些明显的或潜藏着的重大管理漏洞？这些漏洞是如何产生的？当时是否觉察到？是否曾试图做出补救？失败的原因是什么？

（二）危机管理主体的评估

管理主体评估，即对品牌危机管理团队的评价。这一评价指向管理团队本身，也指向其行为结果，因此，实质上是一个角色评估和绩效考核相结合的过程。主要内容包括：

（1）指挥者、决策者、管理者、执行者都尽最大可能履行自己的职责了吗？他们的权利是否被滥用？

（2）不同岗位、分工的集体和个体之间是否实现了整合联动？不协调、不同步的现象存在吗？原因是什么？今后如何规避？

（3）哪些人因其优异表现应该得到奖励和提升？哪些人因其失职和不作为应该受到批评和处罚？哪些人虽未能做出明显成绩，甚至由于客观原因导致失误，却应该得到鼓励和安慰？

（4）外部专家团队、意见领袖是否发挥了应有的作用？如果未能发挥预期作用，原因是什么？是人员选择失当，还是由于内部给其带来了限制？

（5）基于危机的经验教训，如何优化品牌的运作机制？

（三）利益相关者的评估

利益相关者在心理、态度和行为方面的变化，是品牌危机管理效果评估的一项核心内容。无论品牌危机管理过程如何完善，如果不能引起利益相关者的有效回应，失去民心，都是失败的。

利益相关者的评估内容包括：

（1）利益相关者对品牌危机的了解程度如何？是否充分接触到品牌信息？

通过什么渠道获取信息？

（2）利益相关者获取品牌的信息后，态度是否发生变化？这种变化是有利的吗？

（3）利益相关者在危机不同阶段都采取了哪些行为？为什么？行为模式的改变是企业进行引导和控制的结果吗？

（4）利益相关者如何看待自己在危机中遭受的损失？对企业做出的抚慰和补偿满意吗？

（5）品牌危机结束后，利益相关者对品牌和危机如何评价？他们是否还存在心理阴影？如何消除？

（6）经历一次危机的洗礼，利益相关者的规模有变化吗？人数增加了，还是减少了？利益相关者的结构有变化吗？什么人走掉了，哪些人涌入了？

（四）品牌危机损益评估

品牌危机损益评估是品牌危机管理效果中最受关注的内容，它包括品牌危机造成多大损害和可能带来哪些机会、效益等四方面的内容。具体内容如下：

（1）品牌危机造成多少人受伤？原因是什么？

（2）品牌危机给企业带来多少财产损失？主要是哪些环节造成的？其中危机管理成本占多大比率？管理措施介入后，规避掉的损失有多少？

（3）品牌危机给利益相关者带来多少财产损失？主要是哪些环节造成的？如果当时采取有效措施，能够避免或减少他们的损失吗？如果能够做到这一点，那么什么措施是有效的？采用措施的条件是什么？

（4）危机给品牌的形象、声誉等无形资产带来多大损害？危机之后，品牌的知名度、信任度、忠诚度如何？

以上四个方面，共列出品牌危机管理效果的21个评估点。品牌可以从自身实际情况出发对这21个评估点有所增减，并非每次危机都仅限于对这21个评估点的评估，也并非每次危机都需要评估如此之多的内容。

三、品牌危机管理效果评估的标准

评估必须有标准。如何确定标准，确定什么样的标准，决定了评估的结论是否科学。品牌危机管理效果评估的标准是依据评估内容而设定的，不同的内容，决定不同的标准。而各项标准的整合，则构成了品牌危机管理效果评估的标准体系。

问题6：品牌危机管理效果评估的标准有哪些？

一般说来，可以从三个角度入手来设计品牌危机管理效果评估的标准体系：

（一）传播标准

品牌危机管理在一定意义上就是危机的传播管理，因此传播标准是评价品牌危机管理效果的基本尺度之一。危机中的传播管理并非单纯的信息发布行为，而是一个体系化的信息加工过程。与此相应，品牌危机管理效果评估的传播标准，也应反映整个品牌危机管理过程的传播效果。具体包括：

（1）危机预警阶段的传播指标：预警信息的到达率，即有多少人接收到了预警信息；预警信息的行动率，即有多少人按照预警信息行事。

（2）危机管理中的大众传播指标：这类指标用以衡量品牌通过大众媒体所发布的信息的传播效果，如受众规模与结构、信息到达率、受众的态度倾向和行动模式等。

（3）危机管理中组织传播、群体传播、人际传播指标：这类指标用以评价品牌在危机中非大众传播的效果，如通过座谈会、论坛、演讲、电话、E-mail等渠道进行沟通的利益相关者数量、身份等。

（4）危机结束后的形象指标：这类指标用以考察危机平息后利益相关者对品牌形象的认知和评价，如认知度、美誉度、信任度、忠诚度等。

（5）危机传播中的信息量指标：在危机中，关于品牌的信息一共发布了多少条？包括哪些内容？数量是多了还是少了？内容分布是否合理？发布节奏是否得当？

（二）效益标准

品牌危机管理的一个重要宗旨，就是降低危机带来的冲击和损害，并尽可能化"危"为"机"，寻找危机中带来的机会。因此，效益标准也是评价品牌危机管理得失的一个重要尺度。具体包括：

（1）危机中人员的受伤情况：有多少人受伤？伤情如何？

（2）危机造成企业损失数量：直接损失多少资产？危机的持续效应对未来还会造成多大损失？

（3）危机管理的成本指标：为了化解危机，投入了多少成本？人力成本、现金成本和物资成本各是多少？计划成本占总成本的多大比率？

（4）危机造成的利益相关者损失数量：直接或间接卷入危机的利益相关者有多大损失？

（5）危机可能带来的财富指标：如果成功渡过危机，并且在危机中抓到了新的机遇，那么机遇带来的财富潜质有多大？能够做出定量预期吗？

（三）制度标准

传播标准和效益标准都是可量化的标准，制度标准则主要是从定性的角度评价品牌危机管理的得失。这一标准的操作方法是：将品牌管理规章和危机管理制度同品牌危机管理实践进行对照，以发现其中的偏差。如果制度设计是合理的，那么需要对实践的偏差进行纠正；如果实践是正确的，那么需要对制度的合理性进行重新论证，必要的情况下还应进行制度革新。这类指标包括：

（1）决策制度：现有决策制度合理吗？品牌危机管理实践中的决策是否按制度行事？

（2）管理制度：上下级间的管理制度科学吗？危机管理实践中上下级的互动关系是否符合制度要求？部门和个体之间的分工、协作制度完善吗？危机管理实践中的分工、协作是否背离了管理制度？

（3）资源调配制度：常态的资源调配制度是否符合品牌危机管理的需要？是否有必要制定专门的危机资源调配制度？品牌危机管理实践中人、财、物的管理、审批和使用是否合理？是否做到了资源投入的效益最大化？

（4）沟通制度：在危机中，沟通制度是否保障和促进了企业与媒介、政府、社区和其他利益相关者的有效沟通？如果未能达成预期的沟通效果，是制度存在缺陷，还是执行力度不够？

四、品牌危机管理效果评估的程序

当明确了品牌危机管理效果评估的目的、内容和指标后，应着手设计一个科学的效果评估程序，然后有计划、有步骤地加以实施。

问题7：品牌危机管理效果评估的程序有哪些？

通常，品牌危机管理效果评估在程序上主要包括以下几个环节：

（一）搜集信息

搜集尽可能全面的信息作为评估依据。这些信息可能来自品牌危机管理过程中的原始记录，也可能是内部和外部利益相关者的意见反馈，必要时还应开展适当规模的抽样调查。

（二）选择研究方法

常见的评估信息处理方法有两种：一是利用专门软件，如 SPSS，进行数据的电脑分析；二是对数据进行内容分析。有时也可以尝试使用一些更经济、更实用的方法，如为了测量利益相关者对品牌信息的记忆度，可开展小规模的心理实验。

（三）撰写评估报告

在数据搜集、整理和分析的基础上，应委任专业人士撰写评估报告。报告应以评估目的为导向，全面反映评估情况、客观概括评估结论。对重大品牌危机的评估，还应聘请外部专家参与报告的论证和撰写，以确保评估的科学性和客观性。

（四）效果评估的应用

评估得出的结论，一方面要应用于对当期危机管理工作的评价，以衡量得失、评判优劣；另一方面要应用于下一次危机的预警和管理，使之更加成熟和有效。因此，评估结论的应用要谨慎进行，切忌以偏概全、以点带面，否则将带来更大损害。

 考试链接

一、名词解释

品牌危机管理计划

二、简答题

1. 品牌危机管理计划的内容是什么？
2. 品牌危机管理计划书由哪些内容构成？
3. 品牌危机管理效果评估的意义是什么？
4. 品牌危机管理效果评估的内容有哪些？
5. 品牌危机管理效果评估的标准有哪些？

三、论述题

品牌危机管理效果评估的意义和内容？

本章小结

科学的品牌危机管理计划是品牌危机管理成功的首要前提。要制定科学、全面、有效的品牌危机管理计划，就要明确品牌危机管理计划制定的系统性原则、具体化原则、民主参与原则。此外，品牌危机管理计划书的构成也要了然于心，品牌危机管理计划书是危机管理计划的书面落实，每一个组成部分都是深思熟虑的结果，也是计划实施的参照。品牌危机管理计划制定、论证并经修订后，一旦危机降临便进入实施阶段。计划的实施是一个贯彻危机管理理念、执行危机管理策略、整合企业内外资源以达成品牌危机管理目标的系统工程。当品牌危机管理计划得以全面实施，危机逐渐消除后，企业应当着手开始品牌危机管理效果的评估。品牌危机管理效果评估不仅是一次品牌危机管理活动的结束,也是下一次品牌危机管理活动的开始,它是改进品牌危机管理工作的重要手段,也是开展后续品牌危机管理工作的必要前提。

深入学习与考试预备知识

危机效果统计

危机管理效果统计是危机效果评估的基础工作,准确地统计危机管理效果对评价危机管理的正确性起到决定性作用,只有准确地统计,才有正确的评价。统计工作需要对危机统计范围、标准和方法进行限定,这样取得的数据才具有可比性,才能保证评价的正确性。

一、确定范围

一次危机所影响的范围可能是狭小的,也可能是广泛的,如果在统计危机管理效果时不能把握好统计的范围,会造成统计成本过高,或统计结果的偏差,这都会给危机管理效果的正确评估带来不利影响。因此准确确定危机管理效果的统计范围至关重要。

危机管理效果的统计范围主要根据危机事件的起因和影响来确定,通过起因确定的统计范围主要包括危机源、管理漏洞;通过影响确定的统计范围主要包括利益相关者、信息传播者、公众。

危机的产生包括必要条件和充分条件,一般情况下危机源是必要条件,它直接引起危机;管理漏洞是充分条件,它的存在为危机的产生创造了条件,对二者的管理效果统计直接关系到评估的可信度,因此统计危机源、管理漏洞是危机管理效果评估的重点。

受到危机直接影响的是利益相关者,危机管理工作中对他们的处理结果直接影响到管理的效果。信息传播者(媒介)在危机事件中扮演催化剂或稳定剂的作用,对它的范围进行统计可预测危机的影响范围。这里的公众是接触到危机信息的人或组织,对它的范围进行统计可得知危机的影响范围究竟有多大,对这三类群体和组织的范围统计关系到危机管理效果评估的有效性和准确性。

1. 危机源

危机源即危机产生的直接原因或必要条件,包括当事人、起因事件和信息等,统计它的范围和善后处理结果是危机管理效果评估的前提,也是为完善危机管理制度进行的重要工作。

确定危机源的范围为危机管理提供了快速确定危机源的条件,提供了预警机制的监控范围,提供了信息被扭曲的规律,提供了快速反应的条件,在完善危机管理制度中被作为基础性的工作。如印度洋海啸的危机源是印尼苏门答腊岛北部发生的里氏 8.5 级强烈地震，以后如果能对这类地震进行准确的观测，则可以大大减少海啸带来的危害。

2. 管理漏洞

管理漏洞或称为管理缺失，是危机产生的间接原因或充分条件，管理漏洞通常是由于管理制度的不健全造成的，它为危机创造了前提条件，是造成危机的重要原因，也是完善危机管理制度的关键。

确定管理漏洞的范围可避免同类危机的发生，正所谓亡羊补牢。印度洋海啸之所以造成巨大的损失，就是由于印度洋沿岸各国均未建立海啸预警机构，这是各国自然灾害管理上的漏洞造成的。海啸过后沿印度洋海岸国家联合成立了印度洋海啸预警机构，以防止和减少再次发生海啸造成如此大的损失。

3. 利益相关者

利益相关者或称利益攸关者，是受到危机事件直接影响的群体，对他们的范围进行统计是决定危机管理效果评估有效性和准确性的关键。在印度洋海啸中，受到影响的人员和财产损失的国家是这次危机的利益相关者，但同时，所有参与援助的国家也成为此次危机的利益相关者。

4. 信息传播者

信息传播者是危机事件中传播对组织有害或有益信息的群体或组织。当其传播有害信息时所起的是催化剂的作用，即加速危机发展，扩大危机范围，加深危机影响；当信息传播者传播有益信息时所起的是稳定剂的作用，即减缓危机发展，减小危机范围，减轻危机影响。确定信息传播者的范围对于统计危机管理效果有着重要作用，它的范围有时影响着利益相关者的范围（数量），所以也决定着危机管理效果评估的有效性和准确性。在印度洋海啸发生后，世界各地媒体对海啸灾难进行了大规模报道，海啸灾难的信息被最大程度地传播。

5. 公众

这里的公众是指可能接触到危机信息的人或组织，或者是所有关注危机的人或组织（包括利益相关者和信息传播者）。他们决定了利益相关者的最大范围，这对危机管理效果的评估影响也是巨大的。印度洋海啸发生后，由于现代通讯传媒的作用，在极短的时间内全球都得知了这一灾害，使得几乎全球每一个人都成为了本次危机的公众。

二、统计标准

统计标准是进行统计工作的基础，决定哪些参数需要统计，统计的单位是什么。

品牌危机管理

1. 危机源

危机源的统计标准由于组织和行业的不同会有很大差异，如自然灾害的危机源的测量与人为灾难的危机源测量就无法确定统一的标准（地震震源和火灾火源就不能用统一标准进行测量），所以危机源的统计要根据不同组织和行业的专业特点采取各自的测量标准。

2. 管理漏洞

管理漏洞的统计标准与组织的管理结构有关，通常包括人力资源管理、财务管理、质量管理等，根据组织的不同管理结构制定，有多种统计的标准，是根据管理学的各分支学科制定的。

在印度洋海啸灾难发生后，暴露了受灾国的很多自然灾害管理漏洞和救灾管理漏洞，测出这些漏洞处于哪个管理范围，对完善危机管理制度至关重要。如海啸等自然灾害预警管理存在漏洞，灾区援助人力物力管理是否存在漏洞，灾区交通管理是否存在漏洞等。

3. 利益相关者

在进行利益相关者统计时，需要获得危害类型、受到危害人数、危机影响地域、危害时间、财产损失数、利益相关者态度等数据。这些数据是有着统一的统计标准的，如人数、货币数、面积、时间、可量化的态度等等。取得这些数据的目的，一是对危机进行评估，计算损失和援助、赔偿需求；二是以此为计算危机管理效果的指标。

4. 信息传播者

在进行信息传播者统计时，需要获得传播范围、传播者数量、传播者态度、传播时间等数据，包括报道危机事件的媒体总数、报道的版面和位置、负面及正面报道数量、追踪报道持续时间（包括负面及正面报道时长）。这些数据决定了利益相关者和公众的数量，还会影响到两者的态度，所以是危机管理效果评估的关键数据。

5. 公众

对公众进行的统计主要包括公众关注率和公众态度，前者决定了对事件关注的人口比例，后者是公众对发生危机组织的看法和态度，是评估危机管理效果的又一重要指标。

三、统计方法

由于危机源和管理漏洞的情况比较复杂，统计方法是根据组织和行业的不同特性制定的，所以这里不一一细述，可参看各类组织和行业管理文献。这里主要对利益相关者、信息传播者和公众的统计方法进行说明。

1. 利益相关者

在危机事件中,利益相关者是危机管理的核心,统计手段主要应用社会科学的人口统计方法,主要是普查法和抽样调查法。一般情况下对人身伤害较严重的危机事件会采用普查法,以保证利益相关者都处于管理范围内,保证管理不会出现疏漏,保障利益相关者的损失得到充分补偿或援助。在对受到危害人数和财务损失进行统计时会采用普查法。如在印度洋海啸中即采用普查法进行遇难人数和财产损失统计。普查法统计消耗资源较大,因此在对一些具有代表性问题进行统计时一般会采用抽样调查法。

2. 信息传播者

由于信息传播者的特殊性,对信息传播者的管理效果调查一般采用普查法和内容分析法。通过两种方法掌握媒介对危机事件报道的量和态度,用以估计危机传播管理的效果。应用普查法进行的统计包括:报道危机事件的媒体总数、报道的版面和位置、负面及正面报道数量、追踪报道持续时间(包括负面及正面报道时长)等。应用内容分析法进行的统计包括:媒体所持态度、报道性质等。

3. 公众

调查公众情况基本采取抽样调查法。从样本得出的概括推广到全体人口,具有一定程度的确定性和可信性,并且成本较低。公众关注率可通过直接统计法直接取得,公众态度一般通过加权算术平均法取得。统计公众态度时可采取2分、3分、5分和7分法等,如将公众态度进行5分法统计,将公众态度分为非常支持、支持、中立、反对、非常反对,权数定为2、1、0、-1、-2,计算出公众对危机事件的态度,则公众态度分值在2到-2之间。其他方式要以中立态度为0(2分法是3分法的简化法,去掉了中立选项),支持为正,反对为负,将公众态度量化,由得分正负判断公众综合态度。

危机管理计划执行的"黑洞"

危机的发展和蔓延,往往会形成一种"黑洞"效应。正如宇宙中的"黑洞"能够汇聚它周围的能量一样,危机中的"黑洞"也常常吸引组织过多的注意力和资源。在很多情况下,大量的物力和精力被投入到危机"黑洞"中去,导致危机管理的失败。

罗伯特·希斯认为,危机黑洞主要是由于媒体的过分关注和错误引导造成的，譬如一次飞机坠毁事件，媒体可能众口一词的认为是恐怖袭击所致，官方便投入大量精力四下搜寻恐怖分子，而真正的原因——飞机故障却掩蔽不彰。实际上，在危机处理中，任何无效的或错误的信息，以及对信息的不当加工，都可能使组织决策陷入"黑洞"。危机信息本身即处于混沌不明的状态，倘若监管、评估环节再出错误，则极易形成落入其中而不自知的"黑洞"。

参考文献

1. 胡百精：《危机传播管理：流派、范式与路径》，中国人民大学出版社，2009年。
2. 余明阳、张慧彬：《危机管理战略》，清华大学出版社，2009年。
3. 游昌乔：《危机管理中的媒体应对方法》，东方音像电子出版社，2010年。
4. 赵麟斌：《危机公关》，北京大学出版社，2010年。
5. 邵培仁：《传播学》，高等教育出版社，2008年。
6. 董传仪：《危机管理学》，中国传媒大学出版社，2007年。
7. 刘永炬：《别拿品牌不当事儿》，清华大学出版社，2007年。
8. 何海燕、张晓甦：《危机管理概论》，首都经济贸易大学出版社，2006年。
9. 胡百精：《危机传播管理》，中国传媒大学出版社，2005年。
10. 罗伯特·希斯：《危机管理》，中信出版社，2004年。
11. 戴亦一：《品牌营销》，朝华出版社，2004年。
12. 张玉波：《危机管理智囊》，机械工业出版社，2004年。
13. 伊恩·I.米特若夫、格斯·阿纳戈诺斯：《危机!!! 防范与对策》，电子工业出版社，2004年。
14. 薛澜、张强、钟开斌：《危机管理》，清华大学出版社，2003年。
15. 乔河旺：《破解危机——学习型组织与危机管理的艺术与实务》，济南出版社，2003年。
16. 诺曼·R.奥古斯丁等：《危机管理》，新华信商业风险管理有限责任公司译，中国人民大学出版社，2001年。
17. 王海涛：《品牌竞争时代——开放市场下政府与企业的品牌运营》，中国言实出版社，1999年。
18. 大卫·阿诺、林碧翠：《品牌保姆手册——13个品牌产品推广、重建范本》，李桂芬译，时报文化出版企业有限公司，1995年。
19. 菲利普·科特勒、凯文·莱恩·凯勒：《营销管理》（第12版），梅清豪译，上海人民出版社,2006年。
20. 贝晓超:《品牌社会责任》,《WTO 经济导刊》2007 年第 12 期。
21. 仇德辉:《实践标准的价值论根据》,《云南社会科学》1999 年第 2 期。
22. 北京公关网。
23. 中国经营网。
24. 全球品牌网。
25. 中国公关网。
26. 论文网。
27. 品牌中国网。

后 记

本书涵盖了品牌危机管理的理论与方法的基本内容,专注于对品牌危机管理的理论与实践问题的阐释,在广泛总结、梳理国内外品牌危机管理研究成果的基础上,针对品牌危机的特点,阐述品牌危机管理的理论和方法,并将品牌知识和危机管理的理论、方法相结合,应用于品牌危机管理实践中,建立起品牌危机管理的系统与流程,深化对品牌危机管理能力提升的认识,力图体现学科的系统性、完整性与科学性特征。

本书在内容上注重知识、技能、素养三要素的融合,围绕品牌危机管理能力这条主线来设计相应的知识、能力、素养要求。知识为能力服务,素养以能力为依据。在体例上,考虑到学生自学的需要,每章内容前设置学习目标、学习指导,并以一个配合章节内容、带有辩证性思考问题的引导案例导入课程内容;每章内容正文中穿插品牌危机管理阅读材料;每章内容结束后有内容小结、思考题,并给出一个案例,同时列出相关知识与技能链接,便于学生理解、掌握与应用所学知识。

品牌危机管理是一门在探索中不断发展的学科与品牌管理实践,前辈先哲的学术积累和品牌管理经验为本书的写作提供了诸多启迪。本书在编写的过程中,借鉴、参考、选用了近年来众多的海内外相关文献及网上资料,并结合自学考试的要求做了适当的取舍,在此,谨对借鉴、参考、选用文献及资料的作者表示衷心的感谢。

本书由浙江省重点建设专业——浙江农林大学广告学专业专任教师孙文清、钱杭园、贺倩、陈丽平共同完成。本教材主编是孙文清教授,副主编是贺倩,钱杭园、陈丽平参加编写。本书的编写得到了浙江农林大学的大力支持,并被确立为浙江农林大学教材建设项目,在此一并致谢。

由于时间紧迫和水平限制,本书的编写必然存在许多疏漏与不足之处,敬请专家和读者批评指正。

编 者
2012 年 4 月

附：

中国品牌管理岗位水平证书考试
《品牌危机管理》考试大纲

教育部考试中心

目 录

Ⅰ 考核能力要求
Ⅱ 考试形式和试卷结构
Ⅲ 考试内容和考核要求

Ⅰ 考核能力要求

本课程是中国品牌管理岗位水平（高级）证书考试的必修课程，主要考核内容包括：品牌危机管理的原理、品牌危机的利益相关者、品牌危机管理小组的建立、品牌危机的预警、品牌危机的处理、品牌危机的议题管理、品牌危机的沟通管理、品牌危机的恢复管理、品牌危机管理计划与实施。

通过对以上内容的学习，要求考生能够在掌握品牌危机管理的基本概念、方法和策略的基础上，对品牌危机管理形成清晰的总体认识，掌握品牌危机管理的一般管理方法和手段，熟悉品牌危机管理的防范、处理和恢复各个阶段的步骤、内容及所要遵循的原则、规范等，提高对品牌危机的管理能力。

本课程考试要求考核识记、领会、简单应用、综合应用四种能力。

识记：要求考生知道有关的名词、概念、原理、知识的含义，并能正确认识或识别。

领会：要求在识记的基础上，能把握相关的基本概念、基本原理和基本方法,掌握有关概念、原理、方法的区别与联系。

简单应用:要求在领会的基础上,运用所掌握的基本概念、基本原理和基本方法中的少量知识点,分析和解决一般的理论问题或实际问题。

综合应用:要求考生在简单应用的基础上,运用学过的多个知识点,综合分析和解决比较复杂的实际问题。

Ⅱ 考试形式和试卷结构

《品牌危机管理》为中国品牌管理岗位水平(高级)证书考试必修课程。具体考试规则如下:

1. 必修课程考试采取闭卷笔试的方式。
2. 必修课程考试时间为150分钟。试卷总分为100分,60分为及格。
3. 考核范围包括本大纲考试内容所规定的知识点及知识点下的知识细目。
4. 试卷中对不同能力层次要求的分数比例为:识记占20%,领会占20%,简单应用占25%,综合应用占35%。
5. 试卷中试题难易程度分为:易、较易、较难和难四个等级。每份试卷中不同难度试题的分数比例一般为2∶2∶3∶3。
6. 试卷中的题型有:单项选择题、多项选择题、简答题、论述题、案例分析题。

Ⅲ 考试内容和考核要求

第一章 品牌危机管理概说

■ 考核要求

基本考核内容	考核标准		
		内 容	
1. 品牌的定义、品牌价值的内涵 2. 品牌危机的定义、产生的原因 3. 品牌危机管理的定义和职能	知识	识记	(1) 品牌危机的定义
			(2) 品牌危机管理的定义
			(3) 品牌管理的职能
			(4) 品牌管理的范畴
		领会	(1) 品牌危机产生的诱因
			(2) 品牌危机管理的基本程序
	技能	简单应用	会分析品牌危机事件产生的原因
		综合应用	结合企业的具体情况,分析可能产生的危机

第二章　品牌危机利益相关者

■ 考核要求

基本考核内容	考核标准	
		内容
1. 利益相关者的概念、特点、分类、作用 2. 品牌与利益相关者关系的本质 3. 危机状态下品牌与利益相关者关系的变化 4. 细分品牌危机利益相关者的意义 5. 建构品牌危机利益相关者的利益/行为矩阵和利益/策略矩阵	知识	识记	(1) 利益相关者的特点、分类、作用
			(2) 细分品牌危机利益相关者的意义
		领会	(1) 利益相关者的概念
			(2) 品牌与利益相关者关系的本质
			(3) 危机状态下品牌与利益相关者关系的变化
			(4) 利益/行为矩阵
			(5) 利益/策略矩阵
	技能	简单应用	确认核心利益相关者
		综合应用	实例分析危机状态下品牌与利益相关者关系的变化

第三章　品牌危机管理小组的建立

■ 考核要求

基本考核内容	考核标准	
		内容
1. 品牌危机管理小组的定义 2. 品牌危机管理小组的职能 3. 品牌危机管理小组的构成	知识	识记	(1) 品牌危机管理小组的定义
			(2) 品牌危机管理小组的人员构成
			(3) 企业领导者的职责及甄选标准
			(4) 新闻发言人的职责及甄选标准
		领会	(1) 品牌危机管理小组的职能
			(2) 品牌危机管理小组的甄选标准
	技能	简单应用	会分析品牌危机管理小组的基本权力配置
		综合应用	结合具体的品牌危机事件分析品牌危机管理小组成员构成以及需具备的素质，分析在危机管理的不同阶段危机管理小组的权力配置情况

第四章 品牌危机的预警

■ 考核要求

基本考核内容	考核标准		
		内容	
1. 品牌风险评估的定义和内容 2. 品牌风险确认的方法 3. 品牌危机预警系统的构成 4. 危机预控的定义	知识	识记	(1) 品牌风险评估的定义
			(2) 品牌危机预控的定义
			(3) 品牌风险确认的方法
			(4) 品牌危机预控遵循的原则
		领会	(1) 品牌危机预控的主要措施
			(2) 品牌危机预警系统重点关注的对象
	技能	简单应用	分析已发生的品牌危机事件中的企业在危机预警和预控中存在的不足
		综合应用	利用危机预警系统检测企业所面临的品牌危机

第五章 品牌危机的处理

■ 考核要求

基本考核内容	考核标准		
		内容	
1. 品牌危机的处理原则、注意事项 2. 事实与价值二分法的内容 3. 事实—价值模型 4. 事实导向策略 5. 价值导向策略	知识	识记	(1) 品牌危机处理注意事项
			(2) 事实与价值二分法内容
			(3) 事实—价值模型
		领会	(1) 品牌危机处理的原则
			(2) 事实导向策略
			(3) 价值导向策略
	技能	简单应用	选择品牌危机使用的策略
		综合应用	(1) 应用事实导向策略
			(2) 应用价值导向策略

第六章　品牌危机的议题管理

■ 考核要求

基本考核内容	考核标准	
		内　容
1. 议题 2. 议题管理的概念、原则、任务和核心 3. 媒体在品牌危机中的作用、制定媒体议题政策 4. 议程设置理论 5. 设置媒体的议程 6. 意见领袖的概念、特征和作用 7. 识别和引导意见领袖	知识	识记	（1）议题的概念 （2）议题管理的任务和原则 （3）制定媒体议题政策 （4）意见领袖的作用
		领会	（1）议题管理的核心 （2）议程设置理论 （3）意见领袖
	技能	简单应用	（1）选择适当的媒体 （2）确认意见领袖
		综合应用	（1）设置媒体的议程 （2）引导意见领袖

第七章　品牌危机的沟通管理

■ 考核要求

基本考核内容	考核标准	
		内　容
1. 沟通的定义、方式 2. 沟通的过程及原则 3. 企业的内部和外部沟通	知识	识记	（1）沟通的定义、方式和原则 （2）企业内部沟通的主要内容 （3）企业外部沟通的主要内容
		领会	（1）企业内部沟通的途径 （2）企业外部沟通的途径
	技能	简单应用	掌握危机发生后在企业内部设立沟通渠道
		综合应用	结合具体的品牌危机事件分析企业对不同的利益相关者应当怎样进行沟通

附：中国品牌管理岗位水平证书考试《品牌危机管理》考试大纲

第八章　品牌危机的恢复管理

■ 考核要求

基本考核内容	考核标准		
			内　容
1. 品牌危机恢复管理的定义、任务、步骤 2. 品牌形象恢复与改善的基本原则、步骤、策略 3. 品牌危机的利用	知识	识记	(1) 品牌危机恢复管理的定义
			(2) 品牌恢复管理的任务和内容
			(3) 品牌恢复管理的步骤
		领会	(1) 品牌形象恢复与改善的原则
			(2) 品牌形象恢复与改善的策略
			(3) 品牌危机中可利用的机会
	技能	简单应用	能够搭建品牌危机恢复管理的简要框架
		综合应用	(1) 能够运用品牌形象恢复和改善的策略
			(2) 能够利用品牌危机中的机会

第九章　品牌危机管理计划与实施

■ 考核要求

基本考核内容	考核标准		
			内　容
1. 品牌危机管理计划的定义 2. 品牌危机管理计划的制定原则和功能 3. 品牌危机管理计划的内容 4. 品牌危机管理效果评估的内容和标准	知识	识记	(1) 品牌危机管理计划的内容
			(2) 品牌危机管理计划书的构成
			(3) 品牌危机管理效果评估的意义
			(4) 品牌危机管理效果评估的内容
		领会	(1) 品牌危机管理效果评估的标准
			(2) 品牌危机管理效果评估的程序
	技能	简单应用	结合企业的具体情况制定一份危机管理计划书
		综合应用	能对企业的品牌危机管理进行效果评估